课程与教学论新问题研究丛书

王本陆 主编

教学伦理冲突论

任海宾◎著

海峡出版发行集团 | 福建教育出版社

图书在版编目（CIP）数据

教学伦理冲突论/任海宾著. —福州：福建教育出版社，2025.6. —（课程与教学论新问题研究丛书/王本陆主编）. —ISBN 978-7-5758-0009-9

Ⅰ.G40-059.1

中国国家版本馆 CIP 数据核字第 202476GM38 号

课程与教学论新问题研究丛书

王本陆　主编

教学伦理冲突论

任海宾　著

出版发行	福建教育出版社	
	（福州市梦山路 27 号　邮编：350025　网址：www.fep.com.cn	
	编辑部电话：0591-83779615　83726908	
	发行部电话：0591-83721876　87115073　010-62024258）	
出　版　人	江金辉	
印　　　刷	福建省地质印刷厂	
	（福州市金山工业区　邮编：350011）	
开　　　本	710 毫米×1000 毫米　1/16	
印　　　张	15.75	
字　　　数	241 千字	
插　　　页	1	
版　　　次	2025 年 6 月第 1 版　2025 年 6 月第 1 次印刷	
书　　　号	ISBN 978-7-5758-0009-9	
定　　　价	45.00 元	

如发现本书印装质量问题，请向本社出版科（电话：0591-83726019）调换。

总　序

当前，我们正处在百年未有之大变局时代，进入了中国式现代化建设新时代。新时代是世界政治、经济、科技、文化和教育发生深刻变革，充满不确定性和诸多挑战的时代。如何在新时代直面挑战，把握机遇，实现高质量发展，是各行各业亟待探索的重大课题。课程与教学论作为我国教育科学研究的重要组成部分，在新时代必须与时俱进，在研究新现象、新问题的过程中，拓展视野、提升水平，努力促进学科发展与繁荣，为中华民族伟大复兴做出应有贡献。

在新时代，我国课程与教学论学科面临诸多新问题，如核心素养培育机制问题、课程育人功能优化问题、课程结构与内容现代化问题、课程资源数字化问题、价值教学理论与实践问题、发展性教学原理与策略问题、教学优质化与教学创新问题、教学人道化与教学伦理问题、教学智能化与教学技术问题等。这些新问题涉及课程与教学的价值诉求、本体认识和策略谋划，其实质是关于我国课程与教学体系优化升级的整体探寻。整体破解新时代我国课程与教学体系优化升级的难题，是一项长期而艰巨的任务，需要齐心协力、分工合作、勇毅前行。令人振奋的是，近年来，大家面对新时代的新挑战，已经开展了丰富多彩的实践探索并取得了不少成就，如学校课程特色化与多样化，选课走班、分层教学，教学内容结构化与大单元教学，通过深度学习发展高阶能力，线上线下混合教学，组织开展跨学科实践活动，优化作业设计，改进教学评价，等等。实践变革为课程与教学理论创新提供了新动力，提出了新要求，课程与教学论必须加强理论创新，在充分反映实践变革新进展的基础上，揭示我国课程与教学体系优化升级的价值选择、基本原理和行动策略，进而引领新时代课程与教学实践的自觉探索。正是基于这种认识，我们组织几位中青年学者编写了"课程与教学论新问题研究丛书"，希望抛砖引玉，在课程与教学理论创新上做些力所能及的尝试。

这套丛书的第一辑由四本专著组成，分别是任海宾的《教学伦理冲突论》、曹周天的《学习道德论》、贾彦琪的《追寻理性共识：多元文化时代的价值观教学研究》和邓素文的《课程知识价值观研究——兴趣价值论的视角》。这四本专著各有各的问题针对性，内容结构和论证逻辑也各具特色；同时，它们又体现了鲜明的共性特征，具体可以用"新"与"理"两个字来概括。所谓"新"，主要体现为问题新和观点新。四本书的研究内容涉及三个课程与教学论研究的细分领域：课程与教学伦理研究、价值教学研究和课程知识价值观研究。从问题类型上看，这三个细分领域又都可以归为课程与教学价值问题研究这个大类别。相对于课程与教学本体问题、策略问题研究来说，课程与教学价值问题的研究是相对薄弱的。从学科发展的战略层面看，大力加强课程与教学价值问题研究，补强这一短板，意义重大。尤其是在当前这种大变革时代，课程与教学价值领域充满了矛盾斗争和激烈博弈，更需要澄清分歧、辨析学理、凝聚共识。四本专著问题高度聚焦，时代感强，勇于创新，值得肯定。所谓"理"，主要体现为理论性和学理性强。四本书核心概念界定精细，理论基础扎实，理论主张明确，注重历史与逻辑的统一、事实与事理的结合，内容层层递进、逻辑清晰，较好地彰显了理论研究的学术魅力，具有较高学术价值。

《教学伦理冲突论》和《学习道德论》从不同视角分别探讨了课程与教学伦理问题。课程与教学伦理研究是课程与教学论学科的新兴领域。从世界范围看，这一研究领域大体形成于二十世纪七八十年代。我国课程与教学伦理研究起步稍晚于国外，大致是在二十世纪末、二十一世纪初，周建平、胡斌武、王凯、戴双翔等学者均比较深入地研究过教学伦理问题。综合来看，教学伦理研究主要有三个核心议题，即教学伦理属性的认识、教学伦理规范的建构和教学伦理境界的提升。其中，关于教学伦理属性的认识，强调教学是一种德性生活的观点是比较流行的。从应然层面看，强调教学合乎德性是必要和有意义的，是必须坚守的教学信念；但是，从实然层面看，教学并不是天然合乎德性的，更不是道德真空，它反而充满了伦理矛盾和道德冲突。强调教学是充满矛盾斗争的道德实践，这是关于教学伦理属性的一种新认识，可以称之为教学伦理冲突观。《教学伦理冲突论》明确提出和论证了教学伦理冲突观，基于教学活动充满伦理矛盾斗争这一核心命题和德性伦理这一核心价值立场，借鉴哲学、社会学、管理学的冲突理论，深入探讨了教学伦理冲突的实质、功能、类型、过程、影响因素与解决策略等问题，系统建构了教学伦理冲突理论，深化了关于教学伦理属性及其矛盾运动规律的学理认识，体现了理论创新的勇气，为建构教学伦理研究的中国话语做出了积极贡献。难能可贵的是，教学伦理冲突论在揭示教学伦理冲突实质与规律的基础上，致力于"教学至善"的达致，凸显了教学伦理研究作为实践理性探索的真谛。

　　长期以来，教育伦理学研究习惯于用伦理学视角来审视和规范教育现象，主要从教育者（教师、教育管理者、教育研究者）的视角来观察教育伦理问题并提出针对教育者或教育机构的伦理规范，形成了教育伦理问题的伦理学解答范式。这对于深入认识教育的伦理属性，推动教育伦理规范的建构与完善，发挥了重要作用。但是，随着研究的不断深入，人们发现，诸多教育伦理矛盾的破解，离不开人（包括教育者、学习者、管理者和家长等）的观念与行为改变，而促进人观念和行为改变，恰恰是教育学的特长和优势，于是，在教育伦理学研究中，便形成了以巧妙运用教育规律和教育智慧来破解教育伦理难题为主要特征的教育伦理问题的教育学解答范式。在这一新范式中，学生由教育伦理生活的旁观者变成了实践者，成为教育伦理实践的重要主体。学生的学习生活，充满了伦理矛盾，遵循着伦理规范，因而，有必要从教育伦理学角度展开专门研究。《学习道德论》专门就学生学习问题开展教育伦理学审视，把学习道德问题纳入到课程与教学伦理的研究议题之中，可谓是一项开创性的探索。这项研究的开创性主要表现在两个方面：一方面是建构了分析学生学习道德问题的基本框架，即从学习动机、学习过程、学习关系三个层面来把握学生学习活动中的伦理矛盾，建构学习伦理规范；另一方面是提出和论证了"学以成人"的理论，发出了"做有操守的学习者"的倡导，并探讨了学习伦理建设的路径。"学以成人"理论强调学习过程是学生真实的道德生活和道德成长过程，而学习伦理建设将促进学习者道德发展，较好地揭示了教学的教育性机理。

《追寻理性共识：多元文化时代的价值观教学研究》是近年来关于价值教学问题研究的一项高水平成果。教学肩负人类文明传承的神圣使命。从教学内容角度看，文明传承可以大体区分为三个方面：知识-经验传承、方法-技能传承、价值-规范传承。其中，知识-经验传承主要解决"是什么"这一大问题，即关于物质世界与人类生活的存在状态与运动规律的科学认识和经验积淀；方法-技能传承主要解决"如何做"这一大问题，即掌握关于认识与改造世界的技术路线、有效策略与行为方式；价值-规范传承主要解决"为什么"这一大问题，即掌握关于社会活动与个人生活的目标追求、是非标准和行为准则。基于文明传承的类别区分，学校教学活动也可以相应地区分为知识教学、技能教学和价值教学等不同类型。自然，在常规的教学活动中，知识、技能和价值规范往往是同时存在、水乳交融的，很少有纯粹的知识教学、技能教学和价值教学；但是，从教学目标的主要指向和教学内容的构成重点来看，做此区分又是必要的。知识教学、技能教学和价值教学的原理、过程与方法存在很大差异，不宜混为一谈。其中，价值教学作为最复杂、最微妙的教学论问题，可谓是教学理论王冠上的明珠。当前，国际政治风云变幻，人类社会面临着诸多重大的价值冲突和矛盾斗争，价值教学如何发挥关键作用，更好地凝聚价值共识，为人类命运共同体建设保驾护航？这是摆在我国教学论研究者面前的现实难题。《追寻理性共识：多元文化时代的价值观教学研究》一书，为破解这一难题做了可贵尝试。作者针对多元文化时代价值观教学的现实遭遇，反思了西方价值观教学的不同范式，基于教学论学科立场，大胆借鉴哲学、政治学的经典理论，创造性地提出了以追寻理性共识为核心追求的价值观教学理论。这一理论围绕价值观教学的三个核心问题开展了学理探索并得出了富有启发的结论：第一，在多元文化时代，可否达成价值共识？美国伦理学家罗尔斯曾经提出"重叠共识"的主张，强调多种价值观所具有的共同内容成分；而理性共识的主张，则强调通过理智审思而形成共同意见，即基于所有学习者共同的价值成长过程而形成新的价值选择。这一目标并不易达到，需要复杂而精妙的教学设计。第二，如何在教学内容层面科学地打开价值观，使其真正可教可学？为此，作者建构了价值观教学的"三层次五元素"内容加工模型，即以价值情境为基底层，以价值关系、价值理据和价值规范为延伸层，以价值原则（价值观）为最终层，从问题情境中把握价值关系，探讨处理价值关系的不同价值逻辑和具体规则，进而提炼形成价值主张。这样，原本高度抽象的价值观，通过具体化、情境化、问题化、结构化，就转变成了可触摸、好理解的教学内容。第三，如何建构价值观教学的基本流程，形成稳定有效的教学模式？作者认为，完整的价值观教学需要经历价值识别、价值感知、价值理解、价值认同和价值实践等不同阶段，而价值理解是价值观教学的中心环节。教师在促进理性共识达成过程中发挥着重要作用，需要加强自我修炼、克服诸多实践阻抗。可以说，作者关于价值观教学诸问题的探讨，对于我国价值教学理论的系统建构，对于中小学价值教学实践的改革创新，都具有重要的示范引领意义。

知识价值观问题是课程论研究的经典问题，《课程知识价值观研究——兴趣价值论的视角》对这个老问题进行了新思考。在课程内容的选择上，斯宾塞提出了"什么知识最有价值"的问题，阿普尔提出了"谁的知识最有价值"的问题，这两个问题构成了长期以来课程论学科知识价值观探讨的核心主题。在《课程知识价值观研究——兴趣价值论的视角》一书中，作者认为这两个提问代表了客观主义和相对主义两种不同的知识价值观，它们有积极意义，也需要认真反思。作者提出了课程知识价值探讨的新视角即"什么兴趣指向的知识最有价值"，主张建立一个基于学生兴趣的课程知识生态体系，强调课程知识的选择、组织与呈现都应基于学生的兴趣、遵循学生兴趣发展的规律。应该说，作者基于兴趣论立场对课程知识价值观的反思与建构，富有启发性和现实性。人类教育实践的历史表明，课程内容选择从来是各方利益博弈的焦点，是多种力量制衡的产物。因而，单纯强调某一方的需要，都不足以真正解决问题，只有兼具本体价值、社会价值和个人发展价值的知识，才是最有价值的知识。而且，不管多有价值的知识，都需要以学生喜闻乐见的形式呈现出来，成为学生感知、操作、加工、应用的对象，才能真正发挥其作用。这说明，课程论关于知识价值问题的讨论，不能单纯停留于价值大小的静态比较，还应有机融入价值实现的动态条件。换言之，只有能在教学中真正实现其价值的知识，才是最有价值的知识。这或许就是知识兴趣价值观的真谛和意义所在。

自然，学无止境，这套丛书也存在一些局限和不足，相关论点和论述并非定论，还有很多充实完善的空间。课程与教学价值问题的研究，更是一个需要长期耕耘的学术领地，真诚地期待这些探索能引起更多研究者的关注，期待未来出现更多精彩的高水平研究成果。

王本陆

2023 年 2 月 8 日

（王本陆：北京师范大学教育学部研究员，课程与教学论专业博士生导师，中国教育学会教育学分会副理事长暨教学论学术委员会理事长，中国伦理学会教育伦理学专业委员会副理事长）

前　言

　　教学本身是一项充满伦理矛盾和斗争的活动，教学理论中也长期存在教学伦理的对立、论争。本书旨在阐明教学伦理冲突的本质和功能，并在对教学伦理冲突进行分类的基础上，归纳和抽象出教学伦理冲突的发生机制和解决策略模式。

　　教学作为一项"伦理道德的事业"，其活动要顺利、健康地实施，既需要遵守一定的"教学制度规范"和"教学认识规范"，还应该遵循"教学伦理规范"。在教学活动中，当教学伦理主体在面对两种或多种伦理原则或利益诉求，而必须只择其一时，他们就处于教学伦理冲突的情境之中。教学伦理冲突是教学活动和教学论研究中大量存在的现象和事实，对于教学伦理冲突的关注和理论分析亟须加强。

　　本书以德性伦理为基本分析框架，以"非效果论"为核心价值立场，以社会学、哲学、管理学、组织行为学等学科的冲突理论为辅助，运用访谈、案例分析等方法对教学伦理冲突进行了全面的研究。

　　教学伦理冲突的实质是一种利益冲突，一种价值原则冲突。教学伦理冲突的过程是一个教学伦理主体面对道德两难的困境，进行持续道德判断和教学伦理抉择的过程，也是教学伦理主体间或主体的"主我"与"客我"之间冲突的过程，是教学主体间博弈的过程。教学伦理冲突具有正向功能或负向功能，功能的向度受到教学主客观条件和情境因素的决定和影响。教学伦理冲突对集体的正向功能包括：显现潜在的教学问题，增进班集体的团结和促进教学伦理规范的改革和创新；对个体的正向功能包括：提高学生的道德认知水平和道德主体意识，提升教师的道德推理、道德反思和解决教学伦理冲突的能力。当教学伦理冲突被"忽略"或解决"不当"时，将对集体和个体产生负向功能。

教学伦理有两种分类方式，一是围绕教学论的概念体系构建，二是依照伦理学的范畴来构建。本书尝试以伦理学概念体系为标准，将教学伦理划分为底线型教学伦理与卓越型教学伦理，其中，底线型教学伦理是"出于教师的义务"及"功利"，而卓越型教学伦理，即德性教学伦理是教师教学伦理的核心和灵魂，是教学活动内在的、最具活力的伦理原则。不同教学伦理之间的交叉冲突，构成了相同价值序列与不同价值序列教学伦理之间的互相冲突，如教学公平与教学关怀之间，教学民主与教学权威之间的冲突等。

　　教学伦理冲突是一个动态的过程，它不是一连串的独立事件，而是一组相关事件。教学伦理冲突的一般过程可以概括为潜在冲突因素、感知情境、意志挣扎、外显行为和冲突结果等五个阶段，其发生的过程具有多阶段性、动态性和辩证性。教学伦理冲突是多种因素综合作用的结果，个体的个性特征、利益需求、道德认知程度、道德价值品质等是内在的因素，社会文化条件是社会性因素，而教学伦理规范的内在张力和伦理边界模糊性是教学伦理冲突产生的直接因素。

　　在市场经济衍生的"利益至上""效率优先"等价值原则，以及"道德相对主义""多元化"等思潮的影响下，教师在解决教学伦理冲突过程中，存在着诸多的误区和偏差。本书提出了教学伦理冲突解决的一般决策模式，并认为教学伦理冲突的解决是一种"有限理性决策"，同时主张简单增加和完善教师的义务型和功利型专业伦理，对教学伦理冲突的解决是道德低效甚至是"无效"的，无法从源头上解决冲突问题，唯有在德性教学伦理指引下，才能达致"教学至善"的目标。

目 录

第一章 导论 ·· 1
　　第一节 选题缘起 ·· 3
　　第二节 国内外研究现状 ·· 19
　　第三节 核心概念界定 ··· 29
　　第四节 研究方法与思路 ·· 35

第二章 教学伦理冲突的实质及功能 ··· 39
　　第一节 教学伦理冲突的实质 ·· 42
　　第二节 教学伦理冲突的功能分析 ·· 52

第三章 教学伦理冲突的类型分析 ·· 71
　　第一节 伦理冲突类型 ··· 73
　　第二节 教学中的伦理冲突 ··· 77
　　第三节 教学伦理的冲突 ··· 100

第四章 教学伦理冲突过程及其影响因素 ··· 131
　　第一节 教学伦理冲突的一般过程模式 ·· 133

1

第二节　教学伦理冲突的影响因素分析 …………………… 142

第五章　教学伦理冲突的解决策略 …………………………… 157
　　第一节　教学伦理冲突解决策略的现实考察 ………………… 160
　　第二节　"教学至善"：教学伦理冲突解决的一般过程模式 … 168
　　第三节　提升教学伦理冲突解决能力的策略 ………………… 188

结语　达致"教学至善" ……………………………………… 211

参考文献 ………………………………………………………… 215

附　录 …………………………………………………………… 231
　　附录一　教学伦理冲突教师访谈提纲 ………………………… 233
　　附录二　教学伦理冲突学生访谈提纲 ………………………… 234
　　附录三　中小学教师职业道德规范（2008年修订）………… 235
　　附录四　美国全国教育协会《教育专业伦理规范》………… 236

第一章 导论

教学本身是一个充满伦理矛盾和斗争的活动，教学理论中长期存在教学伦理的对立、论争和冲突。教学活动中，教师时刻在进行着各种价值和利益的选择，当面对两种或多种伦理原则或利益诉求，而必须做出只能择其一的选择时，他们无可避免地处于教学伦理冲突的情境之中。教学作为一项"伦理道德的事业"，要顺利、健康地实施，既需要遵守一定的"教学制度规范"和"教学认识规范"，还应该遵循"教学伦理规范"。当前对教学伦理冲突的认识一般局限于"冲突是消极的""冲突具有破坏性"等观点层面，教师在教学伦理冲突的解决过程中，更多的是运用道德直觉，而非道德理性思维。教学伦理冲突研究方面，一般局限于教学中的伦理冲突，主要集中于教学论视域中探讨教学伦理冲突的概念、特征和克服策略，尚缺乏伦理学构建的概念体系的深入探讨和系统分析。那么，教学伦理冲突的实质到底是什么？它的功能如何？发生和解决需要经历哪些阶段？如何正确地认识和解决教学伦理冲突？这些问题亟须做出回答。

第一节　选题缘起

社会发展产生新的伦理道德冲突问题。当代中国，生产力显著提高，社会发展加速，科技进步加快，物质财富极大丰富。但是，"现代社会中实现富足生活的希冀极大地刺激了人的欲求，也引发了专业化对人性的分割；过度的物质主义对人的丰富性的遮蔽；大众传媒和游戏以大量信息包围人而致使一些人精神麻木；对科学和技术的掌握使人的生活在局部和细节上获得更大方便、显得更为合理的同时，人的环境和自身境况在总体上却日益非理性化，以致像保持良知这一亘延数千年，而且只要人不甘堕落就必须一直亘延下去的人性法则也在遭到冷落"。[①]

各种道德伦理冲突呈现于我国社会各层面。我国虽已经逐步建立起民主、

---

① 何怀宏：《伦理学是什么》，北京大学出版社2001年版，第135页。

文明的价值体系，但是，传统社会中许多消极思想、惯习和价值观仍没有完全抹去。我国传统社会的伦理根基是"五伦"，"五伦"关系的核心实质是"上"与"下"，"尊"与"卑"，这与现代社会的民主、个性等价值观和伦理规范发生着各种冲突，以致"老人"对"年轻人"越来越看不懂，"年轻人"对"老人"越来越不理解。陀思妥耶夫斯基在其长篇小说《卡拉马佐夫兄弟》中，曾讲到米卡在成为杀人嫌疑犯后的道德沉思，他感到了道德和宗教永恒之罚的恐惧力量，明白了自己不仅做一个卑鄙的人活着不行，连作为一个卑鄙的人去死也是不行的。而在我国现代社会，当道德与宗教的"永恒之罚"已经不再起作用时，我们的伦理道德又将何去何从呢？这种现象和问题同样也导致教育领域出现了诸多的"道德无意识"和伦理规范欠缺问题，并集中表现在教学伦理冲突中。

一、教学是一项伦理和道德事业

（一）教学本身是伦理道德活动

教学是一种具有价值指向和目标指向的行动，是富含社会性与关系性的复杂实践。[①] 教学工作的本性就是其道德和伦理本性。因为教学工作的核心就是教师与学生之间的关系，这一关系具有"不平等性"和"依附性"。在这种"不平等性"和"依附性"的情境中，唯有教师遵循合道德的教学观念和教学行为，追求道德的目标，才能保证学生的健康发展。如果脱离了道德性，教学无疑将成为实现某种目的的手段和工具，历史曾多次证明了这一点。

1. 教师是道德代理人

教师道德自我是教师道德实践的自我，是教育道德经验的自我。它是道德自我在具体教育情境中的独特自我，但也反映一般道德自我的属性。[②] 教育

[①] 李树培：《教学道德性：学科德育的重要视角》，《教育发展研究》2019 年第 18 期。

[②] 王凯、周欣茹：《教师道德自我的遮蔽与澄明》，《教育发展研究》2023 年第 18 期。

研究曾经试图把教师描述为一种道德中立的职业，即主要负责传授能够客观评价的知识和培养智力能力。这一行为被命名为"言辞教师的专业化"。[①] 然而，教学不是一系列由产品智力判断的机械行为，教学传授知识的角色与其道德角色是不可分的。尤其是，教学不仅关心提高学生对学科的掌握程度，以为他们将来的职业做准备，还关心他们作为一个道德人的发展和民主社会中的公民的发展。[②]

西方学者有一个"普遍共识"——教学自身包含道德行动，教师是一个道德代理人，教育作为一个整体，因此，教学互动在特殊性上，在天性上根本和必然是道德的。这一系列基础性假设体现在教学中的各项关系中。约翰斯顿（Johnston）在其论文《课堂对话中的权威、权力和道德》中，考察了权威、权力和道德之间的关系，并着重说明这一关系在课堂互动的低水平中是如何实现的。他特别关心教师权力问题，认为教师权力有两层含义：成为教室里面的权威和处在权威之中——"前者是指教师控制教室中活动的能力，后者是指教师作为认可方式的占有者和传递者的地位"。对约翰斯顿来说，道德是"建立一系列教师的信念和理解力，它们自然具有可估价性：明显的是有意识的还是无意识的，在正确与错误、好与坏之间"。[③] 他运用伯恩斯坦（Basil Bernstein）的"教育性话语""教学性话语"和"规约性话语"三个概念，并把"教学性话语"嵌入"规约性话语"之中，认为"教师必然运用她的权威以实现调整权力关系和道德目标的目的：在教室中她既是政治代理人，也是道德代理人"。[④]

中小学教师是道德教育者和道德代理人。教师与道德之间密不可分的关系主要表现在以下八个方面。第一，教室与学校生活充满许多关于伦理与人

---

① Saha, L. J., Dworkin, A. G. International Handbook of Research on Teachers and Teaching [J]. Philosophy and Science Teaching, 1992: 663—673.

② Saha, L. J., Dworkin, A. G. International Handbook of Research on Teachers and Teaching [J]. Philosophy and Science Teaching, 1992: 663—673.

③ Cary Buzzelli, Bill Johnston. Authority, Power, and Morality in Classroom Discourse [J]. Teaching and Teacher Education, 2001 (17): 873—884.

④ Cary Buzzelli, Bill Johnston. Authority, Power, and Morality in Classroom Discourse [J]. Teaching and Teacher Education, 2001 (17): 873—884.

格评鉴的事件；第二，教师长年居于道德评论与人格评鉴之中枢位置；第三，教师掌握学生的惩罚权；第四，教师不只限定学生所知内容，也决定学生以何方法获取知识；第五，教师决定学生是否已习得教学内容；第六，教师参与制定各种规定并执行校规；第七，教师时常处理公平、正义及慈善等问题；第八，即使教师尽量避免在学生面前呈现自己的道德观点，学生仍将感受教师的价值标准与道德观，并受其影响。

2. 教学的规定性首先是其道德性

教学道德性是指教学这一特殊交往活动蕴含道德的向善性，"道德性"表示教学的一种主要属性，是教学中蕴含的正向为善的积极成分。[1] 教学的规定性首先是其道德性，教学的道德性提供了其他特征得以存在的基础，并为其他特性的功能形成提供支持。改革开放后，随着对知识的重视，学历主义在我国盛行，这直接导致了基础教育中的"应试性教学"，这种类型的教学使学生把升入高一级学校作为唯一目的，教学内容主要是学科知识，教学方式强调灌输、机械记忆等。从伦理道理角度看，这种教学把学生当作升学的工具来培养，是违背人道的，完全背离了人的全面发展的教学目标。由于这种教学失去了伦理道德性根基，从一定意义上说，是不成功的教学，甚至可以说不是教学活动。

教育社会学者伯恩斯坦提出过"教学对话"理论。他认为教学对话是一项原则，这一原则嵌入各种对话中，创造自己的文本，创造新的对话。在教学对话中，学习者通过学习，在对话中创造和调整了社会规则。伯恩斯坦把前者称为"教学性对话"，后者称为"规约性对话"。他指出，在现实中，人们往往把二者分裂为道德的和教学的，但是事实上只有一种对话：一个简单的教学对话由一个具有重置语境原则功能的语法组成。[2] "规约性对话"是主导的对话，这是显而易见的，因为它是道德性对话，只有道德性对话才能给性格、态度和行为创造标准，在学校中它可以告知学生做什么，他们的目标是什么等。伯恩斯坦之所以把"规约性对话"作为道德性对话，是因为它创

---

[1] 李森、高静：《论教学道德性的内涵及层次》，《教育研究》2019 年第 4 期。

[2] Cary Buzzelli, Bill Johnston. Authority, Power, and Morality in Classroom Discourse [J]. Teaching and Teacher Education, 2001（17）：873—884.

造传递或获取社会性关系的规则以及秩序的规则等,这些联系和身份,如道德的秩序,是为了传递的资格或能力。

3. 教学方式要具有道德性

道德或伦理学的概念在古希腊是指一种对对与错、善与恶、值得与不值得的评价。教学的概念包含一种带有主要目的是使他人学习的行动,换句话说,教师在工作中由使受教育者成为什么样的人的信念指导着。为实现这些信念和目标,教师们需要假定一定的发展模式优于其他模式,一定的方法优于其他方法,一定的行为更值得提升,一定的个性特征需要着重发展,即通过思考而做出道德估价:什么是对与错,好与坏,值得与不值得。

教师在思考和选择教学方式方法时,除考虑教学的技术性外,教学方法的道德性也是重要的思考方面。教学方法从一定意义看,是一种实现教学目标的工具和手段。如果教学方法本身或者其使用过程中对教学主体产生了恶的影响和作用,如此之手段,即便促进了目标的实现,整个教学本身也是不道德的。当前,教学中有着各种各样、五花八门的"新"方法、"新"技术,而每一种方法和技术背后都预设了一定的理论基础和价值追求,或者说,这些方法和技术会产生不同的道德结果和伦理影响。美国教育学家杜威(John Dewey)就非常强调将教学方法作为道德训练的一种途径,他指出教学方法要体现社会精神,任何诉诸被动吸收和竞争的方法都是个人主义的、排他的,"一切为互惠、合作和积极的个人成就提供机会的活动方法,都包含一种体现社会精神的道德训练"。[①]

(二)教学需要伦理敏感及伦理判断

二战以来,社会急剧变化。"工作方式、居住稳定性、建筑形式、生活习惯、服饰、人际交往、语言、音乐、娱乐等等方面,变化无处不在。最重要的变化或许来自家庭。不能说学校对这些社会变化无动于衷,但是反应迟缓,而且局限于技术层面。添加各种各样的课程或者强调某些狭隘的教学法是最

---

① 李菲:《学科德育的困境反思与路径转换——基于教学伦理视角的思考》,《中国教育学刊》2023 年第 4 期。

常见的例子。"①

当前我国处在社会和文化转型时期，历史与现代、东方与西方等文化的碰撞与交融，使我国在思想文化方面表现出多元化、差异性、动态性的特点。其中之一就是传统伦理道德不断受到各方面的挑战。

学校是现代社会的重要组成部分，承担着文化传承和创新的使命。因此，学校必然与社会的其他部分息息相关，密不可分。在这个价值多元、意见纷呈、监督胜于信任的时代，似乎一切都不那么理所当然，学校自然也无法跳出这种矛盾的漩涡。教师必须在现代与后现代、学校与家长、公领域和私领域等对立的夹缝中求生存②，所以，"学校教育教学也必然面临着各种伦理道德的挑战和困惑，教师面对如此处境，更需要对伦理议题保持敏感的觉知"③，并及时加以解释和解决。

课堂中发生作用的各种道德价值观总是存在着差异。库尔奈鲁德（Colnerud）把这些差异称为冲突，约翰斯顿称这些差异为道德两难，怀特海（Whitehead）称这些差异为价值矛盾，维莱特（Willett）称这些差异为一系列道德关联性。这些差异的解决必然需要教学主体道德和伦理的判断和抉择。

伦理判断是教师教学活动的重要一环。教师在繁忙、琐碎的工作中，能否静心思考：我是否完成了今天的教学目标？教师有没有这样考虑：我不是一个超人，但是我可以确信我做出了好的选择。大卫·汉森（David Hanson）明智地指出："并不是教师的任何行为都需要具有道德意义，但是教师的任何教学行为都能够具有道德影响。"④ 教学是一个教师和学生不断认识和选择的过程，这一过程需要教师时刻从各种教学价值观、知识观、人性观、方法观中进行判断和选择，其中最困难、最主要的判断即是伦理判断。教学充满了持续的和复杂的道德决策，教师的教学不可避免地涉及价值判断，也不能置

---

① ［美］内尔·诺丁斯著，于天龙译：《学会关心——教育的另一种模式》，教育科学出版社2003年版，第6页。

② 欧用生：《后现代的教育改革与校长专业成长》，《国民教育》1999年第2期。

③ 简光燦：《国民小学校长面对伦理两难情境决定历程之研究》，台湾暨南国际大学学位论文，2009年。

④ Hansen, D. T. From Role to Person: The Moral Layeredness of Classroom Teaching [J]. American Educational Research Journal, 1993, 30 (4): 651—674.

身于伦理议题之外，如"有教无类"与"因材施教"的抉择，"做对的事"与"把事做对"的诘辩，以及"追求质量"与"讲求效率"的两难，这些两难说明了学校是道德教学和道德挣扎之所在，二者都蕴含了教师对关怀、义务和责任等教学伦理选择的价值取向和伦理立场，体现出教师对教学行为的伦理判断。

二、教学伦理冲突的实践表现

教学在本质上是一项伦理和道德事业，然而现实的教学实践中，教师鲜有从教学伦理维度来思考和处理自己的教学活动和面对的教学问题，而往往对教学伦理冲突采取"回避""避重就轻"等解决方式。

（一）教学现实的伦理缺位

［案例 1-1］

在某市某中学高三年级的一个班中，发生了这样一件事情。班上有一位同学小 A，虽然学习努力但成绩却很不好，他一心想着要参加高考，不管最后能不能考上大学。临近高考的时候，班主任老师却发出了这样的通知，为了提高班级及学校的总体成绩，在学校历次摸底考试中总成绩在某分数以下的不允许参加高考（小 A 就属于这个行列），但可以让其直接进入下一年的复读班学习。按照学校规定，只有在高考中成绩达到一定分数线以上，才有资格进入学校的复读班学习，而依照小 A 平时的成绩来预测，即使他参加高考，不仅其考上大学的希望渺茫，而且更重要的是他的成绩也很难达到进入复读班学习的成绩要求。小 A 该怎么办呢？就此问题，同学们展开了激烈的争论，大部分同学认为小 A 应该放弃参加这次高考的机会，理由是这样做不仅可以提高班级的总体成绩，增进班级的荣誉，而且对他自身也有好处。而另有一小部分人却认为，小 A 应参加高考，因为小 A 有参加高考的权利，这是其受教育权的一部分。[①]

[①] 材料选自张夏青：《当前我国学校教育中价值冲突问题研究》，北京师范大学博士学位论文，2010 年。

在我们的调查中，教师们也表达了他们在道德领域中遇到的困难，有70%左右的教师认为没有很好地准备处理他们课堂中的伦理两难问题，大部分被调查的教师没有明确的方法来解决他们面临的冲突。"教师在日常教学中需要在各种场所教学，有效地和平等地回答学生，在有限的时间里传递教学内容，对学生的工作和能力进行多样化评价。所以，在日常教学中，教师没有时间考虑和仔细研究他们日常教学工作中的伦理问题"[①]，因而只能采取悬置道德（suspended morality）的方式回避道德伦理问题。

教学领域存在着大量的教学规范，这其中包括了教学伦理规范，虽然伦理规范被牢固地嵌入教师的思想中，但是一旦他们进入课堂，这些规范不会处于他们注意的最前部，其他更紧迫的担心（如准备一天的课程计划和制作精细材料）比考虑规范具有更大的优先性。调查发现，新手教师在职业生涯的初始，当面临伦理冲突和道德两难时，他们更多地依赖自己的个体道德本能，而不是教学伦理规范。

教学中缺乏教学伦理和道德的语言。美国教学伦理专家史蒂瑞克认为，尽管教学是一项具有明确道德本性的职业，许多人却发现教学缺乏"伦理语言"或"道德语言"，没有这些语言就无法明晰地表达，无法与其他教师交流他们工作的道德和伦理的复杂性，同时，没有道德和伦理的语言，就不能进行道德和伦理的对话和选择。

（二）教学主体的伦理冲突"无意识"

[案例 1-2]

　　语文课上，老师说：学习了《狐狸和乌鸦》这篇课文，同学们有什么想法？大家想怎么说就怎么说。学生沉思片刻，纷纷举手。有的说：我觉得爱听好话不好，容易上当。教师评价：你说得真好。有的说：我觉得乌鸦自不量力，也不撒泡尿照照自己长什么样，还得意极了！（哄堂

---

① Melo，P. Ethical Conflicts in Teaching：The Novice Teacher's Experience [J]. Connections，2003（3）：175—189.

大笑）教师较尴尬，但为了不打击发言积极性，还是鼓励道：你说得有道理。有的说：我觉得狐狸很聪明，而且我懂得了如果你想要得到别人的东西，而别人不给时，你要多动脑骗他高兴，让他自动送上门来。教师夸奖：你的想法有创意，能联系生活实际，真聪明。

当前，在处理社会问题和事件时，往往可以突破传统制度和规定的限度，具有了一定的张力和弹性，"越来越人性化"。实际上，越"人性化"的处理方式就越突出决策的伦理性和道德性。教学中，教师在处理一些困境或冲突时，也开始讲究"人性化"，但是，这种"人性化"只是教师的一种"自为"行为，对于大多数教师来说，在一定程度上，还不具备"自觉意识"，没有成为其"自觉行为"。

也就是说，当前，教育者、家长等很少从伦理角度思考教学问题。加拿大学者坎普贝尔（Elizabeth Campbell）发现，教育者常常忽视工作中问题的伦理实质，他们把问题的原因归结为策略的、实践的、职业的和政治的，本文把这种现象称为"伦理冲突无意识"。有的教师意识到了教学中存在的伦理道德问题，但是多种原因使其选择了"回避"或"对抗"，甚至是"妥协"（如教师"不敢"管理或批评学生，学生不敢与教师正面交流）等不合理的解决方式。

（三）教学伦理冲突遭遇"有意回避"

［案例1-3］"老麻雀"该怎么做？①

四年级语文课，一位教师在教授《麻雀》一课，讲到猎狗张开大嘴准备吃小麻雀，老麻雀奋不顾身地从树上飞下来想拯救小麻雀时，这位教师高度评价了老麻雀高贵的母爱精神。"老麻雀不是猎狗的对手，却不愿眼睁睁地看着亲骨肉被吃掉，义无反顾地从树上飞下来。"说到这里，这位教师继续问道："假使你是那只老麻雀，你会怎样做呢？"学生有的

---

① 案例选自符太胜：《多元价值观下课堂价值观冲突研究》，南京师范大学硕士学位论文，2006年。题目为笔者新加。

说道:"识时务者为俊杰,我觉得不要增加不必要的牺牲,那样做不但救不了小麻雀,还多搭上一条性命。"有的反对这种说法:"论身躯、体力,老麻雀不是猎狗的对手,但母爱的力量是不可战胜的。"有的又提出不同看法:"我会像老麻雀那样做。因为以弱胜强是常有的事,不去试试,就输定了,去试试,才有可能战胜对手。"还有的学生说:"反正孩子注定没命了,我去白白送死,还不如回去再孵一只小麻雀。这叫做留得青山在,不怕没柴烧。"全班分成几派,交涉、争论、批判,教师一时不知道如何判别,告诫学生考试答题要体现老麻雀的伟大的母爱精神后,教师就急匆匆转移了话题。

该案例说明,对于教学过程中出现的教学伦理和教学道德问题,教师们常常采用回避的态度和方法处理。我国各级各类学校的教育工作者往往习惯于把教师的教学失误或教学失败归结为教学策略、方法、社会环境等因素,而很少考虑伦理道德因素在教学中的作用。伦理冲突和道德两难常常被认为是其他人的问题,教师应该运用决策的和冲突解决的技巧来解决。因此,要提升把教学视为一种伦理努力的意识。

(四)教学伦理缺失使学生成为牺牲品

[案例1-4] 教学评价欠公平的影响

教师请了一位看来是榜样的学生说:"下面我们请××同学为大家做示范读课文。"读后,让大家来评价,学生们纷纷发言。有的说:她的声音洪亮。有的说:她注意重音。有的说:她有感情。一片赞扬声,教师请大家学着她的样子,练习一遍后检查效果。一位平时成绩中下、寡言少语的男孩举手,教师指名请他读一遍,原本这个学生课前在家长的指导下已经会流利、有感情地朗读了,但由于紧张,漏读了一个"了"字,可比起以前他还是有进步的。教师也请大家评一评。有的说:他连句子都读错了,少了一个字。有的说:他声音太轻。有人说:他读得没感情。这个男孩被评得一无是处。教师接着问:"谁比他读得更好?"于是,这位学生低着头坐下，再也没有主动发过言。

案例中教师的教学技术可能无可挑剔，但是在教学伦理上，值得斟酌。这一案例涉及教师对学生的评价问题，这位男同学在这次朗读中获得了进步，但是，教师却用优秀学生的标准衡量其朗读水平，而看不到其进步。教师虽然没有明确批判，但是却通过其他学生之口进行了评价，这一评价从"谁比他读得更好"中一览无余。这次课堂朗读的经历，给男孩带来的是更加畏惧发言的后果。该教师可能没有意识到自己一个小小的教学评价行为对该男孩的影响，忽视了该男孩的表情和反应，而出现了男孩"再也没有主动发过言"的教学结果。

我们常常说，教师的一个小动作，教师的一个善意的微笑，教师的一句不经意的赞扬或批评等，都可能影响或改变学生的一生。因为教师通常在没有受到直接监督或没有其他成人在场的情境下独立教学，被称为"教室之王"，教室中所发生的一切，其他成人都不知道。有些学生因为心智尚未成熟，当受到教师的不合理对待时，不是无法辨识教师当时的行为是否不道德，就是即使知道教师的行为欠妥，也无能力去争取自己的权益。换言之，若教师行为不符合伦理原则的话，儿童将成为牺牲品。缺乏伦理关怀的教学，是我们应该极力避免的教学。

针对以上所列教学实践中表现出的伦理缺位、伦理冲突"无意识"、伦理冲突的"有意回避"等问题，为避免使学生成为牺牲品，本研究试图增强教师的教学伦理意识和伦理责任感，提升教师的伦理智慧，提高教师的伦理情怀，进而从深层次解决教师的教学问题。伦理冲突和道德两难不应该被认为是其他人的问题，教师应该运用伦理决策和伦理冲突化解的技巧来解决之。教师在面对教学目标、内容、方式方法以及评价等问题时，在技术思考、策略选择、路径寻求的同时，要从伦理的角度进行深刻的预见，思考、考虑到自己的所思、所行可能引发和导致的教学结果。这种伦理的情怀和关注正是现代教学缺乏的本质性、内在性的东西。

三、教学伦理冲突研究相对薄弱

（一）国外的研究

西方法律、商业等学校自 20 世纪 60 年代就开始认真讨论职业伦理的教育问题。然而，对教师职业伦理的研究落后于这一发展趋势大约 20 年，关于教师职业伦理主题的学术性文章直到 20 世纪 80 年代中期才大量涌现。在开始阶段，教师职业伦理教育的课程大多是仿照其他行业职业伦理教育课程而设置的，教师职业伦理教育的课程比例远远少于其他行业，如商业、法律。

与此同时，西方许多学者也已经开始关注教学的伦理问题。他们认为教学就是一项伦理事业，伦理维度是教学最重要的维度，伦理特征是教学的根本属性，是教学的内在特征。从学科的角度讲，他们的研究已经由原来的教育伦理学向教学伦理学拓展和深化。

20 世纪 90 年代，在教育研究中，教师职业的道德基础和教学伦理困境曾一度成为研究的流行主题。教师的日常生活，包括与学生、家长和同事的联系成为研究的重点，学校则成为教师伦理困境和教师与外界相互联系的制度性背景。对教学伦理困境的研究表明，教师一直没有充分意识到他们行为的道德影响；另外，有时教师也会错误地处理工作中发现的那些伦理困境。

在过去的 20 多年中，西方的《教学和教师教育》杂志发表了大量与教学伦理相关的文章，这些文章揭示了教学的伦理或道德本性的一个或多个方面，使用了诸如伦理学和教学，教师的价值观，教师的信念，教学中的伦理问题等描述性语词，许多文章在一个方面或多个方面关注了教学的伦理和道德维度。

总之，对教学伦理进行探讨虽然开始于 20 世纪 80 年代中期，然而，由于道德现象通常在教育和道德哲学的语境中探讨，所以鲜有实证研究的例子。从这些已有研究中能够概括出，教师们大都还没有意识到其行为的伦理影响，这进一步影响到了他们的教育信念，使他们处于悬置道德责任意识的危险处境中。此外，教师们出于对责任程度的考虑，在处理道德冲突时经常变来变去。研究显示,在一定程度上,教师教育有助于教师教学伦理意识的提升。

(二)国内的研究

虽然教育研究,尤其是教学研究中,对伦理问题、道德问题的关注急需加强,但现有的教育教学研究更多是把注意力放在教育和教学的技术层面,从技术维度,以效率、有效性等标准来认识和衡量教育和教学。近几年国内"有效教学"的引进、研究和实践的兴起就是最直接的体现。学者的这些研究取向和旨趣,不仅仅影响了教育教学思想和理论领域,还影响了教育教学制度和政策的制定,这些"理论成果"和思想已经在实践中蔓延,并逐步成为教育教学实践的主流。

教学伦理相关研究的不足,必然使教学伦理主体在教学理论探讨和教学实践中面对伦理两难情境时缺乏学理的指引,而且教师处理伦理两难问题的学养与能力也容易在教师的甄选、培育过程中受到忽略,当未来教师们真正面对伦理两难情境时,将更显露出困窘与无力感。

1. 学科发展尚未成熟

当前对教育伦理问题的研究,更多是从教育哲学的角度对教育中的伦理问题进行探讨,是以形而上的思维方式初步探讨了教育伦理问题,探讨的主要内容是教师伦理。以《教育伦理学》命名的学术专著或教材已有十几部,其主要观点是把教育伦理学理解为关于伦理教育的理论与实践的科学,或理解为道德教育,或把教育伦理学视为研究教师的职业道德等,如王正平教授在其《教育伦理学》一书中指出:"一般地说,教育伦理学是研究教师道德的学问。"[①]

施修华和严缘华主编的《教育伦理》认为:"教育伦理学是一门科学,是研究教师道德的起源、本质、发展变化及其社会作用的科学,换言之,它是一门探讨教师道德的发展规律性的科学。"[②] 也有学者把教育伦理理解为研究教育领域的道德关系。

对教师道德问题的关注经过道德本身后,学者开始更进一步探讨教育领

---

① 王正平主编:《教育伦理学》,上海人民出版社1988年版,第9页。
② 施修华、严缘华主编:《教育伦理》,上海科学普及出版社1989年版,第2页。

域中的道德关系问题，这一关系主要集中于与教师相关的关系。如李春秋认为教育伦理学主要以教育过程参加者的道德关系为研究对象，并具体研究作为道德关系的反映和表现的教师道德现象。① "教育伦理学就是研究教育过程中人与人之间的道德关系，特别是教师与教育过程的其他参加者之间的道德关系，从而引申出教师道德的各项原则、规范和要求的。"② 教育伦理学又是研究教育领域善恶矛盾的科学，把目光主要集中于教育领域中的善恶矛盾。这一观点既拓展了我国教育伦理学的研究范围，又增进了研究的深度，全面地概括了教育伦理学的研究对象和内容，是对教育伦理学的科学定位，极大地促进了我国教育伦理学的学科建设。

从概念的从属关系看，教学伦理学是教育伦理学的下位概念，或者说是教育伦理学的分支学科。教学是教育活动的核心环节，是学校教育的中心，但我国对教学伦理的关注和研究起步晚，进展慢，研究力量薄弱，研究成果少，鲜有系统性研究，学科发展相对滞后。

2. 概念体系尚未建立

成熟的概念体系是一个学科建立和立足的根本标志，也是学科思想独立、学科结构完善、学科研究顺利进行的根本标志和条件。现有对教学伦理的研究没有形成教学伦理的独立和基本的概念范畴，相关概念大都来自于哲学、伦理学、社会学、政治学、心理学等学科，教学伦理特有的概念体系尚未建立。

3. 从教学论单一视角构建学科体系

对教学伦理的研究多是从教学论的视角来进行，以教学论中的基本概念、范畴和结构框架来构建学科体系。如有学者提出教学目标伦理、教学方法伦理、教学内容伦理、教学评价伦理等，这些都是单纯套用教学论学科的理论体系来建设教学伦理的体系。

本研究认为，教学伦理的研究和学科体系建设有两种思路。一是按照上述教学论的学科概念和结构体系进行建设。二是按照伦理学的概念、范畴和学科结构进行构建。把伦理学的基本概念和范畴进行整理，按照与教学相关

---

① 李春秋主编：《教育伦理学概论》，北京师范大学出版社 1993 年版，第 6 页。
② 施修华、严缘华主编：《教育伦理》，上海科学普及出版社 1989 年版，第 1 页。

的紧密度进行排列，选择出适合教学这一特殊人类活动的概念、范畴，来构建伦理型的教学伦理体系。这一思路似乎更能体现教学的伦理性，体现教学伦理研究的伦理维度，并且更容易拓宽研究视野。

4. 亟须加强教学环节和实践研究

如上所述，现有教学伦理研究多是从教学论的理论视角出发进行的，也偶有沿着伦理学的路径开拓进路，这导致现有研究更多的是理论思辨、概念分析或思想澄清，更多是从应然的、价值取向的立场进行研究，而对具体的教学实践缺乏关注，少有实证性研究。这可能与传统认识有关，人们一般认为伦理道德问题更多是人的主观认识，体现着主体的主观思想，具有主观性、相对性和易变性等特征，所以无法通过实证的方式来把握。实际上，教学伦理首先是实实在在的客观实在，或客观规律，当人们认识到这些客观实在对主体教学实践的发展有促进作用时，就会将其作为一类教学伦理加以规定，或书面化或制度化。显然，教学伦理既是主观性的，又是客观性的。因此，对其进行数据性的实证研究有内在的基础性和必要性。

另一方面，也少有以实践案例分析和解释的方式进行的研究。理论的研究成果要转变为教师、学生等教学主体的实际行为，就需要使教学主体首先理解和把握教学伦理的实践实质和实践表征，而案例分析和解释可以给大部分理论水平不高的教师提供直观的、经验型教学伦理，从而促进教学主体教学伦理实践执行力的提升。同时，这些案例大概能够帮助教师回忆起他们自己的价值观和其中存在的盲点。本书提供的各种成功和失败的决策案例或许能够帮助教师依据各种观点判断伦理冲突。

四、教学伦理冲突研究的意义

教师和学生在面对冲突时所依据的价值取向、所采取的行为方式等都应该具有伦理合理性。不具备伦理合理性的教学行为就是恶的，而善的教学行为就是教学思想和行为具有了伦理的合法性和合理性。比如，一个强盗说自己做强盗的原因是社会的不公平、不正义使自己食不果腹，为了生存不得不做强盗。这个强盗的解释，从政治角度似乎是可以行得通的，而从伦理的角度看，强盗的行为则不具备伦理合理性。再如某个学生犯了错误，谩骂了教师，那么教师应该采取什么样的言行，采取什么样的处理方式呢？教师可能给学生以惩罚，教师可能原谅学生，教师也可能谩骂学生，等等。关键的问题是，教师惩罚学生的依据是什么呢？如果是出于维护自己的尊严，用以报复学生而惩罚他，那么，教师的这一惩罚也缺乏伦理的合理性。

对伦理两难情境决定历程的探究，有助于厘清伦理信念与原则，并促进教学主体的伦理实践。通过本研究可以比较教师们在假设情境下的解决策略与在真实职业生活中的两难问题解决策略的差异或不同，提高教学主体对教学伦理两难的解释力和解决能力，为教师将要面对的教学伦理冲突做准备。法律或规范通常只规定什么行为不能做，这是属于"外在约束"的部分，它并没有达成个人面对伦理两难情境时，所要激发的对于社会公平、正义、道德、善良的伦理行为的面向，而伦理的信念与原则探讨的正是属于"内在约束"的部分，具有更深层的价值。要了解这些"内在控制"的机制，就要从探究其"伦理决定的历程"着手，一步步解析出这些信念与原则，当教学主体都能对这些伦理信念与原则心领神会，将其融为自己的思想和行为智慧时，教学主体的伦理实践才有更大的可能性。

教学伦理冲突研究有利于加强教师的教学伦理行为。第一，避免权力滥用。在现实的师生交往中，教师处于把权力运用于控制方面的危险。第二，利于教师的自我控制和自我监视。现实中，教师在教室中的行为无法受到外部控制。第三，学校系统中的学生是强制进入学校的。因此发生的师生等关系是非自愿的，似乎无法避免使其不受伤害。国家必须能够保证学生受到良好的培养，否则，就不能为家长有义务把他们的孩子送进学校进行辩护。第四，教师在他们的职业中负有对公众信任的责任。这一主张支持发展教师的两类伦理——关心学生和关心教学职业。在职业精神和职业化的理论中，职业伦理被认为是职业精神的一个特征，也是职业化过程的一部分。然而，教学如果没有重视它区别于其他职业的特征，就不能与其他职业相提并论。芬斯特马赫（Fenstermacher）探讨了教学三个方面的特征，认为这些特征应该引起注意，以达到不要简单化教学和其他职业之间的相似性的目的。他指出的第一个特征是，医生和教师之间的不同在于知识的神秘性。教师可以通过传授给学生知识而缩小与学生能力的差距，医生却不能把知识提供给患者。第二个显著特征在于，教师们不能跟学生保持社会距离，而其他职业与其顾客却能够如此。一个教师不得不走近学生，以理解学生们生活的背景。教师职业的第三个特征是结果的互惠性。在学习过程中，非常重要的是学生和教师都为了成功而努力。在其他职业中，对顾客来说可能是把他们自己托付给对职业的信任。

基于这种理论研究和实践的现实，出现一种"知识的兴趣"和"实践的焦虑"，本书力图研究教学伦理冲突，以此为切入点，来整体地思考教学理论研究和实践中的大量伦理问题和议题。

第二节 国内外研究现状

将有关教学伦理冲突的思考置于广阔的"历史-哲学"视野，我们有必要追溯教学、伦理与冲突的关系谱系。本部分将考察与本书密切相关的冲突、教学冲突、伦理冲突和教学伦理冲突等文献资料，从中抽取出现有研究进展和需要深入拓展探讨的领域和论点。

一、冲突是多学科长期研究的重要内容

人类产生之初，就不断伴随着各类冲突，如争斗、战争等。人类对冲突的认识，对冲突功能、冲突解决的关注和研究经历了一个长期的历史演变过程。随着社会、政治、经济的发展，各门分支学科逐渐从哲学等上位学科中分化出来，冲突也逐步成为多学科研究的重要内容，对冲突的研究也更加具有专业性。这些相关的学科主要包括社会学、政治学、国际关系学、哲学、管理学等。

（一）社会学"冲突"概念

张光博主编的《社会学词典》将"冲突"界定为人与人、群体与群体之间激烈独立的社会互动方式和过程。冲突是人们之间的一种直接的反对关系。冲突的范围是两个或两个以上的人或团体，直接的、公开的斗争，彼此表示敌对的态度或行为。①

马克思、恩格斯关于阶级和阶级分析的观点，是社会冲突理论公认的理论滥觞之一。他们认为阶级是社会结构最基本的范畴，"社会中最大的冲突和倾轧，无论是公开的还是隐蔽的，都是不同阶级之间的冲突和倾轧"。②

齐美尔（Georg Simmel）在其一系列著作中将冲突和对抗列为人类互动的基本形式之一。在他看来，冲突是社会生活的精髓，社会生活不可缺少的组成部分。科塞（Lewis Coser）作为"冲突功能论"者，在《社会冲突的功能》（1956）中最早使用了"冲突理论"这一术语。他反对帕森斯（Talcott Parsons）所认为的冲突只具有破坏作用的片面观点，力图把结构功能分析方法和社会冲突分析模式结合起来，修正和补充帕森斯理论，并从齐美尔"冲突是一种社会结合形式"的命题出发，广泛探讨社会冲突的功能，认为冲突具有正功能和负功能。科塞指出："冲突是有关价值、对稀有地位的要求、权力和资源的斗争，在这种斗争中，对立双方的目的是要破坏以至伤害对方。"③

社会冲突论的另一代表人物达伦多夫（Ralf G. Dahrendorf）被称为"辩证冲突论"者，他认为，社会现实有两副面孔，一副是一致与和谐，一副是冲突与强制。达伦多夫的冲突观就是广义的冲突观，冲突表示"有明显抵触的社会力量之间的争夺、竞争、争执和紧张状态"。④

1975 年，柯林斯（Randall Collins）的《冲突社会学：迈向一门说明性科学》一书出版，标志着冲突问题的研究进入了一个新的阶段。早期冲突论者

---

① 张光博主编：《社会学词典》，人民出版社 1989 年版，第 47 页。
② 周晓虹：《西方社会学历史与体系》，上海人民出版社 2006 年版，第 108 页。
③ Lewis A. Coser. The Functions of Social Conflict［M］. London：Free Press，1956；Preface.
④ ［美］乔纳森·H. 特纳著，邱泽奇、张茂译：《社会学理论的结构》，浙江人民出版社 1987 年版，第 210 页。

只是对结构功能主义进行补充和修正,认为秩序理论和冲突理论同是有用的理论工具。柯林斯认为,社会冲突是社会生活的中心过程,必须建立一门以冲突为主题的社会学。早期冲突论者主要关注宏观社会结构问题,并把社会结构视作外在于个人的强制性力量。柯林斯从微观过程的概念化——互动仪式的分析开始,而后转向中层,考察分层模式和复杂组织形式,最后分析了国家和地缘政治。

克林顿·F. 芬克给冲突下的定义也是较为宽泛的,他认为"冲突是任何两个或两个以上的统一体由至少一种对抗心理关系形式或至少一种对抗性互动关系形式连接起来的社会情况或社会过程"①,即冲突指双方不一致的目标、各自专有的利益、感情上的敌意、观点上的异议,以及有节制的干涉等常规条件下相互抵触的状态。

美国社会学家乔纳森·H. 特纳(Jonathan H. Turner)持有不同的态度,他认为:"冲突是双方之间公开与直接的互动,冲突的每一方的行动都是力图阻止对方达到目标。"② 这种狭义的冲突定义坚持冲突是各方之间公开的和直接的互动。

对于冲突定义的广义和狭义之争,罗宾·M. 小威廉则寻求一种意义较为限定同时又包含各种冲突形式的表达:"冲突是一部分人力图剥夺、控制、伤害或消灭另一些人的互动,这同人们的其他意愿相形对照。纯粹的冲突是战斗,其目的在于征服、同化、摧毁或以其他什么方式伤害对手。在非纯粹的现实世界中,某些公开的斗争依照规律导向限定的目标;于是对峙的行动便可能由此变成为了赢得根本的目标而非去伤害对手;那么我们通常称对手遭遇为'竞赛'。某些竞赛渐渐和争执合二为一,在这里我们最基本的目的是以某人的看法或主张的合法性、正确性去确证或劝说对手或别人。"③

从上述有关冲突的定义可以看出,对于冲突的界定有广义和狭义之分,

---

① [美]乔纳森·H. 特纳著,邱泽奇、张茂译:《社会学理论的结构》,浙江人民出版社1987年版,第211—212页。
② [美]乔纳森·H. 特纳著,邱泽奇、张茂译:《社会学理论的结构》,浙江人民出版社1987年版,第211—212页。
③ [美]乔纳森·H. 特纳著,邱泽奇、张茂译:《社会学理论的结构》,浙江人民出版社1987年版,第246页。

罗宾·M.小威廉和特纳二人持狭义的冲突观，并不把所有的紧张状态和竞争之类的并不激烈的形式都看作冲突。广义与狭义冲突定义的主要区别在于对冲突起点及冲突激烈程度的看法，两种观点都同意双方之间的直接的公开的对抗是冲突，但宽泛的冲突论者认为，抵触、竞争、紧张、差异、不同就是冲突的起点，而狭义的冲突论者则认为这些并不一定就是冲突的起点，真正作为冲突起点的是双方公开而直接的对立和互动。

（二）哲学"冲突"的厘定

康德（Immanuel Kant）把矛盾和冲突看作是同一含义的概念。① 按照马克思主义的理解，冲突是"矛盾和矛盾斗争的表现形式之一"②，是"辩证矛盾的客观的或主观的表现形式"③。

在哲学话语里，"冲突"是与"矛盾"密切相关的一个词，冲突即矛盾和矛盾斗争的表现形式之一。康德把矛盾和冲突看作是同一含义的概念，他在《未来形而上学导论》中说："二律背反""这种互相冲突不是任意捏造的，它是建筑在人类理性的本性上的，因而是不可避免的，是永远不能终止的"。马克思和恩格斯把阶级社会中的社会历史领域的矛盾斗争称为冲突，他们在《德意志意识形态》中说："一切历史冲突都根源于生产力和生产交往形式之间的矛盾。""生产力和交往形式之间的这种矛盾……每次都不免要爆发为革命，同时也采取各种附带形式——表现为冲突的总和。"毛泽东在《关于正确处理人民内部矛盾的问题》中，把冲突看作是对抗的一种表现形式。④

（三）心理学"冲突"的含义

心理学家主要是从人际关系的角度对冲突进行分析。西方学者认为冲突

---

① ［德］阿·科辛编，郭官义等译：《马克思列宁主义哲学词典》，东方出版社1991年版，第34页。
② 胡曲园主编：《哲学大辞典·马克思主义哲学卷》，上海辞书出版社1990年版，第371页。
③ ［德］阿·科辛编，郭官义等译：《马克思列宁主义哲学词典》，东方出版社1991年版，第34页。
④ 胡曲园主编：《哲学大辞典·马克思主义哲学卷》，上海辞书出版社1990年版，第371页。

是由于实际的或希望的反应的互不兼容性而产生的两个或多个社会成员之间的紧张程度；认为冲突是一个人被驱动去做两个或更多互不兼容的反应时所处的状态。托马斯（Thomas，K. W.）认为冲突是起始于参与者觉察到他人侵害或准备侵害自身利益的一个过程。他们认为冲突是人与人或群体之间为了某种目标或价值观念而相互斗争、压制、破坏甚至消灭对方的方式或过程。心理学者所认识的冲突，既包括个体内的冲突，也包括人际间的冲突，人际间的冲突指双方由于相互间的差异引起的紧张互动状态。①

社会心理学认为冲突一般有两种形式：内在冲突和外在冲突。内在冲突单指自我心理冲突；外在冲突指个体与个体之间、个体与群体之间、群体与群体之间的冲突。冲突是以对抗形式出现的，无论是内在冲突还是外在冲突，都意味着矛盾的激化。内在冲突与外在冲突又是有联系的，当个体长时间的心理冲突得不到调整、缓和时，必然会与其他个体或群体发生冲突。冲突的出现始终是互动的结果。人际互动始终是产生冲突的重要原因。②

从研究兴趣来看，社会心理学主要将"冲突"作为一种心理状态进行研究，关注个体内在冲突，并将冲突分为：（1）内部需要与外界限制的冲突；（2）外部需要之间的冲突；（3）内部需要之间的冲突。著名心理学家勒温（Kurt Lewin）根据人总想接近有益目标、回避有害目标的特点，把人的冲突分为三种形式：（1）接近-接近型，即对两者都想去做，因而使人难以抉择；（2）回避-回避型，即对两者都不想去做，都想回避而又都无法回避；（3）接近-回避型，即对同一目标都想争取，又想回避。③

（四）组织行为学关于冲突的观点

罗伯特·G. 欧文斯（Robert G. Owens）在《教育组织行为学》一书中，认为对于任何冲突来说，以下两点是必不可少的：（1）观点分歧（或表面上

---

① 王琴：《学校教育中师生冲突研究》，华东师范大学博士学位论文，2007年。
② 费穗宇、张潘仕主编：《社会心理学辞典》，河北人民出版社1988年版，第124—125页。
③ 孙非、金榜主编：《社会心理学辞典》，农村读物出版社1988年版，第166—167页。

分歧);(2) 这些观点不能相容。冲突常常伴随对立情绪,管理冲突可以减少或排除由冲突而产生的对立情绪。① 组织行为学家罗宾斯(Robbins, S. P.)认为:"冲突可以定义为知觉上的对立、稀缺和封锁。进而,我们认为冲突是一种潜在的或公开的确定性行为。我们把冲突定义为一种过程,在这个过程中,一方努力去抵消另一方将妨碍他达到目标或损害他的利益的封锁行为。"② 这一定义强调冲突双方的对立,以及冲突双方对这种对立的知觉。组织行为学家一般认为,组织中有四个层面的冲突:个体内部(个体自身的)、人际之间(个体之间的)、团体之间(团体中的)以及团体间(团体之间的)。

二、教学冲突研究已取得相当成果

直接研究教学冲突的文献较少,以"教学冲突"为主题,以"核心期刊"和"CSSCI"为标准,在中国期刊网可检索到的论文约 30 篇,硕博学位论文 10 余篇。苏君阳在《公正与教育》一书中使用了"教学冲突"一词,他认为,教学冲突是一种以知识建构为目标而产生的冲突形式,具体来说,主要表现为教师掌握与传授知识的能力同学生接受与储备知识的能力之间的冲突。③ 徐永生在其论文《课堂教学话"冲突"》中认为,教学冲突是教师在教学活动中所使用的,能激发学生兴趣、提高学生思维能力的教学策略和方法。④ 王爱菊认为所谓教学冲突,就是教师教与学生学之间的冲突,是教师与学生在教学互动过程中由于在教学目标、内容、方法等方面持有不同见解而导致的冲突。教学冲突既包括显性的、可见的相互对抗,也包括隐性的、心理上的矛

---

① [美]罗伯特·G. 欧文斯著,窦卫霖、温建平译:《教育组织行为学》,中国人民大学出版社 2007 年版,第 327 页。
② [美]斯蒂芬·P. 罗宾斯著,郑晓明、葛春生译:《组织行为学精要》,机械工业出版社 2000 年版,第 251 页。
③ 苏君阳:《公正与教育》,北京师范大学出版社 2008 年版,第 211 页。
④ 徐永生:《课堂教学话"冲突"》,《教学月刊(中学版)》2005 年第 9 期。

盾冲突。① 李长吉在他的《教学价值观念论》②里，用一章的篇幅探讨了教学价值观念冲突的问题，包括教学价值观念冲突的一般性认识，教学价值观念冲突的表现、特点，以及解决教学价值观念冲突的方法论原则。

可以看出，关于"教学冲突"的定义都是由研究者根据自己的理解和研究需要来规定的规定性定义，其含义大相径庭。这表明：第一，"教学冲突"作为一个问题域已经引起了教育理论和实践工作者的关注；第二，"教学冲突"研究仍处于起步阶段，概念表述的纷争不是坏事，它恰恰说明这个概念需要澄清，这个问题需要进一步研究。③

三、伦理冲突研究具有多维性

伦理学中，伦理冲突一般称为伦理困境、伦理两难等。姚轩鸽认为伦理冲突就是指不同行为主体之间行为事实如何的规律及其应该如何的规范间的互相干扰，其表现形态是"抵触、矛盾、摩擦"，背离道德创建的目的。他认为伦理冲突的类型可以分为共同道德冲突与特定道德冲突，相对道德冲突与绝对道德冲突，客观道德冲突与主观道德冲突。④

董礼芬认为，所谓伦理冲突，是指社会成员面对某种情况，意识到不同的伦理准则，感受到两个或多个不同的要求，不能同时遵守这些要求，必须从中做出选择，而选择其中一种要求，就意味着违背其他要求，其选择往往会使自身处于伦理道德困惑之中。同时，董礼芬还研究了伦理冲突的成因：第一，因教师与教学内容不能契合而诱发的伦理冲突；第二，因学生与学习内容不能契合而诱发的伦理冲突；第三，因传递知识过程中教师所选择的教学内容与学生不能契合而诱发的伦理冲突；第四，师生因教学内容与社会现

---

① 王爱菊：《走向主体间性的生存——教学冲突研究》，山东师范大学博士学位论文，2010年。
② 李长吉：《教学价值观念论》，甘肃教育出版社2004年版。
③ 王爱菊：《走向主体间性的生存——教学冲突研究》，山东师范大学博士学位论文，2010年。
④ 姚轩鸽：《全球化背景中的伦理冲突与重建策略》，《陕西理工学院学报（社会科学版）》2009年第3期。

实之间客观存在的差异而诱发的伦理冲突；第五，师生在教学内容和认知方面存在的差异而诱发的伦理冲突。①

高华俊的研究涉及伦理冲突的应用和作用。他运用伦理冲突的理论论述戏剧中伦理冲突的具体形式和表现。他指出，纵观元代戏剧，包含伦理冲突的作品很多，但概括起来说，其中的伦理冲突主要表现在两方面，一是忠与奸、清与贪、孝与逆、贞与淫等对立观念及其代表人物的冲突，也就是善恶势力的冲突，二是同属于善的范畴的不同伦理要求在特定情境下发生冲突，造成戏剧人物在内心和行动上的自相矛盾，最典型的例子就是《琵琶记》中的蔡伯喈所谓的忠孝矛盾。② 元代戏剧中这种高度选择的戏剧冲突"经常是能激起巨大心理反响的伦理冲突"，那么，为什么伦理冲突能激起观众巨大的心理反响呢？高华俊认为，伦理冲突对中国观众的心理冲击力来自其中包含的伦理道德内核，这正好切合了中国人以道德标准衡量一切的传统民族心理，适应了中国人追求道德美的民族审美趣味。这是中国传统审美心理最突出的特征。③

西文 Ethical Dilemma 一词，中文通常译作"伦理困境""伦理两难情境"或"道德两难情境"。沙若玛（Sharma）和巴哈利（Bhal）将伦理两难情境定义为：一种具有非单一伦理价值选择以作为问题解决方式的情境。④ 斯特赖克（Strike）、哈勒（Haller）和索尔蒂斯（Soltis）也提出了伦理困境的特征：它必须与公平公正有关，而且是两种道德原则的相互冲突，而不只是对错的问题。也就是说，当事人面对具有两种或两种以上各自正确却又相互矛盾的价值冲突时，在对与错之间难以取舍，却又不得不做出抉择，而一旦做出抉择，又无可避免地会造成某种程度的损失、矛盾或遗憾的情境。⑤

---

① 董礼芬：《高校课堂教学中伦理冲突对思想政治教育的影响》，《黄冈师范学院学报》2010 年第 2 期。
② 高华俊：《元代戏剧中的伦理冲突初探》，《贵州大学学报》1989 年第 2 期。
③ 高华俊：《元代戏剧中的伦理冲突初探》，《贵州大学学报》1989 年第 2 期。
④ Sharma, P., Bhal, K. T. Managerial Ethics: Dilemmas and Decision Making [M]. New Delhi: Sage, 2004.
⑤ 简光燦：《国民小学校长面对伦理两难情境决定历程之研究》，台湾暨南国际大学学位论文，2009 年。

四、教学伦理冲突研究局限于教学中的伦理冲突实证性研究

现有对教学中伦理冲突的研究多为实证性的验证。教学伦理冲突的实证调查研究中,涉及了几个问题:教师们在他们的工作中实践和处理的职业伦理冲突有哪些?这些冲突的特征有哪些?规范化这些冲突的困难在哪里?它们发生在哪些情景下?哪些特殊的条件和环境使这些冲突发生?如瑞典九年义务教育学校中教师们面临的伦理冲突具有以下特点:有时,教师们仿佛打算遗弃对儿童关怀的价值,因为出于对成人的尊敬。教学中的冲突主要有伦理冲突、组织冲突、自我冲突和社会冲突,其中最引人注意的伦理冲突之一是保护学生与对同事忠诚的社会性规范之间的冲突。①

通过早期教育教师经历伦理冲突报告的形式,可以收集教师的经验,从而调查研究早期儿童教育中的伦理冲突。早期儿童教育中的冲突主要体现在教师和父母之间,教师和同事之间,教师和整个群体之间。为避免冲突,至善解决各类冲突,一个教师应该拥有包括勇敢、诚实和正义等美德。②

新手教师实践中面对的伦理冲突和道德困境不同于专业型教师。新手教师处于职业生涯的开始阶段,他们的经验是独一无二的,且高度专心于学习如何管理与教学相关的多种任务。尽管新手教师把教学理解为一种价值负载的职业,即他们是道德代言人,但是他们却不能自由地公开表达他们的价值观。新手教师描述的伦理冲突与他们同学生、同事、管理者和家长的互动相关。新手教师工作的安全性、经验的相对缺乏,以及个人与组织价值观的冲突会影响他们的决定。梅洛发现,尽管当新手教师训练和评价学生时,或者当他们分配诸如课堂材料和教师注意力等有限资源时,不喜欢考虑学者型理论家的教学,但是,可以发现新手教师在作出决定时会组成一个有效用的制

---

① Colnerud, G. Ethical Conflicts in Teaching [J]. Teaching and Teacher Education, 1997, 13 (6): 627—635.

② Kirsi Tirri. Ethical Conflicts in Early Childhood Education [R]. A Paper Presented at the EECERA Conference in Helsinki, Finland, 1999.

度框架。① 新手教师传授给学生的价值观排序为：尊重，诚实和正直，宽容和和蔼，对自己的行为负责（责任心），坚定地执行伦理和自我原则，信任、忠诚和拥有健康的人际关系，仁慈和关心他人，自信，有批判精神且能独立思考，同情和怜悯，良好的礼貌，坚韧、不屈不挠和积极的态度，公平意识。

  国内对教学伦理冲突的专门研究较少，一般都是在对教学冲突、师生冲突或教育冲突的研究过程中，把教学伦理冲突作为一个方面或在一个领域进行研究。有的研究体现了或隐含着教学伦理冲突的意向。有些研究虽触及了教学中的伦理冲突问题，但是没有从教学伦理的角度进行系统思考。高校课堂教学中存在着教学主体、教学对象、教学内容之间发生的伦理冲突，这些教学伦理冲突具有不同的表现、成因及其对思想政治教育的影响，通过教师的主体意识、对伦理冲突的科学认知和发挥各自相关力量能够消解高校课堂教学的伦理冲突，以强化思想政治教育。② 教学伦理冲突在不同的教学群体中，有着相异的发生机制和解决方案。许淑玫对11名小学教育工作者及1名大学教授进行访谈，搜集并分析他们所面临或听闻过的有关小学教师的教学伦理议题或伦理困境等数据，认为主要存在着教学公平与教学关怀之间、客观公平与差异评分之间、课堂中少数学生效益与多数学生效益之间的伦理冲突。产生教学伦理困境的可能因素，除了涉及师生互动之中的人际网络、事件性质的复杂性、教师个人所持的道德理论以外，还有两种可能因素，其分别来自于：（1）超越师生关系的其他重要他人；（2）教师责任与服务范围的模糊性。③

  因此，对教学伦理冲突的现有研究主要是隐含在教学冲突、师生冲突、利益冲突等之中，直接对教学伦理的冲突进行研究的较少，现有文献主要是以一定的伦理冲突理论框架，有针对性地进行验证性的实证研究，鲜有对教学中教学伦理冲突进行全面、概括和抽象性的理论研究。

---

  ① Melo，P. Ethical Conflicts in Teaching, the Novice Teacher's Experience［J］. Connections，2003（3）：175—189.
  ② 董礼芬：《高校课堂教学中伦理冲突对思想政治教育的影响》，《黄冈师范学院学报》2010年第2期。
  ③ 许淑玫：《你可以成为最优秀的老师：教师教学伦理》，冠学文化出版事业有限公司2010年版。

第三节　核心概念界定

教学伦理冲突是一个复合性概念，它主要由三个组成性概念构成：冲突、教学伦理和伦理冲突。对这几个相关概念的清晰界定，是分析教学伦理冲突的前提性条件。

一、冲突

"冲""突"二字都是非常古老的汉字，在甲骨文里就已经出现了。"冲"，由"沖"和"衝"简化而来。《说文·水部》解释："沖，涌摇也。从水，中。"本义为水向上涌动摇荡的样子。在《说文·行部》中，"衝，通道也。从行，童声"。本义为通衢大道，演变义为：向上冲，如气冲斗牛；用水或酒浇注，如冲茶；互相抵消，如冲账；迅速向前闯，如横冲直撞；触犯，引申作推、敲之势，如冲犯、冲突。[①]

"突"，会意字，甲骨文从犬从穴，意即狗从洞中一下猛地窜出。《说文·穴部》解释："突，犬从穴中暂出也。从犬在穴中。"本义为犬猛然窜出。引申泛指：突然；奔突，冲撞；袭击，冒犯；高出周围。[②]

在先秦时期，"冲""突"二字都是分开使用的，"冲"指一种攻城车械，即"冲车"，"突"为一种攻城方式，即"猝攻"，二者皆为军事术语。

在现代汉语中，"冲突"一词主要有两个词性，即动词和名词，作为动词有两层意思：（1）发生争斗或争执；（2）互相矛盾或抵触。作为名词指"矛

[①] 谷衍奎编：《汉字源流字典》，华夏出版社2003年版，第222页。

[②] 谷衍奎编：《汉字源流字典》，华夏出版社2003年版，第505页。

盾，双方的斗争"。①

综合上述观点，结合本研究的内容和目的要求，我们把冲突界定为：教学主体之间发生的被各教学主体意识到的思想较量，或表现为言语及行为的矛盾、对立、对抗，或者是教学主体在面对教学两难困境时产生的内在或外在的心理或言语、行为的矛盾、斗争。用几个关键词来描述冲突就是：有心理感知，有情绪和情感的变化，有语言或行为的表征。从外延上看，我们这里用到的冲突要小于矛盾，是教学矛盾的一种。

二、教学伦理

教学伦理研究中，对其规定主要有两个维度。一是把教学伦理理解为一种教学规范。教学伦理就是以现代道德哲学和现代教学论为视角，审视教学过程中的伦理现象，揭示其深刻内涵和师生所应该遵循的伦理规范。② 简言之，就是"教师在整体教学历程中，所要恪遵的道德规范或行为准则"。③ 这实质上是把教学伦理视作教育伦理的一个特殊方面，是教育伦理在教学中的具体存在，因此与教学伦理相对应的范畴有教学科学、教学制度等。④ 二是把教学伦理视为教学所应该具有的道德性。教学伦理意涵包括整体的教学过程、遵守道德的准则等方面。

本研究从广义和狭义界定教学伦理。广义的教学伦理是指教学应该具有道德性、符合伦理要求，可以将其表述为"教学应该伦理"，也就是，教学活动整体上应该体现道德性，如教学目标设定、教学内容选择、教学方法使用

---

① 商务印书馆辞书研究中心编：《应用汉语词典》，商务印书馆 2000 年版，第 172 页。

② 汪刘生：《论教学伦理》，见熊川武等主编：《教育研究的新视域》，辽海出版社 2003 年版，第 354—362 页。

③ 吴明隆：《教学伦理：如何成为一位成功教师?》，五南图书出版公司 2009 年版，第 13 页。

④ 王本陆教授在《教育伦理哲学刍议》（载《高教探索》2002 年第 4 期）一文中认为，教育伦理哲学的研究内容主要包括教育道德系统的结构和功能等六个方面，而教育道德系统是教育系统的子系统之一，另外两大规范力量包括教育科学和教育法制。

等都要考虑是否符合道德的要求，防止不道德结果的产生。狭义的教学伦理是指教学应该遵守的伦理原则和伦理规范。如教学民主、教学自由等。本研究主要使用狭义的教学伦理概念，但是有时在解释和说明一些复杂的教学伦理问题时，也会涉及广义的教学伦理。

教学伦理反映的教学伦理主体之间的伦理关系是客观与主观的统一。单有客观的物质性关系还不能构成人的伦理关系，因为动物也有客观的物质关系；只有人具备自觉的意识和思想，能够领悟这种关系，并有相应的观念和规范调节维系这种关系，才构成伦理关系。这就是说，只有一方面有了客观的物质性关系，另一方面又有主观的精神性关系，两个方面统一起来才能构成人类的伦理关系。[①] 再如，人在社会上，必然生存于各种客观的关系之中，但是只有对所在的关系有所领悟和认同，才能使之成为伦理关系，成为自觉的、主动的、人伦性的关系。这就是说，伦理关系是通过人的领悟、认同和自觉维系的客观关系。道德和法律都是维系和调节这种伦理关系的方式，同时又是个人应有的德性或操守。[②]

根据教学伦理的来源，可以把狭义的教学伦理划分为客观教学伦理与主观教学伦理。客观教学伦理产生职责和义务的原因存在于教师自身之外的世界。客观教学伦理并不是教师自己考虑该如何做而做出的一系列决定的产物，而是源于各教学伦理主体对各自该如何做的考虑而做出的决定。各教学伦理主体一旦进入到各自的角色，就等于接受了这些期望和约束。正是通过这些外在的总的义务，教学伦理主体的角色形成并被赋予了特定的角色内容。客观教学伦理源于法律、组织机构、社会对教学伦理主体的角色期待，但主观教学伦理却根植于我们自己对忠诚、良知、认同的信仰，主观教学伦理起源于我们自己的情感和价值观，主观教学伦理是内驱力作用于教学的产物。

---

① 宋希仁主编：《西方伦理思想史》，中国人民大学出版社2004年版，第5页。
② 宋希仁主编：《西方伦理思想史》，中国人民大学出版社2004年版，第5页。

三、伦理冲突

与教学伦理冲突相近或相关的概念有许多，如伦理困境、伦理竞争、伦理分歧、伦理反对、伦理不协调、伦理不合作等。

伦理两难情境是指在两种有关人类利益相对等但又不被同时接受的选项中做选择的情境。面临两种或两种以上相互冲突的价值，当事人很难决定该采取或表现哪一种行为或该下哪一项决定。对于伦理两难问题之分析，由于系属个人态度、立场及价值理念之探讨，所以要力求客观，否则过于主观将使人无法正确地解决问题。然而并非所有的两难问题都是伦理问题。要确认是否为伦理问题，可借由三个问题予以判断：（1）情境中是否存在着多元且相互冲突的价值；（2）这些多元的价值观是否可以分别被确认；（3）是否必须在这些互相竞争的价值观中进行评比与排序。符合上述三者才能视为伦理问题。索尔蒂斯认为伦理困境的特征是，它必须与公平公正有关，而且是两种道德原则的相互冲突，并非只是对错的问题。

综合文献及本研究需要，我们认为伦理冲突可界定为：当事人面对具有两种或两种以上各自正确或错误却又相互矛盾对立的价值观念和伦理原则时，在对与对之间，甚至是错与错之间难以取舍，却又不得不做出抉择的内心矛盾以及外显的行为。

四、教学伦理冲突

（一）教学伦理冲突界定的思路

对教学伦理冲突的界定，我们试图遵循以下的路径进行构建。

首先，我们认为教学是一个教学伦理冲突的过程，把教学视为一个伦理世界，一个充满伦理矛盾和冲突的世界，从伦理冲突的视角切入，重新审视和构建教学，在一种全新的视角上来认识教学。

其次，在这一伦理世界中存在着各种伦理力量、伦理关系，即存在一个动态的伦理系统，这一系统中包含着人与人、人与物、人与精神之间的关系。

最后，把这些关系视为一种伦理交往和斗争，这些伦理关系表现为一系列的冲突，教学伦理冲突的实质是一种关系冲突，并且，这些教学伦理冲突是教学发生发展的动力系统。

（二）教学伦理冲突内涵

1. 教学中的伦理冲突

这一层面主要是指发生于教学实践中的，关于伦理、价值观、道德等方面之间的冲突。这里是把教学中的伦理冲突作为教学冲突的一种类型，从事实层面，对教学伦理冲突进行微观研究，更倾向于社会学的分析，会用到更多的案例和素材。因为现实和实践是复杂的，这一层面的研究存在着许多困难，如，诸多的冲突难以明确区分，因为有些冲突从技术角度看是一般的教学冲突，而从伦理角度审视就是教学伦理冲突。

2. 教学伦理的冲突

教学作为一项活动，要符合教学制度的规定，要符合教学自身的规律，还要符合相关的伦理道德的要求。因此，从教学规范的角度看，教学中存在着三类主要的规范，即教学科学规范、教学制度规范和教学伦理规范。教学科学规范主要是解决教学认识问题，所以这里我们将之称为教学认识规范。教学实践中，教师在选择和遵循这些规范时，会出现几个规范都应该遵循但是又不能同时遵循的情境，即产生了教学规范之间的冲突。这些冲突既有三者之间的相互交叉冲突，如教学伦理与教学认识之间的冲突，也有各自内部的冲突，即教学伦理冲突、教学认识冲突和教学制度冲突。因此，教学伦理冲突是教学冲突的一个重要类型，其平行概念为教学认识冲突与教学制度冲突。

（1）理论研究中存在的教学伦理的冲突。这一研究更多是从形而上的立场，以思辨的方式进行，带有很强的教学哲学味道。我们提出了教学权威与教学民主、教学良心与教学平等、教学良心与教学忠诚等教学伦理之间发生的冲突。

（2）教学实践中发生的教学伦理的冲突。如，教学权威与教学民主[①]，教学宽容与教学忠诚，教学关心与教学平等[②]之间发生的冲突等。这是教学论中教学伦理冲突在教学实践领域的具体表现。

3. 教学伦理性冲突

教学伦理性冲突是指教学中，各种教学冲突会体现出伦理性。教学冲突背后都预设了一定的伦理道德价值取向，或者冲突的解决要遵循道德伦理要求。如，教学伦理与教学思想，教学伦理与教学方法，教学伦理与教学制度，教学伦理与教学技术等之间的冲突。这些冲突并非教学伦理之间的直接冲突，但是整个冲突都体现了伦理道德性，具有强烈的道德和伦理的意义与影响。我们应该用道德和伦理的视角来审视这些冲突，在一定意义上我们可以将其称为教学伦理性冲突。

由上述分析，我们认为，教学伦理冲突是指在教学中，不同教学主体为实现一定的利益目的，基于不同的伦理价值观念、伦理原则和伦理规范，而进行伦理判断或选择时导致的伦理两难（或伦理困境），及由此带来的思想、行为等的不协调、抵触或斗争。本书对教学伦理冲突的研究主要从以下几个子概念展开，即教学伦理冲突实质、教学伦理冲突类型、教学伦理冲突过程、教学伦理冲突功能和教学伦理冲突解决等。

需要说明的是，基于研究的需要，本书把教学伦理冲突概念划分为教学中的伦理冲突、教学伦理的冲突及教学伦理性冲突。本研究主要是以教学伦理的冲突为核心展开的，有的部分也涉及了另外两类。

[①] 如在师生之间探讨某些问题时，学生可能反抗教师以高压的姿态和行为进行教学，而教师则以自己的制度性身份控制学生；或者是学生对教师的某些讲解不赞同或反对，教师可能以教师的身份权威来制止学生对自己观点等的反对或质疑。

[②] 如在进行教学评价时，教师给自己喜欢，或者认为弱势的学生以高分，体现了教师的教学关怀，但是这一评价相对其他的学生而言是不公平的，因而出现教学关怀与教学公平之间的冲突。

第四节　研究方法与思路

一、基本的研究理路

道德和伦理问题的研究可以是规范化的，也可以是描述性的。一个规范化的陈述指出了应该做什么事情，一个描述性的陈述尽可能地描述为某事物是什么。迪尔凯姆（Émile Durkheim）认为道德现实与其他现实一样，能够从两个角度进行研究，既可以进行探究也可以进行评价。本研究尝试探究教学伦理的冲突及教学中的伦理道德冲突方面，研究教学伦理冲突的目的在于探究教师等教学主体如何觉察他们工作中的伦理问题和伦理冲突，及其教学的伦理特征如何能够被描述和理解。这涉及了尝试把日常的教学道德事件呈现为语言，目的在于使它们既明晰又能够描述和理解。同时，通过对知识论中教学伦理之间矛盾、争论、冲突的研究，对各类教学伦理冲突进行分析、剖析，阐明教学伦理冲突的伦理基础和伦理假设，形成解决教学伦理冲突的实践模型。

二、研究问题设置

本研究尝试把研究的问题归纳为互相关联的四种类型：本质性问题——教学伦理冲突的实质是什么？描述性问题——正在发生什么？过程性问题——怎么发生？策略性问题——如何道德地认识和解决教学伦理冲突？

第一类问题：教学伦理冲突是什么？即教学伦理冲突的实质、本质是什么，这是本研究的逻辑起点。这些问题也关涉到如何正确地认识教学伦理冲突，如教师教学伦理困境的解决策略是否促进了学生的发展，或是否改善了师生之间的关系等。

第二类问题：正在发生什么？要求对现实进行各种各样的描述，以便适当地了解教学活动的总体特点，并运用伦理范畴和概念归纳出基本的教学伦理冲突。

第三类问题：教学伦理冲突过程的基本阶段有哪些？哪些因素影响着教学伦理冲突？教学伦理冲突形成需要哪些内部和外部的条件或环境？

第四类问题：如何在"至善"原则的指导下解决教学伦理冲突和提升解决教学伦理冲突的知能。

三、研究方法

本书采用文献研究法、开放式访谈法、问卷调查法、案例法。通过这些方法以收集相关的教学伦理冲突的资料和信息。

文献研究法是指根据一定的研究目的和主题，通过搜集和分析相关文献资料，全面理解和把握已有研究成果的方法。文献研究法可以帮助研究者在最短的时间内熟悉其所研究问题领域的既有研究成果和最前沿的动向，在前人研究的基础上发现研究主题已有成果和现有研究中存在的问题和不足，提高研究的效率，克服盲目性；还可以使研究者获取已有研究的成熟性、普遍性和权威性的观点和结论，为自己的研究提供支持。本研究主要是对国内外有关冲突、教学冲突、伦理冲突和教学伦理冲突的研究资料进行查找、整理、比较和解释，对研究使用到的伦理学理论、哲学理论、心理学理论、教学论等理论工具进行搜索、概括和分类，并对国内外的相关研究进行梳理。通过文献研究法，我们力图发现教学伦理冲突的现有研究所取得的成就，发现最前沿的问题和成果，同时，解析现有研究在哪些方面存在问题，了解急需深入研究的问题。

我们访谈了10位教师，和每一位教师的访谈都有题目，每位教师大约访谈1个小时。访谈中，教师们被要求描述几个特殊的道德两难和教学冲突的案例，这些案例是在他们的职业生涯中经历过的，他们需要详细说明解决的过程和原则。访谈鼓励教师选择他们遇到的感觉很难抉择的情境，同时要求他们说明案例的细节，以及全部的重要的背景因素。道德两难的主要主题按照内容分析进行了分类。用案例来测试我们的道德直觉，用极端的例子来进行思考实验，能够指出道德理论上的特点与缺点，所以伦理学的理论必须能解释所有相关的道德事实、情境。我们对于极端案例的道德直觉，常是道德数据中很重要的一部分。①

我们进行了小规模的问卷调查，请教师们书写了一个自己教学生涯中典型的教学伦理冲突事件。我们根据关键内容识别和主要类型构成对这些资料进行了分析，分析过程集中于冲突所包含的主要主题和联系，运用故事中表现的价值观和德行对教师、学生、同事和家长的不同观点进行了分析。在研究过程中，我们获取了与各观点和主题相关的案例，通过对这些案例的剖析、解释等，演绎或归纳了本研究的观点和主题。

---

① ［美］肯尼斯·A.斯特赖克，乔纳斯·F.索尔蒂斯著，洪成文等译：《教学伦理》，教育科学出版社2007年版，第172—174页。

第二章 教学伦理冲突的实质及功能

冲突是一个普遍存在的现象。大到宇宙各种物质之间，小到各原子、离子之间，都存在着各种冲突。康拉德·劳伦兹（Konrad Lorenz）认为攻击的内驱力是先天的、自发的，而并非环境刺激的产物。任何物种的雄性个体都很容易暴露其攻击性，尽管他在社会力量的约束下会将攻击性指向族群外部，这样做是为了建立其自身族群的整全性。① 宗教、文学及心理分析的话题中也充满了关于冲突类型的类似讨论。这种冲突介于高级和低级的本性之间，介于激情与理性之间，介于自私自利与关切他人之间，介于眼前的满足和追求长远目标之间。②

教学是教学认识冲突和教学伦理冲突的过程。教学是教师教、学生学的统一活动；在这个活动中，学生掌握一定的知识和技能，同时，身心获得一定的发展，形成一定的思想品德。从这一定义中，我们能够知道教学活动是一项师生双方的活动，教师和学生是构成教学不可或缺的要素。有学者批评了重教轻学的现象，提出了"学论"，这就把原本一体的事物给分开了、割裂了，未能把握教学的本质属性，教学永远是教和学的统一活动。③ 王策三先生把"教学活动主要视为一种认识活动"，并且"是一种特殊的认识活动"，"是为了解决人类总体文明发展与个体身心发展之间的矛盾关系而在教育系统中开展的教师指导学生掌握经过选择和加工的人类文明精华成果并以此为基础促进学生身心发展的活动"。④ 因为教学是为了解决"矛盾关系"，也就是解决学生的认识冲突问题，所以，教学是一种认识冲突的过程。从关系的角度看，教学就是各种关系组成的一种活动，其中最主要的关系是师生之间的关系。由于师生之间、生生之间存在着诸如个性、利益、个体背景等方面的差异，教学活动必然存在着不同的观点、价值观和行为，必然存在着各种矛盾和冲突。另外，具体的教学是在一定社会历史条件下，在一定时空区域背景中进行的，这些客观的条件和背景对于不同的教师和学生来说，也存在着不同，而导致教学中的矛盾和冲突。同时，教师在面对这些差异和不同利益时，时

---

① ［英］琼斯、费边主编，冯丽译：《冲突》，华夏出版社2009年版，第57页。
② ［英］琼斯、费边主编，冯丽译：《冲突》，华夏出版社2009年版，第2页。
③ 王策三：《教学论稿》，人民教育出版社2005年版，第87页。
④ 王策三：《教学认识论》，北京师范大学出版社2002年版，第3—14页。

时刻刻处在一种选择和决策的困境中。而教学主体的这些不同选择和面对的矛盾或者是道德之间的，或者体现了道德性。由此，教学是一个冲突的过程，从伦理的角度看，教学也是一个教学伦理冲突的过程。引发教学冲突的原因是多元的，既有各种道德原则之间不可通约的矛盾，也有社会发展新旧观念之间的碰撞，还有人自身不同需求的难以调和。[①] 教学就是在化解各种伦理冲突的过程中，促进学生的道德成长和教师的专业发展。

第一节 教学伦理冲突的实质

教学是一个教学伦理冲突的过程，那么教学伦理冲突的实质是什么呢？这是本研究的逻辑起点和核心主张所在。对教学伦理冲突的实质进行分析，既要从教学论的角度出发，又要从伦理学的相关理论中寻觅可能的着眼点，只有以统整的思路和方法才能透过教学伦理冲突的现象，把握其冲突的本质。

一、教学是伦理冲突的过程

教学过程就是一个冲突的过程。就教学整体来看，教学过程是一个冲突的产生、发展、变化和解决的过程，并且循环往复，以至无穷。教学是一个冲突的剧场，是多种冲突的集合体，教学是一个教学认识冲突的过程、情感冲突的过程，也是一个教学伦理冲突的过程。

教学隐含着教学伦理冲突。我们可以用一个新词"语言困境"来描述教师们在他们的日常工作中面对的冲突。教师所面临的这些冲突和困境是常规性的，但是解决方法却千变万化。教学中，教师们会准备在他们的教学活动中实现相互矛盾的目标，这些目标至少是双重的，甚至是多重的，他们努力

---

① 张世贵、张云胜：《道德冲突视野中的思想政治教育转型》，《思想政治教育研究》2022年第38期。

既对组织又对在组织中接受教育的个体尽到义务。这些道德义务可以描述为："教师们被期望要真诚和仁慈，要如组织要求的那样费心和严厉。他们必须对学生的个体需要反应灵敏，同时又要关注到班级是一个整体。他们被期望坚持纪律和秩序，但是允许自觉的行为和充满想象力的作品。"[1] 哈蒙德宣称："对于一个教师而言，执行法定的对儿童完全有害的训练是缺乏职业道德的。虽然这些教学对于学生是不当的，然而，这些行为是教师根据法律和制度要求而做出的。"[2] 因此，在教学实践中存在着伦理冲突，纵然伦理冲突没有被觉察到或者没有被贴上伦理术语的标签。

教学存在着选择性的教学伦理冲突。从显性的教学行为来看，教学更体现为是一种技术性行为、认知性行为，是教学主体以教材为中心，以教学材料为辅助，基于学生的已有知识结构和非理性系统，结合各自的生产、生活经历和经验，而进行的一种认知性活动。但是，教学过程的实施，必须有必要的教学内容作为支撑，以一定的教学组织形式为形态，以相应的教学方法为工具。在教学论学科中，在人们的教学经验中，存在着多种多样的"支撑""形态"和"工具"。这就需要教学主体从中择其所需，在所能用的"支撑""形态"和"工具"中进行选择。教学主体在选择的过程中首先要考虑教学实现的技术性要求，同时还要考虑自己的选择是否恰当，哪种是更好的，是否给学生带来不良的影响，等等，教学主体的选择明显呈现了困难和困境。这些"恰当""好""不良"等语言都是有关于道德问题、伦理问题的。因此，教学存在着选择性伦理冲突。

教学过程是一个解决伦理冲突的过程。"世界上没有完全相同的树叶"，教学中，也不存在完全相同的学生和教师。每一个学生出生的环境、家庭背景、父母的受教育程度、重要同伴等都有着较大的差异，他们有着不尽相同的性格、气质、能力和情感，因此，教学中他们所需要的、能够认识到的、能够做到的也存在着差异。更为根本的，他们初步的价值观也有较大的不同。

---

[1] Jackson, P. W., Boostrom, R., Hansen, D. The Moral Life of Schools [M]. San Francisco: Jossey-Bass Inc. Publishers, 1993.

[2] Darling-Hammond, L. Valuing Teachers: The Making of A Profession [J]. Teachers College Record, 1985 (87): 205—218.

总之，这些"不同"在一起活动时，冲突是难免的，也是必然的。这其中很大的一部分就是伦理的冲突、价值观的冲突。如前面所谈到的，教学是一项道德的事业，教学活动的每个行为无不内含和表征了一定的道德素质。因此，从这个意义说，教学过程是一个解决伦理冲突的过程。

二、教学伦理冲突本质是教学利益冲突

教学伦理冲突直观上是教学伦理原则和规范之间的冲突。教学活动中，教师面临着大量的教学伦理冲突，在认识这些冲突时，或者把它们认为是一般的教学认识冲突，或者把它们认为是不同的教学主体在伦理原则和规范上的不一致所致。实际上，教学伦理冲突的直接的根源和表现就是教师对教学伦理原则和规范的难以抉择。

道德的本质是一种利益关系。对道德本质的认识有着各种不同的观点，主要有"经济关系说""主体论与规范论""功利与非功利论""自由说"等等。[1] 这些观点从各自的立场出发，对道德的本质做了深入的探讨。道德的本质是一种利益关系，道德之为道德，正是由于它反映了现实的利益关系，道德的特殊本质就在于它是主体对一定的需求关系或利益关系自觉的风俗化、习惯化、社会化，进而原则化和规范化了的认识。因此，"道德的本质是被主体自觉意识到了的，在主体内心化和外部原则、规范化的双重升华中，通过主体的良心自律和社会的导向作用所表现出来的一定时代的主体间的利益关系"。[2] 道德强调利益，不仅仅是个体的利益，更强调对集体利益的保护。实际上，道德的崇高性、道德的尊严和价值，就在于道德是集体利益的维护者。道德的使命是在矛盾双方之间进行斡旋，以求得一个尽可能公正的生存与发展的秩序，而且这种斡旋的前提，都是维护集体利益。[3] 因此道德源于一定利

---

[1] 杜振吉:《近三十年来关于道德本质问题的研究综述》,《道德与文明》2010 年第 2 期。

[2] 曲炜:《道德本质再探》,《福建论坛（人文社会科学版）》1988 年第 3 期。

[3] 夏伟东:《略论道德的本质——兼与肖雪慧同志商榷》,《哲学研究》1986 年第 8 期。

益,服务于一定利益,离开利益关系来解释道德,必定使道德变成虚无缥缈、空洞无物的东西。

道德的利益本质决定了教学伦理冲突的实质是教学利益冲突。教学伦理是调节教学活动的道德规范,是保障和调节教学活动中各教学主体利益的条件。比如,教学公平这一教学伦理强调教师对待学生要平等、正义,坚持以统一的标准对教学资源和教学机会进行分配、实施教学奖惩、开展教学评价等,不因学生的身份、家庭背景、成绩优劣、性别等而区别对待,从而使学生享有公平的受教育权。显然,教学公平的主要作用在于处理教学中的利益关系,调节和均衡教学利益。在人类生产生活的各种冲突中,利益的冲突是最基本、最深刻的,它是其他各种冲突的根源。因此,人类道德的第一动因便是调节或协调各种人际、群际,以及个体与群体之间的利益关系,减弱或消解各种利益矛盾和价值冲突,这是道德作为人类现实生活实践之普遍行为规范的主要依据之所在。[①] 从道德冲突更深层的本质看,道德冲突是不同主体利益需要的差异及满足需求的社会性条件之间的冲突,它反映了个体发展完善与他人发展完善和群体和谐稳定的需要的矛盾。教学伦理冲突中,教师面对着各种教学伦理的竞争,最后依据一定的教学伦理,做出解决教学伦理冲突的决策,在决策的过程中,教师要对各种教学伦理进行价值排序,思考和衡量哪种教学伦理原则和规范是最应该遵循的,哪些教学伦理原则和规范可以置后。这些思考和决策从更深层次理解,其实就是教师在比较遵守哪些教学伦理规范更"值得",更"符合学生利益最大化"。教学伦理之间的冲突就是各种教学伦理所代表的不同价值利益之间的较量和博弈的过程。

德性教学伦理的冲突根本上也是利益冲突。"善""好"等一般不是对利益的表达,而是对德性的评价。但是,当我们再从"善"与"好"等德性的根源探寻时,就会发现,"善"与"好"背后预设的是更大的利益。按照亚里士多德的说法,德性是最大的善,因为具体的德性都是"中道","过"和"不及"相对于"中道"会造成更大的恶,带来更大的利益损失。也就是说,只有德性才能给人们带来"最大"的利益。当我们说德性伦理冲突也是利益冲突的时候,并不是将其等同于功利伦理冲突,因为德性伦理冲突考虑的重

[①] 王敬华:《道德选择研究》,中国社会科学出版社2008年版,第127页。

点在于人本身，利益只是为了人而存在，而功利伦理冲突的目标就是功利本身，人只是实现利益的手段或工具而已。

三、教学伦理冲突是教学主体面对教学伦理困境的过程

在教学活动中，教学主体经常面对一些难以取舍的困境，但是，这些困境往往并不是在公私之间、义利之际、善恶之间，而是一个更复杂而不易抉择的两难情境，在每个选项背后都有各自的伦理价值存在。当他们在面对问题，而没有好的、合适的解决方法时，他们的问题解决就具有了高问题性和风险性，要做出"最适当"的决定是重要的和困难的。

所谓伦理困境是指这样的情景，需要在各种相似的伦理原则、价值观、信念和观点之间做出有限制的选择，伦理困境是不论做什么决定都可能给他人造成伤害，造成违反法律或导致紧张的内在冲突。如，一个载客不能超过6人的救生船塞了8到10个人，当救生船上的成员不得不在允许所有人上船可能沉船或者把一部分人抛入大海而使剩余人生存之间做出选择时，道德困境就出现了。或者用当代元伦理学家黑尔（R. M. Hare）的话说，就是"我应该做A，并且我应该做B，而我却不能同时做二者；这就是道德冲突"[1]。当然，黑尔所说的伦理困境和冲突是个体内在的冲突，发生于不同个体之间的冲突可以以此说明为：对于同一个道德问题，在相同的伦理处境中，一方说应该做A，另一方说应该做B，这时，二者就出现了道德冲突。

教师外部的规范、要求及个人的伦理信念构成了伦理困境的主要来源。教师在处理相关教学问题时，需要与不同人群交往，在不同交往情景中应遵守人与人之间的伦理规范，工作内部的专业规范，机构性规定，社会一致规范，自我保护规范等。[2] 在具体的场景中，可能会有多个规范同时发挥制约作用，而它们又可能是彼此冲突，无法同时遵循的，此时教师便面临着规范相

---

[1] ［英］黑尔著，黄慧英、方子华译：《道德思维》，远流出版公司1991年版，第35页。

[2] Colnerud, G. Ethical Conflicts in Teaching [J]. Teaching and Teacher Education，1997，13（6）：627—635.

互冲突带来的伦理困境。外部要求与个人伦理信念的冲突容易产生伦理困境，特别是在问责制受重视的教育改革背景下，许多教师认为不少新的评价方式与自己所持有的教学信念相悖，他们难以同时履行自己所坚守的正义、关怀与诚实原则，往往挣扎于外部要求与自身专业人员意识相矛盾构成的紧张状态之中。[1] 教师需要对不同的利益相关者负责，这使他们面临着"忠诚"冲突。他们既需要对群体学生负责，又不能无视个体学生的需要；他们既需要与同事保持良好的关系，又要尽可能使学生免受来自于同事的不良影响；是忠诚于组织的规定，还是凭借个人的专业知识反抗不利于学生发展的要求；是考虑家长的意见修改课程内容或评价手段，还是从最有利于学生的角度出发安排相关内容与评价。

从性质上看，伦理困境具有特殊性、时代性、历史性。每一个时代，不同的历史时期，有着不同的伦理困境，伦理困境会涉及教学的各个层面。教学过程中有关打分、学生分班或分组、学生赋权、与学生交往、关注学生个别差异、少数族群学生教育、处理学生问题行为、尊重个人宗教信仰、教学内容选择等一系列的问题，都可能使教师陷入伦理困境。我国著名的教育伦理学家王本陆教授研究了不同时代教育的不同伦理矛盾。他认为古代教育的善恶矛盾，主要还是教育目的和教育结果是否符合政治伦理要求的问题；现代教育的善恶矛盾，则进一步深化到了教育内部，涉及了教育活动的各个方面和环节。这种变化是社会、教育、道德相互作用和变化的产物。[2] 现代教学的主要善恶矛盾体现在下列几个方面。

首先，关于教学公平的善恶问题。教学公平中，很重要的一个方面就是教学机会的平等问题。现代社会把追求教学机会均等的思想和教学实践看作是合道德的、公正的、善的，把那些维护教学机会不均等的言论和行为视为不道德的、不公正的、丑恶的。现在，随着各国普遍实行普及义务教育，实现了入学机会的平等，或者说大多数适龄儿童都能够按时上学，这时，教育

---

[1] Callahan, S. When Portfolios Become A Site of Ethical Conflict: Using Student Portfolios for Teacher Accountability [J]. Educational Assessment, 2001, 7 (3): 177—200.

[2] 王本陆：《教育崇善论》，广东高等教育出版社2001年版，第50页。

过程，尤其是教学过程中的教学机会均等、教学效果均等及学业成就机会均等问题就变得突出了。教学公平与否成为现代教学重要的善恶矛盾和冲突，这是由现代社会、现代道德、现代教学的具体历史条件决定的。现代社会还处在马克思所称的"物的依赖关系"阶段，教学相对于学生而言就是一种社会资源。现代社会随着科技的进步，经济的飞速发展，各种资源已经大大丰富了，但是，对优质教学资源的需要是无止境的，正是优质教学资源的有限性和稀缺性，导致了教学公平的问题。另外，现代社会、现代道德都强调人与人之间是平等的，他们在社会公共资源的占有上，拥有相同的权利。这两个方面就构成了矛盾和冲突，即学生对教学资源的需要与优质教学资源的稀缺和有限之间的矛盾。

其次，教学目的的善恶问题。教学目的是教育目的的缩影，关于现代教学目的，有着较多的观点。[①] 英国学者约翰·怀特（John White）认为："一些人认为教育应当从其自身出发提高学生的理解力；另一些人则认为，教育应当帮助每个学生充分发挥自己的潜力。有些人把'个性'和'自治'看成头等重要的东西。有些人相信全面发展，相信在理论知识和实践成就之间，在艺术和科学之间达成某种平衡；另外一些人则更重视在一些专门领域中取得杰出成就。还有一些人提倡社会的需求，倡导确保为社会提供一支人数众多的有文化的劳动大军以及强调人的道德品质。总之，教育的目的之多几乎无穷无尽。"[②] 在教学目的上，关于个人本位论与社会本位论之间的争论较大。从伦理的角度看，个人本位论把个人的发展作为教育活动的根本宗旨，强调对个体价值的尊重，因此具有更多的人本主义和目的论的倾向。而社会本位论教学的最终的目的是促进社会的发展和进步，个体的成长和发展只是社会发展的推进手段和途径，因此具有更多的功利主义的色彩。二者强调的重点不同，但是都有自己的合理性，只是各执一端，因此，我们要反对极端的个人主义，也要防止过分的以社会需要为唯一目的的教学，合理性的做法就是实现二者的整合和统一。

---

① 王本陆：《教育崇善论》，广东高等教育出版社2001年版，第38—40页。
② ［英］约翰·怀特著，李永宏等译：《再论教育目的》，教育科学出版社1992年版，第3页。

最后，教学具体领域的善恶问题。现代教学的道德矛盾存在于教学内容、教学方法、教学过程、教学评价等各个方面和环节。① 师生关系、道德教育、教育科研、教育行政与管理等现代教育的具体领域，都存在着具体的教育善恶问题。②

正确识别教学伦理困境，减少负向影响。教学过程充满着道德两难和伦理困境，这道德两难和伦理困境给教学主体带来了各种影响，伦理困境可能导致自我冲突、困惑和对他人的伤害。因此，教师在教学过程中要时刻区分伦理困境。方法是识别出每一抉择和结果的相关道德准则，如果令人不快的道德性禁止结果能被回避，这一问题就不是真正的道德困境；如果这些选择和无法避免的选择的结果违背社会的、宗教的或者个人的道德准则，这一问题就是伦理困境。教师应该采取造成最少伤害或冲突的解决办法，教师必须决定行动的过程，使其更具有道德接受性，即伦理困境要在对自我或他人造成最小伤害的基础上得以解决。

四、教学伦理冲突是伦理决策的过程

每天学校第一堂上课的钟声响起时，老师的道德抉择也可能就开始了，而且一直持续到放学为止。教学既然是一个教学伦理冲突的过程，因此，为了实现教学的目的，达到教学的目标，教学伦理主体就不得不在教学活动中面对各种教学伦理冲突，还要运用各种策略、手段来解决这些伦理困境和冲突。教学伦理冲突解决的成功与否，效果好坏等，都会影响到教学关系的和谐，学生的发展，因此，教学伦理主体必然要重视教学伦理冲突，力图以"善"的目的、"善"的原则和"善"的方法进行伦理的决策，以期最大限度地维护学生的利益，把损失减小到最少。所以，教学伦理冲突的过程，也是教学伦理主体不断地进行伦理决策的过程。斯特赖克认为教师在教学中，常做下列五种道德决策：（1）评定学生成绩且据此而做其他决定。（2）分配资源（包括老师自己的时间）给学生。（3）训练与惩戒学生。（4）介于家长、

---

① 王本陆：《教育崇善论》，广东高等教育出版社2001年版，第45页。
② 王本陆：《教育崇善论》，广东高等教育出版社2001年版，第44页。

学生、行政人员、小区人员及学校董事间，沟通协商有关课程及其他事项。
(5) 为学生做其他的决定。①

当我们把教学视为一个伦理矛盾世界的时候，教学就是一个教学伦理冲突的过程，即教学活动就是一个连续的教学伦理冲突的集合体。教学伦理矛盾的连续性和重叠性，容不得教师停下教学进程进行仔细的思考和抉择，这决定了教学活动中大量的教学伦理冲突是在瞬间解决的，教学活动是一个教师不断面临教学伦理冲突和教学伦理决策过程的统一体。

五、教学伦理冲突也是教学主体博弈的过程

教学伦理冲突的过程既然是一个教学伦理决策的过程，有决策就有伦理原则的排序，就存在各种力量的较量，就有利益的相争，其实质就是教学主体之间的博弈过程。

博弈论是指研究多个个体或团队之间在特定条件制约下的对局中利用相关方的策略，而实施对应策略的学科，换句话说，就是研究个体如何在错综复杂的相互影响中得出最合理的策略。博弈要素主要有下列几个：首先，局中人，即在一场竞赛或博弈中，每一个有决策权的参与者成为一个局中人。只有两个局中人的博弈现象称为"两人博弈"，而多于两个局中人的博弈称为"多人博弈"。其次，策略，一局博弈中，每个局中人都选择实际可行的完整的行动方案，即方案不是某阶段的行动方案，而是指导整个行动的一个方案，一个局中人的一个可行的自始至终全局筹划的行动方案，称为这个局中人的一个策略。如果在一个博弈中局中人都总共有有限个策略，则称为"有限博弈"，否则称为"无限博弈"。最后，得失，一局博弈结局时的结果称为得失。每个局中人在一局博弈结束时的得失，不仅与该局中人自身所选择的策略有关，而且与全局中人所取定的一组策略有关。所以，一局博弈结束时每个局中人的"得失"是全体局中人所取定的一组策略的函数，通常称为支付（payoff）函数。博弈研究中，一般把博弈类型划分为合作博弈和非合作博弈。

---

① Strike, K. A., Soltis, J. F. The Ethics of Teaching [M]. New York：Teachers College Press, 1992：37.

博弈论中有一些经典的实验，这些实验有助于我们对教学伦理冲突的理解。其中最著名的是"囚徒的两难选择"，有着广泛而深刻的意义。

> 两个犯罪嫌疑人被捕并受到指控，除非至少一个人招认犯罪，否则警方并无充足证据将其按罪判刑。警方把他们关入不同牢室，并对他们说明不同行动带来的后果。如果两人都不坦白，将均被判为轻度犯罪，入狱一个月；如果双方都坦白招认，都将被判入狱 6 个月；最后，如果一人招认而另一人拒不坦白，招认的一方将马上获释，而另一人将判入狱 9 个月——所犯罪行 6 个月，干扰司法加判 3 个月。[①]

个人理性与集体理性的冲突，个人追求利己行为而导致的最终结局是一个"纳什均衡"，也是对所有人都不利的结局。他们两人都是在坦白与抵赖策略上首先想到自己，这样他们必然要服长的刑期。只有当他们都首先替对方着想时，或者相互合谋（串供）时，才可以得到最短时间的监禁的结果。"纳什均衡"首先对亚当·斯密（Adam Smith）的"看不见的手"的原理提出挑战。按照斯密的理论，在市场经济中，每一个人都从利己的目的出发，而最终全社会达到利他的效果。艾克斯罗德（Robert Axelrod）曾做了一个游戏实验，来测验人在博弈中的行为，最后，他发现，得分高的程序有三个特点：第一，从不首先背叛，即"善良的"；第二，对于对方的背叛行为一定要报复，不能总是合作，即"可激怒的"；第三，不能人家一次背叛，你就没完没了地报复，以后人家只要改为合作，你也要合作，即"宽容性"。这些博弈的特征，正适合于说明教学伦理冲突过程中的教学伦理主体之间的行为。

教学伦理冲突是教学主体互动博弈的过程。在教学伦理冲突的过程中，教学主体之间及个体自我都会基于一定的原则和价值取向进行抉择，有时我们会发现，同一教学伦理主体在相同的伦理冲突主题和情境中，所采取的策略和方法是不同的。如教师在与一个自己喜欢的，学习较好的学生发生伦理冲突时，他会采取合作、对话，甚至是妥协的策略；反之，如果教师面对的

[①] ［美］罗伯特·吉本斯著，高峰译：《博弈论基础》，中国社会科学出版社 1999 年版，第 2 页。

是一个自己平时不喜欢的学生，这时，教师可能会采取竞争，甚至是压制的策略。从学生的角度看，一个学生与教师发生了伦理冲突，学生会根据教师的反应而采取自己的行动：如果教师非常生气，没有商量的余地，他就会采取低调方式，甚至是回避；而如果教师心情好，以民主的态度和方式与其交流，学生就会大胆地阐明自己的观点和想法，甚至与教师据理力争。也就是说，教学伦理冲突主体是根据冲突的类型、程度，对方的情绪，客观的条件等因素而参与到冲突之中的，冲突的双方最终会以某种方式解决冲突，完成一次博弈的过程。

第二节　教学伦理冲突的功能分析

教学伦理冲突具有正向功能或负向功能。研究教学伦理冲突目的在于发现教学伦理冲突的基本规律和过程，为教学活动设计善的结构和方式，利用教学伦理冲突的正面作用，减少负面影响，以更好、更有效地实现教学目标。按照普遍功能主义的观点，"所有现存文化形式都有功能价值"。[①] 马林诺夫斯基（Malinowski, Bronislaw Kaspar）更是以极端的形式提出："关于文化的功能观点强调按原则来讲，在每一类文明中，每一习俗、物质对象、思想和信仰都实现了某种至关重要的功能。"教学论研究者哈格里夫斯（A. Hargreaves）认为"教学是一个矛盾的专业"，教师要"把斗争、冲突视为专业学习不可缺少的组成部分，而不是一种不幸的个人背叛行为"。[②] 因此，教师要以正确的态度对待教学伦理冲突，以更"好"的方式方法来面对教学伦理冲突。本章我们将通过对教学伦理冲突的功能分析，给教学伦理主体一

[①] ［美］罗伯特·K. 默顿著，唐少杰、齐心等译：《社会理论和社会结构》，译林出版社 2006 年版，第 122 页。

[②] ［美］安迪·哈格里夫斯著，熊建辉等译：《知识社会中的教学》，华东师范大学出版社 2007 年版，前言。

些认识教学伦理冲突的启示。

一、冲突功能认识

对冲突可能给冲突主体带来的作用和影响的认识是一个不断演进和辩证曲折的进路。冲突古已有之，原初大多把冲突的作用理解为是破坏性的、不良的和有害的。随着冲突学不断被认识和研究，人们逐渐改变了对冲突的单一负向功能的认识和定位，开始从冲突的类型，以及发生的具体情境和条件来分析冲突可能造成的影响。

（一）日常生活理解：冲突是破坏性的

日常生活中，我们一般把冲突看作为了争夺某种利益、权利等发生的矛盾、打架、斗争，冲突给我们的直观感觉就是冲突即损耗，由此，我们会得出另一个想当然的结论，即冲突的本性是破坏性的、否定性的。在很多人眼里，冲突并不是一个悦人的字眼，相反，常常是消极的，令人害怕的。通常关于冲突的看法有这么一些：不正常、反常、异常的，系统的失调紊乱，秩序上的混乱，危机、病理、发展进程中的倒退现象，破坏和分裂，引发社会动乱的导火索……[1]

（二）社会学冲突观

结构功能主义是社会学的重要理论之一，认为冲突不利于组织结构的稳定和发展，是一种具有破坏性作用的行为。结构功能主义的观点是建立在这一假设上的，主张社会与生物有机体在许多方面有着相似性，主要包括三个论点：首先，社会是由多部分组成的一种结构；其次，社会续存必须不断满足各种需要；最后，只有各个部分相互协调才能发挥社会整体的作用。结构功能主义强调社会的稳定、秩序和共识，强调"共同价值观"的重要性。如结构功能主义的主要代表人物帕森斯（Talcott Parsons）感兴趣的问题不是经典政治经济学所关心的理性利益冲突，而是非理性的、处在经济学家视野之

---

[1] 陈振中：《论教育冲突的功能》，《教育评论》2001年第1期。

外的非契约性因素。由于注重维持和保证社会秩序的正常结构，帕森斯倾向于认为冲突主要具破坏性的、分裂性的和反功能的后果。帕森斯认为冲突基本上是一种"病态"。他赞成沙赫斯皮尔的这样一句话："当层次不存在的时候——事业就陷入病态。"[①] 帕森斯把冲突等同于越轨行为，把它视为一种需要治疗的疾病。帕森斯的基本倾向使得他把冲突看作是功能失调和破坏性的，而忽视了冲突的积极功能。[②]

社会学家伦德堡（G. A. Lundberg）在理论倾向上虽然与帕森斯有不一致的地方，但是他在其主要理论著作《社会学基本原理》中，只用了500多页中的10页，放在一章末尾以概要的形式论及了合作、竞争和冲突，而且把冲突基本视为分裂性的，因为它是以"对立各方之间的沟通中止"为特征的。伦德堡认为，沟通是社会过程的基础，而"断绝沟通就是冲突的实质"，所以，冲突一定是功能失调的现象，由此，可以明显看出伦德堡在冲突中所能看到的只是消极的和分裂的现象。[③] 另外几个社会学家，如梅耶（E. Mayo）、华尔纳（L. Warner）等无不表达了冲突是一种分裂性的、起腐蚀作用和破坏作用的现象的观点。

然而，以科塞为代表的冲突社会学极力反对结构功能主义社会学观点，他们认为，社会结构并不是稳定的、静止的、一成不变的，而是处在不断变化、冲突和发展之中。他们主张，冲突的功能是正向与负向的统一，冲突对于群体具有聚合的功能和发展的功能。

（三）冲突的情境性功能

冲突对冲突主体的影响并不是千篇一律、普遍客观的，而是随着冲突产生和发生的外在环境和内在特征不同而有所区别，冲突的功能具有很强的情境性。

[①] ［美］L. 科塞著，孙立平等译：《社会冲突的功能》，华夏出版社1989年版，第7页。

[②] ［美］L. 科塞著，孙立平等译：《社会冲突的功能》，华夏出版社1989年版，第9页。

[③] ［美］L. 科塞著，孙立平等译：《社会冲突的功能》，华夏出版社1989年版，第9页。

1. 紧密性关系易于发生冲突

每一个体都置于一定的社会关系中,我们可以大体分为紧密性关系和松散性关系两类。其中,在紧密性关系中,冲突的激烈程度大于松散性关系。用帕森斯的术语来说,就是在其关系是专门性的和非情感性的群体中,其冲突程度要比在其关系是扩散性的、情感性的,其成员用整个人格从事其活动的群体中的冲突程度要低,也较少是暴烈的。① 因为,关系越紧密,感情投入越多,就越是趋于压抑而不是表现敌对感情。在次级关系中,比如与企业合伙人的关系,敌对感情则能相对自由地表达出来,相反,在初级关系中则并非总是如此,在初级关系中,参与者的全部投入使得这种感情的发泄对他们的关系形成威胁。在这种情况下,敌对感情积累起来,并得到进一步强化。② 这就意味着,初级群体中引起敌对感情的原因要多于次级群体,因为人们的关系越是以全部个人投入的参与为基础——这是与片面参与相区别的,他就越是可能产生爱与恨这两种感情。马林诺夫斯基写道:"进攻如施舍一样先及亲友。实际上,进行合作的群体越小、越是由某种共同利益而联合起来、越是每天都互相生活在一起,他们就越是会遇到令人恼火的事情,越容易把怒火激发出来。"③ 于是,在冲突发生时,紧密的关系和更多的投入可以使冲突更加剧烈,这种观点是上面讨论中所描述的结论的必然结果。这种一般是出现在紧密关系中的情绪矛盾被认为是产生于对敌对感情的压抑(这可以反过来追溯到这种关系中固有的冲突的原因),参与者由于担心这样的冲突具有破坏性的结果而避免使其表现出来。④ 这时,冲突往往具有更大的破坏性功能。

2. 不同冲突之间相互干扰

在一个社会中,每一种冲突都会限制其他冲突的发生和发展,但是在分

---

① [美]L.科塞著,孙立平等译:《社会冲突的功能》,华夏出版社1989年版,第55页。
② [美]L.科塞著,孙立平等译:《社会冲突的功能》,华夏出版社1989年版,第50页。
③ [美]L.科塞著,孙立平等译:《社会冲突的功能》,华夏出版社1989年版,第50—51页。
④ [美]L.科塞著,孙立平等译:《社会冲突的功能》,华夏出版社1989年版,第55页。

裂线重合的地方，恰恰相反，各种冲突之间的作用是相互增强的。一定范围内对立的冲突，就如不同的波浪拍打海岸线，假如一个波浪的波峰与其他波浪的波谷相遇，这时，两个波浪就会融合为一；假如是波峰与波峰碰面，波谷与波谷遭遇，它们就会相互增强。因此，社会学家罗斯（E. A. Ross）认为，个人与社会中的多种群体相关联，在这个社会中，交叉冲突有安定社会的功能。

3. 刚性系统导致冲突的负向功能

在一个组织或社会中，如果内部的体系和制度较为刚性，那么冲突发生的可能性较小，但是，冲突的负向功能较大。因为这种系统可以通过一定的制度把敌对的情感引导到其他区域，但是由于体系的不灵活性，使敌对情绪得以积累，最终会影响到意见的趋同，从而发生冲突。而灵活性的系统一般允许冲突的随时发生，冲突使敌视的情绪和行为得以表达，把产生有损核心价值观念的分歧危险降到最低程度，从而使得相左意见减少。

4. 基础一致性冲突具有正向功能

不同的冲突有着不同的产生基础，有的是在不同利益、对立价值观等基础上的冲突，有的是在目标、利益、价值观念等一致基础上的冲突。一般来说，相同基础的冲突更具有正向功能，反之，不同基础的冲突具有负向功能。因为基础一致性冲突能够消除敌对者之间暂时的紧张关系，解决互相之间的非根本性矛盾，适当的冲突释放了敌对情绪、增进了各自的理解，从这个角度上看，冲突具有安定的功能，并成为关系的整合因素。

二、教学伦理冲突的功能分析

教学伦理冲突既可能使教学效能和效果降低，也可能增加相互了解，改善教学关系，增进教学关系的稳定性，提高教学共同体的凝聚力，从而提高教学效率和质量。教学伦理冲突的功能有正向功能和负向功能之分，这是从抽象观点来说的，是对整体教学活动而言的。具体教学活动的功能是各种因素共同作用的结果，也就是说，教学伦理冲突的功能只是其可能性，其确切的功能有赖于教学活动的各种因素的性质。如果各种因素结合得好，各种关系处理得好，就会发挥正向功能，否则会带来负向功能。在影响教学伦理冲突功能的各种因素中，人是最关键的主体因素，教学伦理冲突的功能很大程度上取决于冲突的解决策略，而策略的选择和执行者都是人，主要是教师和学生。

我们在理解教学伦理冲突功能时还要注意，有些功能是可见的，显性的，如提高了学生的学习积极性，增进了班级的团结等。但是有些功能是隐性的，是很难直接通过观察获知的，如学生道德水平的提高，价值观的改变等。再有，不同类型的教学伦理冲突可能会产生不同的功能，同时，同一教学伦理冲突对同一冲突情境中不同个体产生的功能可能也有所不同。对此，我们要坚持具体问题具体分析的方法，切不可机械套用。

（一）教学伦理冲突的正向功能分析

由于适当的冲突调节着关系系统，因此可以发挥维护群体、增加关系的功能。冲突可以通过允许行为的自由表达，而防止了被堵塞敌意倾向的积累。齐美尔模仿莎士比亚笔下约翰王的口气说："没有暴风雨，将会是一个多么污浊的天空。"[①]

建立安全阀制度，通过目标替代和手段替代实现冲突的正向功能。心理学有一个观点：积累起来的敌意和进攻性情绪不仅可以向敌意的原初对象发泄，也可以向替代目标发泄。德国人种学家舒尔茨（H. Schurtz）创造了"排气孔"这个词，用来指原始社会中为敌意和被群体压抑的一般内驱力提供制度化出口的习俗和制度。放荡仪式就是一个方便的例子，在这种仪式中，对于通常的行为规则和回避规则可以加以违犯，但又不产生破坏性。[②] 科塞指出，欧洲和前文明社会中决斗的制度就为我们提供了一个安全阀习俗的例子，决斗为原初对象的敌意提供了人们认可的出口。决斗实际上把一种毁灭性的、进攻性的冲突置于社会控制之下，并成为社会成员之间敌意发泄的直接出口。

---

① ［美］L. 科塞著，孙立平等译：《社会冲突的功能》，华夏出版社1989年版，第24页。

② ［美］L. 科塞著，孙立平等译：《社会冲突的功能》，华夏出版社1989年版，第26页。

这种由社会进行控制的冲突可以在参与者之间起"清洁空气"的作用,并重新建立双方的关系。如果决斗参与的一方被杀死了,他的亲属和朋友也不再继续对这个对手抱有敌意;这样,事情"由社会了结了",关系得以延续。①但是,利用目标替代和手段替代时,要注意二者的区别。一般情况下,手段替代不易发生冲突,而目标替代虽然能够保持原有的关系,但是可能引发与替代性目标的新冲突。

1. 教学伦理冲突对集体的正向功能

虽然教学伦理冲突多在少数教学伦理主体之间发生,群体间教学伦理冲突相对较少,但是,从小处看,教学伦理冲突是发生于一定的集体和班级中,从大处着眼,教学伦理冲突是发生在一定的社会文化氛围中的现象。因此,教学伦理冲突会对教学伦理冲突主体所在的集体产生直接和间接的功能。

(1) 使潜在的教学问题得以显现

每一个社会和时代的教学都存在着一些问题,这些问题有的是显在的,能够被人们直接观察到的,而有一些是潜在的、蛰伏的,人们并没有明确地意识到这些问题的存在,或者对这些没有明确的认识。教学伦理冲突给这些潜在的教学问题提供了显现的可能。前面我们谈到,教学中的伦理冲突主要源于不同教学伦理主体价值观、伦理观的差异,而教学伦理的冲突更多的是伦理原则或规范的排序问题。有冲突产生,就说明他们对这些价值观、伦理原则的认识和观点不同,或者是人们没有意识到自己的行为所体现的伦理价值观。这些情况证明了教学中人们对这些问题的认识存在着问题,或者人们的行为存在着问题。

教学公平源于社会公平文化。我国古代教学中没有明确的教学公平的概念,只是到了改革开放后,教学公平才慢慢地进入人们的视野。教学公平问题在教学活动中得以重视,主要源于教学活动中出现的各种不公平现象和行为,如对学生评价的标准不一致,教师给"好"学生以特殊照顾等。人们对教学活动中的这种不公平现象和行为进行反思,唤起了家长、学生对教学公平的要求甚至是冲突,于是国家和学校逐步采取措施,制定制度和规范,进

---

① [美] L. 科塞著,孙立平等译:《社会冲突的功能》,华夏出版社1989年版,第26页。

行教学公平问题的宣传和培训,明确教学公平是一项重要的教学伦理规范。这一过程说明教学伦理冲突使得教学公平问题得以凸显。

再如,教学惩罚问题。我国传统教学中对教学惩罚持一种肯定态度,教学惩罚在目的、手段、程序方面都存在着相当大的问题。教学实践中出现的各种违背人性和教学伦理的惩罚行为导致了很坏的影响,因为惩罚问题,学生与教师的冲突越来越多,后来,家长、社会都参与到这一问题的争论中,这时,人们才开始慢慢地注意到惩罚的不良后果,开始思考惩罚程序的正当性问题等。

教学伦理冲突能够推进教学改革。教学问题的发现,使教学主体不断地改进行为,从而促进教学向善。马尔萨斯-达尔文学说认为争斗和战争不仅是"自然的",而且它们还是变革的积极力量,因为只有"最适合",或最强有力的一方才能生存下来。

(2) 促进班级集体的团结

冲突是所有社会关系的一个组成部分,它具有积极的功能,因为它导致团结的重建和群体的平衡。教学伦理冲突促进班级的团结表现在下列两个方面。

第一,教学伦理冲突是教学集体和谐的增进剂。

在一个班级集体中,学生具有不同的个性,有着不同的价值观和不同的伦理立场。每一个体的这些"不同",是班集体产生伦理冲突的潜在因素。尤其是班级中的"异端分子",更是对集体的价值和利益存在着不同看法,对班级的集体标准持怀疑态度,这都会给班级团结带来危险。但是,这些"异端分子"制造的伦理冲突又会增强集体的团结。科塞在论述冲突之于各群体功能的命题时认为,"冲突的暴力与激烈程度越高,就越会产生如下结果:……冲突各方成员之间结构上的与意识形态上的团结,特别是认为冲突影响到群体每一部分的利益时,对每一群体内部异议与越轨的压制,以及对规范与价值的强制性服从。"[①] 班级中的成员都会持有一种班级荣誉感,从而反对危害班级利益和价值标准的行为。异端分子的行为必然引起班级其他成员的反对,

---

① [美] 乔纳森·特纳著,邱泽奇等译:《社会学理论的结构》,华夏出版社 2001 年版,第 182 页。

对于这种内部"危险"的认识，可以使他们"抱成一团"，可以提高他们对处于危险中的问题的认识，并提高参与的程度；简而言之，这种危险的信号可以使整个群体行动起来保卫自己。正是由于这种斗争使群体自我保护的能力集中起来，它能使群体成员互相之间更紧密地联系在一起，客观上更加深了对班级共享价值的认同，从而消除班级中的不和谐音符，实现班级团结。

个体道德自觉性的提高能够增强集体的和谐关系。一个班集体中，总会存在不和谐的因素，对这些因素有多种解决办法，如加强班级管理等，但是这些方法只是从外在规范角度来进行行为的控制，如果学生对这些管理措施不认同，即便口头遵守，或者教师在场时遵守，当无权威时，也可能违反班级秩序。学生只有把班级共同的文化和标准内化，才能转化为自觉的行为。教学伦理冲突过程是教学伦理主体互动、对话、协商的过程，冲突得以解决，学生要从认知到情感、意志都发生转变，这也就是外在的伦理要求内化的过程。在教学活动中，我们会经常发现，每次教学伦理冲突后，只要是恰当地解决了，会大大增进学生对老师和同学的感情，师生之间的关系更加紧密和谐。因此，正如科塞所言，没有哪个组织是完全和谐的，因为那样的话就将使组织缺少变化过程和结构性。组织既需要和谐，也需要不和谐；既需要对立，也需要合作；它们之间的冲突绝不全是破坏因素。组织的形式是两种类型变化过程的结果。一个过程摧毁别人建立的东西，以便最终所保留的是一个消灭另一个的结果，这种观念是一种误解，正相反，正是"积极"和"消极"因素二者构成群体关系。冲突及合作都具有社会功能，绝不是说反功能必要，而是说一定程度的冲突是群体形成和群体生活持续的基本要素。①

第二，营造良好的班级关系。

教学伦理冲突能够创建新的关系。儿童心理学家指出：竞争或冲突是孩子们建立某种关系的经常途径。在起初为玩玩具而发生争吵以后，这些先前不相识的孩子们可能带着友好合作的态度在一起玩耍。在冲突关系中得到了

---

① ［美］L. 科塞著，孙立平等译：《社会冲突的功能》，华夏出版社1989年版，第16页。

考验的孩子，现在成为玩耍的伙伴。① 这样，起初是敌意的互动常常导致后来友好的互动，冲突成为一种检验和了解陌生人的手段，正所谓"不打不相识，不打不成交"。

教学伦理冲突增进师生的情感联系。第三章提到的案例3-5中，老师与那位学生之间是"学生把她当成姐姐"的关系，这是一种亲密的师生关系。但是，当因为某一件事情，二者发生了教学伦理冲突，学生对教师有了看法，或者教师对学生有了看法，这时，二者都会对对方产生一种既爱又恨的情绪，弗洛伊德（Sigmund Freud）把这种情绪称为"矛盾情绪"。弗洛伊德认为："几乎所有能持续一段时间的两个人间的密切的情感关系——配偶、朋友以及父母和子女——都会留下一堆厌恶和敌对的沉淀物，这种沉淀物只有通过表达才能得以消除。在企业合伙人的共同争吵中，在下属对上级所发的牢骚中，这一点是很难掩饰的。当人们结合成一个大的单位时也是如此。当两个家庭由婚姻联系起来时，每一个家庭都认为自己要优越于对方，或出身比对方好。在两个毗邻的小镇子中，每一方都是对方的满怀嫉妒的竞争者……当这种敌意指向在其他方面被爱着的人时，我们就把它叫作有关感情的矛盾情绪。我们可以用大量的完全是在这种密切关系中产生的利益冲突的原因来对这种事实进行解释，也许这远非是一种理性的方式。"② 但是，当这种矛盾情绪通过他们之间的表达、对话、商谈等方式加以释放，而成功解决后，二者的合作和情感便得以递进，师生关系的亲密度会高于以前。这说明，冲突使二者的感情加深了，二者的关系更加符合善的要求。

教学伦理冲突增进教学主体的合作。当教学伦理冲突发生后，冲突的双方发现难以说服对方时，往往采取合作的方式来解决问题，或者是，利益和价值观相同的主体联合起来，解决冲突问题，这种合作是在竞争中的合作。萨姆纳（Sumner）曾提出过"对抗的合作"的问题，在萨姆纳看来，"生存竞争"支配着每一社会中所有人的奋斗，并导向合作，因为每个人都认识到与

---

① ［美］L. 科塞著，孙立平等译：《社会冲突的功能》，华夏出版社1989年版，第107页。

② Freud, S. Group Psychology and the Analysis of the Ego [M]. London：The Hogarth Press，1948：54—55.

别人合作更能有效地达到自己的目标。① 冲突导致了暂时的联合,因此能够把社会中各种不同的成分结合到一起。它带来了协调一致的行为,并使梅耶(Antoine Meillet)称作"个体尘埃"的人群具有了形式和秩序。②

(3) 促进教学伦理规范的改革与创新

教学伦理规范并不是与教学活动相伴而生的,而是随着教学活动的发展和教学研究的进展,在各种教学伦理规范相矛盾和冲突的过程中,经过人们的不断反思和反省,在演绎和归纳的基础上,不断改进和创生的。

第一,革新原有的教学伦理规范。

教学伦理冲突促进了教学伦理规范的不断改进。教学伦理规范是教学主体完成教学活动的道德保障,具有稳定性、时代性和区域性。教学伦理规范主要有两个来源,一是来自于制度性规定,二是教学主体的德性伦理。因为德性伦理对于不同的教师而言,具有一定的差异,并且这一规范缺乏强制性,因此,对教师而言,教学中必须遵守的是制度性教学伦理规范。由于来源于制度,制度性教学伦理规范就具有了天然的权威性,所以教学主体一般不会质疑其合法性和合理性。比如教师权威这一教学伦理规范,自中国先秦时期就出现,直到新中国成立之前一直具有不容置疑的合法性。但在特定的情境中,教学主体之间会产生关于教学伦理规范的冲突,当前因为教师权威而产生的冲突在教学活动中屡见不鲜。其中之一就是对于制度性来源的教师权威的质疑和冲突。前面我们提到,教师权威应该更多的是"合格性权威",教师权威如果只是依靠制度来源,势必引起学生的质问。因此,当前,对教师权威的认识就有了很大变化,较以前有了很大的发展和进步。这些改革起自冲突所引发的教学主体的自我意识和行为意识,正如帕克(Robert Ezra Park)认为的,"只有存在冲突的地方才有行为意识和自我意识,只有在这样的地方才有理性行为的条件"。也就是说,教学伦理冲突推动了教学伦理规范的改革,使其更加适应于时代发展的需要。

---

① [美] L. 科塞著,孙立平等译:《社会冲突的功能》,华夏出版社 1989 年版,第 125 页。

② [美] L. 科塞著,孙立平等译:《社会冲突的功能》,华夏出版社 1989 年版,第 126 页。

第二，促生新的教学伦理规范。

教学伦理冲突激发了新规范的建立。一般来说，冲突通常发生在一个共同的规范和规则范围内，它导致了这种规范、规则的建立和扩展。人类教学活动开始阶段，并没有教学活动要遵守的规范，它只是一种自然的人类行为。后来，人们慢慢发现，要使教学活动得以顺利进行，一定的规范是必要的，如我国古代的师道尊严。进入现代社会后，尤其是19世纪末，在欧洲兴起了"新教育运动"，"新教育运动"的兴起与当时社会的自由、民主、平等、主体性等政治文化主张密切相关，同时，更为直接的原因在于，教师、家长、学校管理者从教学过程中的教学伦理冲突中发现，教学应该从原有的封闭、权威，甚至歧视的教学伦理中走出来，把自由、独立、平等等道德伦理范畴引入教学活动。这一过程就是由各种伦理的冲突导致的，一是教学活动中的教学伦理的冲突，二是教学伦理与社会道德伦理的冲突。二者共同创生了新的教学伦理规范。冲突通常发生在一定规范的范围内，这种规范规定了它得以表现的形式。冲突扮演了一个激发器的角色，它激发了新规范、规则和制度的建立，此外，冲突重新肯定了潜伏着的规范。[1]

改革开放之初，我国的教学活动中存在着大量的惩罚现象。这些惩罚行为引起了学生、家长、社会的诸多抱怨和反对，课堂中师生之间为了惩罚而展开的冲突不计其数，这里面尤其存在着一些"不当惩罚""过度惩罚"所引发的争论和冲突。正是这些冲突问题才引起了教师、学校和社会的关注，人们逐步开始注意并制定惩罚的正当性程序。

教学公平等教学伦理规范从无到有。过去，教学活动中，教师对好学生是另眼相看的，而对家庭条件较差、学习成绩不高的学生则是一种歧视的态度和行为，有时候甚至劝说考学无望的学生退学等。后来，关于这方面的争论越来越多，许多家长为孩子争得考学的机会，与教师和学校发生了言语冲突，甚至是行为冲突。最终，教学公平、教学宽容、教学权利等教学伦理规范纷纷写入了教学规章制度中。

---

[1] ［美］L. 科塞著，孙立平等译：《社会冲突的功能》，华夏出版社1989年版，第114页。

2. 教学伦理冲突对个体的正向功能

教学伦理冲突功能的直接指向是教学伦理冲突的主体。冲突过程中，个体会受到教学伦理的熏染和困扰，引发道德思考和反省，从而增加个体的道德认知和道德能力。

（1）促进学生道德伦理的发展

第一，促进学生的道德认知。

所谓道德认知是指道德主体对道德现象和道德理论的把握和了解，是主体道德学习的起始阶段，道德认知的主要目的在于掌握道德知识。作为现代道德认知发展理论的创立者，劳伦斯·科尔伯格（Lawrence Kohlberg）把道德认知发展理论中的道德两难法运用于儿童的道德教育中。首先他给儿童提供道德两难的相关材料，要求儿童提出材料中的道德问题，并进行讨论。其中最为关键的是要通过道德两难问题引发儿童的道德认知冲突，推动他们进行积极的道德思考和逻辑推理，并做出道德判断，从而提高儿童的道德推理能力和道德认知水平。这种在冲突中促进学生道德认知发展的方法之所以具有这么好的效果，是因为在道德两难情境中学生开始并不了解哪一方面是更应该追求和坚持的，随即产生了道德困惑；儿童对疑难问题打破砂锅问到底的天性，推动他们进行积极的道德思考，从而澄清模糊的道德思想和认知，达到促进提高道德认知水平的目的。

第二，提高学生的道德主体意识。

我国传统的道德教育内容是理论性、"概念化"、权威性的，教学方式方法是灌输式的、强制式的，因此，学生面对教材和教师所讲授的道德和伦理更多是接受、机械记忆，可以说缺乏自主性、独立性和独特性，这也导致了德育的低效或无效。

教学伦理冲突是一种教学情境，在这一情境中，存在着两种或多种相互排斥或排序的价值观或伦理原则。在这样的伦理世界中，教学伦理冲突主体之间互相竞争，并坚持自己的伦理主张和价值追求。因此，冲突的过程也是教学伦理主体明确自己伦理立场和价值取向的过程，这样的过程会使学生慢慢形成"我的观点"是什么、"我是这样认为的"等自我意识，以确认自我的身份。正如索莱尔（Georges Sorel）谈到的，只有在工人阶级不断同中产阶级进行斗争的条件下，工人阶级才能保持自己的特征，只有通过这种行动并处于这种行动之中，其成员才能意识和认识到他们的阶级身份。[①] 马克思也认为阶级只有通过冲突才能使自己得以形成，若干个人可以客观地在社会中拥有一种共同地位，但只有通过冲突并处于冲突之中，才能认识到他们的共同利益。[②] 并且这种自我意识会随着经历冲突数量的增加而提高，从而提高学生的道德主体意识。

总之，教学伦理冲突体现、证明、划分了不同主体和群体之间的相异主张和身份。教学伦理是先赋性身份还是获得性身份呢？当班级课堂伦理结构不再被认为是合法和合理的时候，有着相似客观地位的人就会通过冲突而使自己形成有共同利益的、有自我意识的群体，这一过程恰恰是学生道德主体意识提高的过程。

(2) 提升教师的教学伦理素养

既然教学是一项伦理道德的事业，教师的教学思想和教学行为无不内含和体现着道德诉求与愿望，那么，教学伦理冲突就是教师主我与客我之间，以及教师与其他主体之间价值观与利益追求的分歧。反之，经历和经过这些教学伦理冲突的洗礼，教师将在道德思考和行为实施中不断提升自己的教学伦理的素养。

第一，提高教师伦理推理和判断能力。

道德推理主要关切"什么是对的、什么是错的"。道德推理的叙述常常是含有"应该""对""公平"和"公正"等字眼。道德难题往往无法单就事实，将问题加以解决。事实的了解的确有助于我们解决道德难题，但仅就事实，我们往往不知道应该如何做。"什么是对的""问题应该如何解决才是正确的"是需要经过思考推理的，此即"道德推理"或"道德判断"。道德推理从儿童时期开始就出现了，我们常可看到儿童在他觉得不该被处罚而被处罚时，会表现出因为成人处置不公，而有道德上的愤怒。此时，儿童不只是因为挨揍

---

① [美] L. 科塞著，孙立平等译：《社会冲突的功能》，华夏出版社1989年版，第19页。

② Karl Marx, Friedrich Engels. The German Ideology [M]. New York：International Publishers，1936：48—49.

而哭，更是因为"当我是个好孩子，也要被处罚"的不公平而愤怒。

"高道德推理性"教师是"善的教学"所必需。研究证明，"高道德推理性"教师在班级中较会营造和谐的人际关系，愿意考虑学生的感受与动机；而低道德推理教师则较关切师生关系中的教师主控与学生顺服的关系。从以上教师道德推理与师生关系研究中，可以发现低道德推理教师较强调主控与学生顺服。相对而言，高道德推理教师则较倾向人本观点，愿意考虑学生的感受与动机，能较好地营造和谐的师生关系，因此学生也认为高道德推理教师较支持学生、较友善、愉悦，且为学生所景仰。高道德推理教师所任教的班级也被学生认为较具道德气氛。

教师在教学活动中，时刻遭遇教学伦理冲突，而成功地解决冲突需要教师分析伦理冲突的背景、主体、可能的选择、可能的效果等，这些分析要经由教师的逻辑推理和道德判断。教师在解决完一次教学伦理冲突后，还会根据结果进行反思。教师不断的"面对""思考""判断""反思"等活动，会不断提升教师的道德推理能力。

第二，提高教师的教学伦理反思水平。

既然教学伦理冲突随时可能出现，教师就需要时刻准备着解决这些冲突。同时，一个负责任的教师在每次教学伦理冲突，尤其是关键性的教学伦理冲突解决后，应该积极地进行反思：反思自己所坚持的伦理立场是否正确，伦理原则是否合适，道德推理和判断是否准确，是否采取了善的策略和方法，等等。反思冲突是为了更好地迎接以后的教学伦理冲突，因此，随着教学伦理冲突的解决，教师的教学伦理反思水平也会不断提高。

教学伦理冲突提高教师的反思水平，需要教师具备一定的素养。如全身心投入冲突的解决过程中，因为在用全部人格从事冲突解决，而胜利只是为事业带来好处的情况下，这种冲突具有一种高尚的特征。这是因为卷入冲突的个人具有这样的一种意识，他并不是为了自己而战斗，甚至完全不是为了自己，而是为了一个超个人的伟大目标。个人是作为群体或理想的代表进入超个人冲突的，他们具有一种高尚感和正当感。教师更多的时候就是以这种超越了个人性的代表的身份进行教学的。他们代表了国家、学校和其他同事这些群体的利益和价值观，也就是说，教学伦理冲突有时也是"代表性角色冲突"。用曼海姆（Karl Mannheim）的话来说，马克思本人也是不断将利益冲突转变为理想冲突的知识分子的典型例子。知识分子通过摒弃个人动机并将这种冲突转变为关于"永恒真理"的斗争而使斗争的程度得以加深和强化。① 教师就具有这种社会功能。

3. 教学伦理冲突是教学论研究发展的动力

教学论发展史中，存在着各种教学伦理的争论，如教学权威与教学民主，教学义务与教学权利等。关于这些方面的争论或冲突，在一定程度上促进了教学论学科研究的发展，使学科研究拓展了边界，增加了主题，丰富了内容，完善了体系。如教学论发展中教学自由与教学权威的冲突。教学权威古已有之，到赫尔巴特更是明确强调教师中心、教材中心。自文艺复兴始，人们希望从中世纪压迫中获得解放，于是，教学领域开始强调独立性、个性、自由等价值要求，到19世纪末欧洲出现了"新教育"运动。这时，教学论领域也在争论教学应该是强调教学权威，还是教学自由，这些论争推动了教学研究领域和内容的拓展，如班级授课制，活动教学，设计教学等，在冲突和对话中纷纷进入人们的视野，并不断丰富着教学论的体系。

（二）教学伦理冲突负向功能分析

教学伦理冲突本身并无"善恶"之分，"优劣"之别，可以说它是一种中性的人类活动。但是教学伦理主体在认识和解决教学伦理冲突时采用的理论视角、方式方法等千差万别、参差不齐，从而形成了冲突的不同功能。当教学伦理冲突不能及时解决或解决不当时，会导致教学伦理主体伦理视线模糊，破坏和谐师生关系及降低教学效率等问题。

1. 模糊教学伦理主体的伦理视线

上面所谈教学伦理冲突的正向功能是指在以正确的策略解决冲突后所带来的效果，但现实中并不是所有教学伦理冲突都能够得到"好"的解决。由于受到教学伦理冲突主体自身的伦理知识的多寡、道德推理能力的高低、情感投入的深浅、策略是否得当、伦理冲突经验是否丰富等因素的影响，教学伦理冲突可能会因处理不当而带来消极功能。对学生而言，如果教师没有把

---

① ［德］K. 曼海姆著，黎鸣等译：《意识形态与乌托邦》，商务印书馆2000年版。

握教学伦理冲突现象背后的伦理实质，没有把冲突的伦理问题和要点提炼给学生、展现给学生，或者错误地理解和控制了冲突行为，这时，就会给学生造成道德认知的模糊甚至是错误。如我们第一章提到的案例1-3，当教师提出了"老麻雀奋不顾身地从树上飞下来想拯救小麻雀"这一伦理话题时，在老麻雀是否应该救助小麻雀的问题上，学生之间发生了伦理困惑和争论，有的认为"不要增加不必要的牺牲"，有的认为"母爱的力量是不可战胜的"，等等。显然，这是一个很好的道德伦理澄清和教育契机，如果教师能够及时深入分析、平等对话、正确引导，学生会获得对此类问题的道德认知。但是教师却转移了话题，去告诉学生应该怎么应付考试。这种回避式的处理方式可能给学生造成一种印象——自己所认为的就是对的，以后遇到类似的情境，我可以按照我的方式去做；更甚者，使学生认为怎么做都可以，任何方式都是被允许的、道德的，从而在客观上消解了伦理价值。最后不但没有使学生的道德认知和情感获得发展，反而混淆和模糊了学生的道德视线。

与此相联系，当教师个体面对教学伦理的冲突时，如果不能以"善"的方式解决冲突，也会使教师的道德认知和伦理意识产生错误。如第三章的案例3-6中，李老师面对张霞对其权威的挑战，没有很好地处理，只是单方面压制，也没有很好地反思这次伦理冲突行为的原因。如果这次惩罚和压制是成功的，李老师就会形成和强化一种认识：教学中，权威是第一位的，不容挑战，惩罚可以解决此类所有的问题。这在客观上就更进一步模糊了教师的道德认知，可能使教师按照原来不当的教学伦理处理这类问题。

2. 破坏和谐的师生关系

师生之间的关系是通过师生之间的活动建构起来的，而一定的师生关系总是受到具体的时空和社会情景的制约，师生关系的建构又与教学中知识的传授、获得的方式密切相关。也就是说，师生关系的性质受到教学的社会历史情景、知识的性质及授获方式、活动形式等决定。社会历史、知识的性质及授获方式、活动形式并不是一成不变的，而是不断流变的，因此师生关系也是在演变中呈现变化。概括起来，我们把原本一体性的现代师生关系拆分为四类，即神圣型关系、权威型关系、平等型关系和服务型关系。所谓"原本一体"是指这四种关系类型是每一现代教学师生关系所都具有的，并且只要几方面相得益彰，就会保持师生关系的和谐。

当这种师生关系受到教学伦理冲突的冲击时，会向两个方向发展：一是前面提到的促进师生合作，营造更为良好的师生关系；二是破坏师生关系，使师生关系缺乏神圣性、权威性、平等性、服务性，或者缺失某一或几个特性。教学伦理冲突是冲突主体间的一种紧张情绪和竞争，尤其是"现实性"冲突更是具有较大的关系破坏性，甚至是冲突结束后，冲突主体间还存留一定尴尬、对立情绪等不和谐因素。而且，这些不和谐因素在一定环境和条件适宜的情况下，还会引发新的教学伦理冲突。因此，在言辞激烈、立场对立、手段缺乏理智、持续时间较长的教学伦理冲突后，师生之间还会存在敌意、隔膜的情况，动摇师生之间的情感基础，使师生之间的亲密感大大降低。

这种师生关系不和谐因素的增加，直接表现之一就是大量的教学伦理规范失效。如原本教师对学生充满了关怀，对学生的个体发展热心负责，但是，一次或多次教学伦理冲突后，教师会微妙地改变其遵守的教学伦理规范，尤其是在具有很强选择性的德性教学伦理上，表现得不再积极。这又会进一步使师生关系向不和谐的方向发展。

3. 降低教学效率

教学伦理冲突可能会延缓或阻碍教学目标的实现。教学是一项有目的的理性行为，教学目标是教学活动的导向，目标指明教学活动预期的学生学习结果，同时，教学目标的实现程度是衡量教学效率和效果的根本标准。古德莱德（John I. Goodlad）在《学校的职能》中区分了学校的目的、功能和目标，他认为目的是应该做什么，功能是在做什么或被用作什么，而目标是被要求或期望做什么。① 既然目标是被期望做什么，就存在目标是否达到和实现的问题。教学目标的实现需要一系列的外在条件和教学主体的主观努力，如一定的教科书和教学材料、时空环境、必要的辅助工具、具体的教学方法模式，以及师生的教学态度等。因为教学是教师教和学生学的统一体，所以只有师生共同参与、努力、合作，才能顺利地实现教学的目的和目标，只是单方面努力很难实现预期的目标。教学活动的顺利进行需要师生之间的良好合

---

① ［美］古德莱德著，沈剑平译：《学校的职能》，桂冠图书出版有限公司1999年版，第7页。

作、对话、沟通和努力，而教学伦理冲突发生后，教学主体要暂时停下教学的脚步，经过理性的思考和意志的斗争，找出"好"的策略来应对。这一过程会浪费教学主体大量的时间和精力，消磨师生的耐心和意志，并且，如果冲突处理不当，还会使师生关系紧张，从而降低教学的效率，阻滞教学目标的实现。

另外，教学伦理冲突会影响新手教师的快速成长，延缓新手教师向专业教师的转变。

教学伦理冲突功能取决于相关的因素。上面我们对教学伦理冲突的功能做了一般的学理分析，认为教学伦理冲突具有正向功能和负向功能。但是，并不是所有的教学伦理冲突都具有上述所有的功能，也并不是每一具体的教学伦理冲突都具有正向功能和负向功能。一个具体的教学伦理冲突是具有正向功能还是具有负向功能，或者说在多大程度上具有正向性功能或负向性功能，受到教学伦理冲突解决方式方法等因素的影响，主要取决于教学伦理主体处理和解决的决策及主体自身的能力，第五章我们将着力思考和解决这一问题。

第三章 教学伦理冲突的类型分析

本研究是从伦理学角度出发划分教学伦理冲突的类型。一般而言，冲突的类型是区分功能，决定是否容许、接纳与鼓励冲突的基础，也是解决冲突策略形成的重要参考依据。只有对教学伦理冲突的类型进行清晰的界定，才能更加深刻地理解教学伦理冲突内在的各要素，并为教学伦理冲突的解决提供预设性基础。现有对教学伦理和教学伦理冲突的研究，大多是以教学论的概念体系来进行分类的，如把教学伦理划分为教学目标伦理、教学内容伦理、教学方法伦理、教学评价伦理等。这种分类方式保留了教学论的思维模式和概念的体系，是人们较容易接受的方式。但是，这种分类会出现教学理论和伦理学概念"两张皮"的现象，给人以用人为方式把二者糅合在一起的感觉。再有，这种分类没有突破教学论的思维局限，不能从更为广阔的伦理学视野来审视和理解教学活动。本研究力图在类型划分上有所突破，主要是基于类型学和逻辑学类型划分的相关理论，从伦理学的视角，以伦理学范畴和概念构建教学伦理冲突的基本类型。如把教学伦理划分为底线型教学伦理与卓越型教学伦理，再把底线型教学伦理划分为义务型教学伦理与功利型教学伦理等。教学伦理冲突是这些教学伦理之间交叉互动的结果，如教学公平与教学关怀之间的冲突，教学权威与教学民主之间的冲突等。本章我们将从伦理困境开始，逐步阐明教学伦理冲突的类型。

第一节　伦理冲突类型

伦理冲突和伦理困境是两个既有相同点，又有细微区别的概念。伦理困境又称为伦理悖论，是人处在相互矛盾的道德命令之间的左右为难，它更多是对现实的描述，是事件或活动的一种状态；而伦理冲突更多是外显性的，是伴随人们行为的。在许多情境中，二者并不作严格的区分，可以互相替代。

一、伦理冲突根源于伦理困境

从逻辑上讲,伦理冲突的类别与伦理困境的类别相同。下面我们将首先寻出伦理困境的类别,在此基础上,展开对伦理冲突的类型划分。

当人们面对两种期盼或倾向,而且这两者又都具有重大的价值,你不得不二选一时,会觉得左右为难,甚至烦恼不堪。如"其中两种或更多的系列行动处于冲突状态,并且每种行动能够得到是'好'的行动的似乎有理的辩护"[①],"我们被迫在同等的且令人不快的选择中做出抉择"[②],"做了你要下地狱;不做你也要下地狱",都同样表达了被夹在两种互不相容的选择之间的那种感觉。通常,我们不将这种困境视为伦理问题,而只把它当作实践问题。然而从根本上讲,这种困境涉及了我们如何有意、无意地为价值观和原则排列顺序,因此,它们既是实践问题也是伦理问题。

当代伦理学家罗斯沃斯·M.凯德(Kidder)在其著作《道德勇气》(*Moral Courage*)一书中曾提出两难情境的四个典型,分别是:(1)事实(truth)与忠诚(loyalty)之间的取舍;(2)个人(individual)与群体(community)之间的取舍;(3)短期目标(short term)与长期目标(long term)之间的取舍;(4)公正(justice)与仁慈(mercy)之间的取舍。[③] 从伦理的角度看,凯德对两难情境的四种分类,并非是完全意义上的伦理规范之间的两难,前三个只是人们面对的一般两难,但是有时却具有道德的意义。

从教师伦理困境所面对的对象来看,可以分为下列几类。第一,与学生之间的伦理冲突。基于学生的困境常常发生在学生与教师、与同学、与家长等互动的情境下。具体包括教师管教、对待学生的公平性、评定学生成绩、处理学生冲突、处理学生的纪律、师生的正当程序、考试与评分、学校和家

---

① Nash,R. J. Real World Ethics:Frameworks for Educators and Human Service Professionals [M]. New York:Teachers College Press,1996:63.

② Young,D. Understanding Ethical Dilemmas in Education [J]. Educational Horizons,1995,74(1):39.

③ Kidder,R. M. Moral Courage [M]. New York:Harper Collins,2005:50—62.

庭价值观之间的冲突、对学生滥用监护权等。第二，与同事之间的伦理冲突。作为教学共同体，教师与同事之间会有大量日常的合作、交流、对话，教师与同事之间的这种交往，是以学生为对象和话语主题的，因此，在教学价值观、教学方法、课程观等方面的差异会导致教师们之间的意见分歧，从而发生冲突。但是，"与同事发生冲突是教师最不喜欢的事情。所以他们学会避免可能产生分歧或挑起争端的情况发生"[①]。国外大量的研究表明，教师对学生的行为会导致教师们之间的伦理紧张。第三，与各种利益相关的伦理冲突。教学过程也是各种利益交叉且互相博弈的过程，如教师教学补贴等问题，再如教学过程中，教师、全体学生、学生小群体，以及各自所代表的利益集团之间经常会出现的矛盾和冲突。第四，与外部关系之间的伦理冲突。首先是国家或上级的制度、政策或指示等都会引起教师的困境。[②] 如校长要求所有教师要把升学率作为教学的核心追求和价值目标，这时，教师就会面临学生的全面发展与培养学生的应试能力之间的困境。

从教师伦理困境所反映的核心思想看，可以从四个角度划分伦理困境。第一，价值的两难（value dilemmas）。价值两难是指个人价值与社会价值之间，个体价值与群体价值之间的冲突等。例如：教学研究组领导的个人价值和研究组内成员所秉持原则存在矛盾等。第二，义务的两难（duty dilemmas）。义务的两难是指在教师团体中规定的职责和任务间发生目标冲突，例如原本需保密的问题，在某些时刻却必须主动告知。第三，德行的两难（virtue dilemmas）。这是指什么原则对大家是最好的问题上的困境。例如：教师对教学的最核心原则常存在不同意见，甚至无法达成共识。第四，结构的两难（structure dilemmas）。对不同对象的忠诚目标，不知该如何取舍。[③] 例如，教师要对全体学生的全面发展负责，但是也必须对学校负责，如果班级目标和学校目标发生冲突时，就形成结构的两难。

---

① Hargreave, D. The Emotional Geographies of Teachers' Relations with Colleagues [J]. International Journal of Educational Research, 2001, 35 (5): 503—527.

② Dempster, N., Berry, V. Blindfolded in a Minefield: Principals' Ethical Decision-Making [J]. Cambridge Journal of Education, 2003, 33 (3): 457—477.

③ 胡中宜：《作为与不作为：社会工作实务中的伦理问题与伦理两难》，《玄奘社会科学学报》2005 年第 3 期。

二、伦理冲突类型

不同的伦理冲突有着不同的产生根源，不同的表现形式，以及不同的发展过程，由此伦理冲突在类型上呈现出多样化。伦理冲突充满在人类社会的每个角落，体现在多种多样的人类关系中，当然也会涉及多种主题。

（一）对象维度伦理冲突

从伦理冲突对象来说，主要有以下几种观点。(1) 心理对立说。一切人类冲突，都是"两个或两个以上社会基元的一种极端的心理对立关系形式"①。社会学家齐美尔（另译西美尔）认为："有机整体各单位之间有一种先天的'敌对冲突'或'仇恨和争斗'的需要。"② (2) 价值对立说。教学主体对教育教学价值及其排序的认同往往相互冲突。现实教学伦理冲突的认识论根源，就是人们对教学伦理价值及其排序的各执一端，沟通不了，妥协不成。(3) 利益或地位对立说。人都有追逐利益和地位的天性，但是，现实中资源和权位是有限的，这种无限的需求与有限的供给之间的矛盾必然会导致冲突。并且利益冲突是最为广泛的冲突，"任何冲突都与人的利益有关，说到底都是利益冲突"③。(4) 组织行为说。冲突是由于分工而形成的，在多功能单位之间形成，一般这些冲突都是功能性的。当然，"分工并不直接产生冲突，但它提供冲突的可能性"④。不仅分工会产生冲突，角色分化也必然会带来利益的冲突。

（二）目的维度伦理冲突

基于冲突目的，可以把冲突划分为两种类型：现实性伦理冲突与非现实

---

① 王浦劬等：《政治学基础》，华中科技大学出版社2004年版，第1页。
② ［德］盖奥尔格·西美尔著，林荣远译：《社会学：关于社会化形式的研究》，华夏出版社2002年版。
③ 鲁鹏：《制度与发展关系研究》，人民出版社2002年版，第113页。
④ 鲁鹏：《制度与发展关系研究》，人民出版社2002年版，第113页。

性伦理冲突。现实性伦理冲突是指，冲突双方之间是为了争夺、争取、获得相同的目标而发生的冲突，冲突双方有明确的争夺目标，要达到的目的是现实性的、显见的。非现实性冲突是指，冲突双方没有明确的争夺或实现的目标和目的，而是"为了冲突而发生冲突"，冲突的目的是发泄自己对某事件及某观点的不满或怨恨。

（三）主体维度伦理冲突

依据伦理冲突的不同主体，我们可以把冲突分为个体自我冲突、个体间冲突、个体与群体间冲突及群体间冲突等。个体冲突也称为角色内部冲突，是指由于个体在群体中承担的角色与其能力之间的差距导致的个体心理矛盾而产生的行为冲突。个体冲突一般是个体自我对困境的一种选择和抉择。个体间冲突是两个主体之间因各自的利益、价值观等不同而产生的冲突。这些冲突类型中，与本研究相关的主要是前三类，如教学过程中，小明违反了课堂纪律，这时，教师就面临着一种选择，是即时地面对小明的问题，告知小明违反了纪律，给以批评或惩罚，还是等下课后，单独对小明进行批评教育？虽然教师的抉择发生在一瞬间，但是都会经历其心理的冲突、路径的选择才完成。再如，教学过程中，当教师断定某学生的一种行为时，可能会出现部分学生提出不同的观点，这时，就发生了教师个体与小群体之间的冲突。

第二节 教学中的伦理冲突

教师在教学中会面临不同的伦理困境和挑战，这些伦理困境和挑战意识化、明确化后就会成为教学中的伦理冲突。教学中的伦理冲突主要是指发生于教学实践中的，关于伦理的、价值观的、道德的冲突。这里我们把教学中的伦理冲突作为教学冲突的一种类型，从微观层面、事实层面，进行教学伦理冲突的研究。本研究利用一手的案例素材，研究取向倾向于社会学的分析。

我们试图把伦理冲突从教学冲突中区分出来，进行伦理学的独立研究，但是，这一研究会存在较大的困难，因为有许多冲突很难进行区分，如有些冲突从技术角度看就是一般的教学冲突，从伦理角度看就是教学伦理冲突。

一、教师面临的伦理困境

教师作为一种职业，如同其他的职业一样，面临着伦理困境。教师面对的伦理困境具有多样性、复杂性、挑战性。教师教学伦理困境的这些特点是建立在学生年龄和学生独特的身份特征上的，教师应该非常明确教师的个体行为的伦理规范，一个不明确在特殊伦理情节中行为的教师应该加强教学伦理规范的学习和修养。

通过访谈和调查，我们根据被访谈者的反馈，整理后划分了三个维度，即教学维度、教学伦理主体维度、教学伦理维度，以分析教学主体所面临的困境和教学伦理困境，如表3-1。

表3-1 教学伦理冲突分析的维度

维度	教学维度	伦理主体维度	教学伦理维度
内容	教学管理 教学目的 师生关系 教学内容 教学评价 教学方法 如：学生考试作弊，学生心理、身体受到其他同学伤害，学生成绩评定，学生违反课堂纪律，学生隐私权，对学生惩罚或奖励，与同事关系，教学内容	教师 学生 同事	公平对待 不当惩罚 学生评价 诚实地教导知识 学生受教育权 教学能力 教学机会平等 隐私权 教师关怀

表3-1中反映的教学维度，几乎涉及了教学的全部方面，如教学目的、教学管理、教学评价、师生关系等。从数量上看，关于教学管理的伦理困境最多，因为这一维度关涉到教学活动的各种行为，是教师除教学内容外最关注

的内容。从教学伦理的维度看，教学公正、惩罚程序正当性、教学民主、教学关怀等主题是教师时常面临的困境。下面我们举几个典型的困境加以分析。

（一）家庭问题是制造伦理困境的重要因素

教学伦理困境虽然主要是在教学活动中产生发展的伦理两难，但是，其关涉的主题并不是都源于教学活动本身。如教学活动中学生会把在家庭中经历过的问题、接触到的思想观念、形成的行为习惯等带到课堂上，当这些方面在教学活动中遇到合适的激发因素和适宜的条件时，就会与教学活动本身结合，而导致和形成各种教学伦理困境。但是，对一个教师来说，无法真实地观察到学生在家庭中经历的问题，只是从学生的言谈举止中发现一二，除非学生主动与教师进行深入的交流。并且，另外一个问题是，教师应该在什么范围、什么程度上参与到学生家庭私人问题的解决中，也是一件艰难的事情。关于家庭问题的伦理困境会涉及学生家庭和学生自身的隐私权，教师在什么方面、什么程度上可以过问和处理，现在没有明确的法律法规或教学规定。假如教师从关怀的目的出发，对学生家庭问题的困境进行过问或参与处理，教师可能会侵犯学生的某些权利，使自己陷于新的伦理困境之中。同时，很多时候，在一定的环境中，学生宁愿自己处理和解决这些伦理困境。如果有学生遇到类似的困境，假如教师援手施得不恰当，可能使学生处于更加糟糕的境地。并且，对于一些家庭伦理问题，教师是很难帮上忙的，如家庭中的虐待问题。

（二）学生学习态度好、行动差带来的困境

有些学生学习刻苦努力，但是不能很好地跟上同龄孩子的学习进度和水平，他们可能使教师面临很大的挑战。这些学生出现这种情况的原因在于，他们可能学习努力，但是执行能力较差，如对书本知识的掌握得心应手，课堂教学中各种技能也很熟练，但是他们的知识和技能的迁移能力较差，当遇到新的问题情境时，其所学所会不能很好地在新的环境中得以使用，考试得不到高分，实验不能按照步骤自我操作等。这类学生可能会发现，要达到学科的下一个更高水平将面临更大的挑战。学生如果长期处于这种状况中，就会造成"习得性无

助感",对课业产生畏惧,从而自暴自弃,萌生放弃学业的念头。这时,教师就会面临如何帮助这些学生提升学业水平的困境,尤其是那些处在评价标准边缘的学生更是让教师挠头。教师们一定要小心行事,要把教学伦理的决策建立在具体问题具体分析的基础上,结合学生的实际解决这些困境。

(三)教学方法选择面临的困境

教师在教学方法的选择过程中,也会遇到伦理困境。王策三先生在《教学论稿》中提出了教学方法的选择问题,他谈到了教学方法选择的标准和选择的程序问题。

王先生认为教学方法的理论,既要研究教学方法的本质和结构,也要研究它的分类,还要研究教学方法的选择问题。要帮助教师在思想上明确:在什么情况下,选择什么样的教学方法,以及怎样进行选择。他认为,过去,教学论上都讲到了进行方法的选择问题,一般是从三个方面来说明的:(1)根据当前的教学任务,是传授和学习新知识,还是形成某种技能技巧,等等;(2)根据教材内容的特点,是事实性的知识,还是理论性的知识,是多是少,是科学性强的还是艺术性强的,等等;(3)根据学生的年龄特征,是高年级还是低年级,知识基础和心理准备如何,等等。[①]

这三点比较笼统和一般化,还应该要考虑其他一些因素,要告诉教师具体怎么样进行教学方法的选择。主要包括两个问题,一是选择标准问题,二是选择程序问题。

好的教学方法标准,只讲适合当前的教学任务、教学内容特点和学生特点,还是不够的。教学手段、教学环境、教师特点等因素,实际上也影响着教学方法的选择,过去往往忽视了这些方面,对教学方法选择论述不全面、不具体。因此,选择教学方法,要全面地、具体地、综合地考虑各种有关因素,进行权衡,取舍。例如问题探索法、归纳法等较之复现法、演绎法需要更多的教学时间,当受到教学时间限制时,教师就不得不放弃某些好的教学方法,因为教学大纲规定的教学进度和教学时间也是选择教学方法的重要标准。[②]

---

① 王策三:《教学论稿》,人民教育出版社 2005 年版,第 247 页。
② 王策三:《教学论稿》,人民教育出版社 2005 年版,第 248—249 页。

教学方法选择要遵循下列步骤程序。第一步，明确选择的标准，并且，标准要具体化，反对抽象的标准。第二步，尽可能广泛地提供有关的教学方法，便于教师考虑和选择。这不仅包括各种教学方法，而且包括每种教学方法中的方式或细节。第三步，对各种供选择的教学方法进行比较。首先比较各种具体教学方法的可能性，其次比较其适用范围和条件。第四步，在既定的教学任务、教学内容、师生特点和教学时间等条件下，对各种方法进行筛选，做出最后的决策。①

因此，教学方法的选择不仅仅是一个技术对比和思考的过程，选择本身、选择带来的结果等都内含着伦理道德的意义和价值，选择过程本身也体现了选择者的价值观和伦理诉求。

二、教学中的伦理冲突

教学中的伦理冲突和教学伦理的冲突在冲突的形式、冲突的主体关系及冲突的过程等方面有着不同，但是从其冲突的实质来看，尤其是从它们的解决过程来分析，都要求教学这一活动遵循伦理原则和规范，体现道德性。简言之，教学中的伦理冲突从其发生过程到解决过程，都表现出与教学伦理冲突的一致性。因此，我们把教学中的伦理冲突作为教学伦理冲突的一个方面来进行单独的研究。教学中的伦理冲突可以从教学论的概念体系进行分类，也可以从伦理学的视角进行划分，还可以从对象维度分类。

（一）伦理维度的冲突

1. 基于教学公平产生的冲突

［案例3-1］教学评价的公正性

政教处主任向毕业班的班主任们宣布：各班预定"三好学生"候选人两名，最后确定一名，中考成绩上加10分，各班一定严格评选，力求公平、公正、公开。严老师手里紧紧攥着候选人表格，似乎攥着几个学

---

① 王策三：《教学论稿》，人民教育出版社2005年版，第249—250页。

生的前途和命运。选谁呢？严老师边走边想，两个名字渐渐清晰——张波和苏静伊。张波是班长，成绩排年级前三名，校运动会跳远冠军，为人宽宏大度，热情周到，在同学们中威信极高，是老师的得力助手，他一定能高票当选。苏静伊是语文课代表，成绩排年级前五名，活泼开朗，多才多艺，曾在市演讲比赛中获一等奖，男生女生都佩服她，深受老师们喜爱。可以说，这是众望所归的两个候选人！

可是，赵老师的孩子赵羽怎么办？赵老师曾经暗示过。现在还考虑他吗？严老师又想，反正赵老师也没明说，不要因为人情面子委屈了更好的孩子。再说学校要求一定要走正规程序，把最优秀的学生选出来。想到这里，严老师主意已定，脚下的步子轻快了起来。

一推门，赵老师已经在办公室等他了！"我跟主任说过了，你就直接填吧。"赵老师轻轻松松地说。严老师半天挤出一句："得和其他老师商量一下。""也行。不过我都问过了，他们都同意。"赵老师有些不耐烦了。"那我考虑考虑。"严老师想尽力将天平的指针指向零。赵羽差得太远了！严老师想对赵老师说，应该让孩子追求真正属于自己的那份东西，这对孩子的成长有利。于是他试探地说："赵老师，你别看得太重——""同事一场，这点面子你都不给，成不成就看你了！加上10分，他就能考上高中，不加就可能考不上。再说那些学习好的学生不需要。"赵老师毫不客气地说。

严老师也在努力说服自己，是啊，赵羽也是我的学生，而且很可能在录取线的边缘，多考走一个，我不也很光彩吗？还是给他一个机会吧。可是把赵羽定为候选人，苏静伊就没希望了。没关系，苏静伊竞争不过张波，推荐上去也会淘汰。推荐赵羽，既给了同事面子，对张波也没有影响，两全其美。于是，严老师怀着对苏静伊的愧疚在表格上填下了张波和赵羽的名字。赵老师接着说："张波已经有了体育加分，又不累计加分，给了他等于浪费。"这倒是实情。既然到了这个地步，就把人情送到底吧。课间，严老师把张波叫到面前："你有了体育加分，这次的'三好学生'，让给别的同学吧。"张波爽快地答应了。

班级选举前，严老师说："必须在两名候选人中产生，不得另选。"

他顿了顿，又含糊说道："张波放弃了。大家可以考虑另一名同学。"投票开始了，有些孩子的脸上出现了疑惑的表情，有人小声说："怎么没有苏静伊？"有人回答说："不知道，乱填吧。管他呢！"

选票交了上来，全班44人，赵羽36票，张波8票，赵羽"堂堂正正"地当选了！严老师宣布了结果，却没有以往的掌声。孩子们一个个木然地坐着，看着台上的班主任，教室里弥漫着灰暗压抑的气息。严老师感到异常难过，不敢再看同学们的眼睛，匆匆离开了教室。

赵老师来问了结果，高兴地说："等我儿子考上高中，我请客！"严老师心里却流下了愧疚悔恨的泪水，他骂自己：你怎么能把评选当作自己的私有权力。要知道，为了升学率，为了同事的情分，你失去的不仅仅是良心，还蒙蔽了孩子纯净的心灵啊！严老师一向心态平和，睡眠很好，不管多么忙碌劳累，头一沾枕头就进入梦乡。而这天夜里，他失眠了。第二天早上他向校长提交了一份不再担任班主任的申请书。

该案例中，严老师的行为关涉是否对不同的学生坚持统一的评价标准，也就是教学评价公平问题。教师天然决定着教学资源的公平分配。教学活动中，教师天然地具有主导的优势，他们是教学活动的组织者，教学过程的控制者，教学效果的主要评价者，教师手中拥有着大量的教学资源和权力。因此，在没有其他成人存在的教学活动中，教师可以说成为这些教学资源的唯一合法的、实践性的分配者。当教师面对一个学生时，其资源的分配只有唯一的目标，不存在比较，所以就不存在合理、公平与否。但是，现代教学是以班级授课制为主要的组织方式，一个教师会面对大量的学生，这时，就会存在着多教学主体参与分配教学资源的问题。案例3-1中严老师在评价学生的这一问题上，违背了教学公平的原则以及教学程序正义原则，也违背了德性教学伦理中的教学良心的规范。

教师在分配教学资源方面，存在着其方式是否合乎公平的问题。教师对待学生是否有差别待遇？教师分配给每位学生的时间是否公平？教师是否对特定学生有不公正的举止？在处理学生偶发的问题或关乎学生权益分配的问题上，教师是否公平？等等。

例如，教学时教师面对许多学生，是否公平地分配教学时间给所有学生？假如教师在较聪明的学生身上花较多时间，理由是为了提升全班的学习总成绩，但是如此一来是否牺牲了能力较差的学生的利益？这一教学行为的实质就是牺牲少数学生的利益，以换取多数学生的利益，这是典型的功利主义思维模式，遵循的是效益最大化原则。同时，从教学目的与手段关系来分析，康德在其绝对命令的第二原则中认为，在处理目的和手段的关系上，"你一定要这样做：无论对自己或对别人，你始终要把人看成目的，而不是要把他作为一种工具或手段"①。康德在区分目的为相对目的和绝对目的的基础上，认为只有人才是目的自身，人与物相比具有绝对的价值，"大自然中的无理性者，它们不依靠人的意志而独立存在，所以它们至多具有作为工具或手段用的价值，因此我们称之为'物'。反之，有理性者，被称为'人'，这是因为人在本性上就是作为目的自身而存在，不能把他只当作'物'看待。人是一个受尊敬的对象，这就表示我们不能随便对待他"②。也就是说，只能把人作为行为的目的，而不能作为实现目的的手段。然而，上述教学行为没有尊重能力较差的学生的平等价值，没有把他们作为一个独立理性的存在者，如此对待学生，从目的论来看，这些学生只是手段，这是一种为了实现目的而不择手段的表现。

再者，教师评分的公平与否也是经常受到忽视的伦理议题。例如：对于尽其最大能力去努力，但成绩较差的学生，以及一位本身能力很好却很不用功的学生，他们二者的分数应该如何评定呢？或许后者平时虽不努力，但凭着他固有的智商与能力，在考试时仍然能获得高分，如此对于前者是否公平呢？分数评定标准是应该只考虑其是否达到固定的标准，还是应该衡量其努力的情形？上述教师对学生时间的分配与成绩评定两个论题，凸显出教师对待学生公平性的重要。

(1) 公平含义及教学伦理

在探讨教师对待学生的公平性之前，我们首先对"公平"的意义加以厘清。公平与正义是伦理学者探讨的核心，在谈及"公平"的概念时常涉及

---

① ［德］康德著，邓晓芒译：《实践理性批判》，人民出版社2003年版，第370页。
② ［德］康德著，邓晓芒译：《实践理性批判》，人民出版社2003年版，第371页。

"equality""fairness"与"equity"三个词语,所谓"equality"一般翻译为"平等",在英文字典上的解释是:(1)相等的状态:即在量、程度、价值地位、能力等方面相一致的状态;(2)一致性、划一性的意思。如果以"平等"的角度来谈学生的教育机会,亦即教育机会的分配要一致、彼此相等的意思。然而讲求教育机会的公平或公正,不一定需要"平等"的分配,它还涉及社会正义或公平的问题。

从分配正义的观点来看"公平"这个概念,即面对各种资源分配的问题,通常有两种方式可以选择:一是采取"平等的原则",即不管个人的能力、需求、条件、功绩与努力等,一律给予平等的对待;另一种方式是采取"公平的原则",亦即各项资源的分配应该依据个人的需求、条件、功绩与努力等来考虑。其中第二种方式是承认社会不平等的存在,因为人天生就有智能上的差异,而每人所处的社会背景等也各不相同,因此不可能完全相等。而罗尔斯为了补足这些差异所造成的不正义情形,提出了调整的原则:机会可以是不平等的,但必须使拥有较少机会者增加机会。《作为公平的正义——正义新论》一书,对正义两原则做了重新阐述:

①每一个人对于一种平等的基本自由之完全适当体制都拥有相同的不可剥夺的权利,而这种体制与适于所有人的同样自由体制是相容的;
②社会和经济的不平等应该满足两个条件:第一,它们所从属的公职和职位应该在公平的机会平等条件下对所有人开放;第二,它们应该有利于社会之最不利成员的最大利益(差别原则)。[①]

在正义二原则中,第一正义原则谓之"自由原则"。它的观点是:在一个正义的社会,每一个公民拥有相同的基本自由,而不能因民族、性别、职业、财富、智力等,而有所不同。质言之,第一正义原则要确保的是平等的自由,体现了在一个正义的社会制度中,每个人都是平等的、独立的个体。"平等"是罗尔斯正义论的核心,但是他认为金钱、地位等的不平等是可接受的,但

---

① [美]约翰·罗尔斯著,姚大志译:《作为公平的正义——正义新论》,上海三联书店2002年版,第70页。

是过分的不平等是违反正义原则的，所以正义第二原则即是对这些不平等的限制。其中，"机会平等原则"用以保证"平等的机会"；"差别原则"用以实现"平等的利益分配"。然而差别原则，并不是为了消灭所有的不平等，而是试图寻绎出"什么样的不平等是一个良序社会能够容许的"。按照差别原则，当社会不平等和经济不平等能使最不利者获得最大好处时，这些不平等是可容许的。①

这样的观点，就是亚里士多德所提出的"均等"的概念。② 此外，亚里士多德认为正义应该符合"平等地对待一样的人，不平等地对待不一样的人"；前者是指具有相同人格、特质者，有权被平等对待，后者是指在某些与学习相关的特质不同者，应该有差别待遇。例如，给视障学生和一般学生一样的课本并不公平，应该考虑特殊学生之个别需要给予对其有利的教材。如此的想法会产生两个问题：首先，必须知道与学习相关的特质是什么？是学生的能力、需求与兴趣，但是种族与性别等议题是否就不相关呢？其次，亚里士多德的公平是指对待与相关特质的联结。如果假设能力与一个人所接受的教育类型、数量有关，那我们应该如何决定对于不同能力者提供不同的教育资源呢？例如，能力较差的学生因为需要，所以应该比能力强的学生获得较多的资源，还是能力较强的学生因为能够做更多事，所以应该比能力差者获得更多资源？③ 因此，教学资源的审慎分配要考虑其公平性，考虑应该如何去平衡教育资源以及如何选择教育资源。

（2）基于公平的教学伦理冲突

前面我们提到过效益论的核心思想是追求利益最大化，因此，就效益论的观点，应该考虑什么可以促使最大多数人获得最大的利益。在教学活动中，就资源分配而言，效益论者会认为只要全班的平均收益提升，即使牺牲一位学生的收益而换取集体收益的增加也是被允许的，因为集体的受益"数量"

---

① [美]约翰·罗尔斯著，姚大志译：《作为公平的正义——正义新论》，上海三联书店2002年版，第70页。
② 王家通：《论教育机会的均等与公平——以概念分析为中心》，《教育政策论坛》1998年第2期。
③ [美]肯尼斯·A.斯特赖克、乔纳斯·F.索尔蒂斯著，洪成文等译：《教学伦理》，教育科学出版社2007年版，第172页。

要大于个体的受益"数量"。然而，反对者会质疑那一位学生的利益何在，如此交换利益的"限度"在哪里，那一位学生在教育上的基本权利何在。结果论者关心未来而非过去，如此一来，忽略了历史因素的重要，现在一些学生的能力居于劣势，可能是因为历史因素造成的不公正，若只考虑结果，无法弥补因为历史因素而导致的结果差异。

义务论者强调尊重学生个人、尊严与价值，而效益论为了大多数利益而交换一位学生的利益，如此的交换是否有限度？如何去做才能显示尊重学生个人价值？如何做才能不至于使学生成为实现目的的手段？罗尔斯在《正义论》中提到，当不平等对最不利的人也有好处时它才是被允许的。罗尔斯强调，当正义二原则在应用上发生冲突时，正义第一原则优先于正义第二原则，正义第二原则中的"机会平等原则"优先于"差别原则"。平等原则优先于差别原则，可以为教学场域中某些伦理困境提供不同的思维取径。例如，当教师们在面对全班学生的个别差异时，经常困惑于究竟是要照顾低成就学生，还是要按照多数学生的程度进行教学之两难。选择前者，就会影响到大多数学生的发展，而选择了后者，就必须牺牲低成就学生的发展。根据罗尔斯的原则，教师势必要在保证大多数学生正常学业的前提下，努力通过其他的补救方法和措施提高低成就学生学业水平。同时，必须考虑对学生的伤害，亦即所造成的不平等对该生是否不利，如果对该生没有造成伤害，这样的不平等才是被允许的。教学主体在进行教学选择时必须审慎地考虑此类伦理冲突。

2. 基于教学惩罚的冲突

惩罚是教学活动中长久的论题，教学惩罚所预设的基础不同，那么它产生的结果也会不同。教学活动中，惩罚是与教学伦理冲突联系较为紧密的教学论题。惩罚的四种学说对于我们解释教学活动中的许多现象和教学困境，具有重要的借鉴和启发意义。当前基于惩罚的教学伦理冲突主要是涉及惩罚的程序正当性问题，其中效益伦理和义务论惩罚理论存在着各自不同的教学伦理冲突问题。

（1）惩罚概念分析

一般而言，在义务的道德中，惩罚应当是优先于奖励的。我们不会因为一个人遵从了社会生活的最低限度的规则而表扬他或者授荣誉给他。相反，我们不会去惊扰他，而将注意力集中在未能遵从这些规则的人身上，对其表示谴责，或者施以更有形的惩戒。而在以追求至善为特征的愿望的道德中，惩罚和谴责在义务的道德中所扮演的那种角色应当让位给奖励和表彰。但是一个人越是接近于人类成就所能达致的巅峰，其他人便越是缺乏资格来表彰其成绩。[①] 依托于制度和规定的惩罚效果要好于个体性的惩罚。因为，个体实施的惩罚会受到个体心理、价值观、利益等因素的干涉和左右，而制度和规定在一定的历史时期和情境下是公正的，其惩罚具有较强的适度性、公正性。

一般而言，惩罚要满足四个必要条件。第一，惩罚必须包括某种不可悦性。第二，惩罚之实施必须基于某种理由。不应该毫无理由地强加惩罚，也不应该由于实施者从中得到快乐而强加惩罚。第三，惩罚的实施者应是制度规定的具有惩罚权力的个体或组织，而不能随意选择主体进行。第四，惩罚必须有相应的制度或规定依据。[②] 任何法律或道德体系本身都有相应的关于违背行为的惩罚规定，这是惩罚的合法性依据。

（2）惩罚的多种解释及教学意义

对惩罚的解释有着四种不同的认识和观点。回报论强调惩罚的"应得"；效益论认为惩罚之所以被要求是因为惩罚能够带来"好"的结果和收益；威慑论虽然也强调惩罚所带来的好结果，但是，就对象而言，不仅仅是惩罚对象，还包括相关的其他人员；感化说是基于关怀和宽容伦理要求实施的惩罚。各种惩罚的理论都有自己的理论假设和使用范围，所以惩罚的使用要坚持具体问题具体分析的辩证方法。

第一，回报论。最早的，或许是最古老的惩罚理论是回报论或应得论。它主张只有当惩罚为人所应得时才能给予惩罚，而惩罚的程度则须以应得为限。基于因果报应的原理，回报主义者根据《旧约全书》中箴言"以眼还眼，以牙还牙"，实行公平正义的报复惩罚，主张按照罪行的同样程度或严重性施加惩罚。在这一意义上，回报主义理论关注的是过去而不是未来。至于惩罚的根据，回报主义者认为，人们违反了道德规则，使道德失序，会导致社会

---

① [美]富勒著，郑戈译：《法律的道德性》，商务印书馆2005年版，第37页。
② [美]雅克·蒂洛、基思·克拉斯曼著，程立显、刘建等译：《伦理学与生活》（第9版），世界图书出版公司2008年版，第125页。

或群体的混乱甚至毁灭，为了重新建立道德的秩序，必须要进行惩罚。① 再者，违反道德规则者实质上是从社会中获得了不应得之"利"，为了根除这些不应得之"利"，必须通过惩罚恢复各个体的义务。

回报论的惩罚理论给教学的启发是：首先，惩罚要依据"罪罚相当"。也就是说，惩罚的方式和程度要与被惩罚者违犯行为的程度和方式相当，切不可大于所犯之错。现实中，"罪罚相当"只是上限，教师更要根据学生所犯之错尽量降低惩罚的程度，或者避免惩罚，能不罚就不罚。其次，要做到"罪有应得"，即谁犯错，谁承担，不能乱罚，无根据地罚。如教学惩罚中常用到的"连坐法"就是反例。教学中学生违犯行为多种多样，并且一个教师面对几十个学生，学生所犯之错教师很难全部发现和掌握，因此，教师在惩罚之前一定要调查，找准犯错者，而不能随意猜测或听信偏言。这也是教师在教学惩罚过程中所面临的一种伦理的困境，需要教师发挥自己的教学惩罚智慧。

第二，效益论。效益论也称为功利主义惩罚理论。功利主义惩罚理论从价值取向上看是面向未来的，主要是强调通过惩罚而产生的结果。它与回报论的差别在于，它不是因为违犯而受到惩罚，而是因为能够从惩罚中获得"好"的收益而进行惩罚。效益论者的观念是，只有对违犯者施以惩罚才能获得更大的好处时，惩罚才具有正当性，否则惩罚便没有价值。例如功利主义的主要代表人物边沁认为，惩罚的主要目的在于获得社会善②，即通过对个体的惩罚而使众人或群体获得利益。他还认为，惩罚可以产生内在约束力和外在约束力，因为惩罚有助于使他人感受到惩罚的力量，从而塑造人的良心。

功利主义者在惩罚前，会基于效益原则问下列几个问题。①违法犯罪者会因受到威慑而不再犯罪并成为一个不错的人或不错的社会成员吗？②由于违法犯罪者所受的惩罚，社会上的其他人就会因受到威慑而不犯罪吗？③社会将获得保护从而免受此类罪犯的伤害吗？③ 对于功利主义者来说，假如这三

---

① ［美］雅克·蒂洛、基思·克拉斯曼著，程立显、刘建等译：《伦理学与生活》（第9版），世界图书出版公司2008年版，第126页。
② ［美］雅克·蒂洛、基思·克拉斯曼著，程立显、刘建等译：《伦理学与生活》（第9版），世界图书出版公司2008年版，第128页。
③ ［美］雅克·蒂洛、基思·克拉斯曼著，程立显、刘建等译：《伦理学与生活》（第9版），世界图书出版公司2008年版，第129页。

个问题都没有肯定的回答，那么，惩罚就没有道德正当性。

功利主义惩罚理论对我们分析教学中的惩罚问题至少有三点启示。首先，对学生的惩罚要有好的作用。这一作用包括对学生个体，对其他学生，对各种制度规范，等等。如果惩罚不会带来惩罚本身以外的额外收益，这一惩罚就是不正当的。其次，惩罚要有明确的目的。教学中，如果教师进行惩罚时，没有明确的目的，仅仅是为了惩罚而进行惩罚，这种缺乏目的性的惩罚显然很难带来好的收益。最后，对惩罚有长远的效果预期。教师在进行惩罚前要对惩罚给学生可能带来的影响有先前的预料，什么惩罚方式会造成什么结果，惩罚的严厉度应该是多少，等等，教师要做到心中有数，否则很难发挥惩罚的育人效果。

第三，惩戒说（威慑论）。惩戒说与回报论均基于罪恶性的惩罚假设，认为不但应该对恶行者加以报复，更重要的是达到"杀鸡儆猴""惩一儆百"的目的。因此，惩罚也就有了仪式化、表演性、现场性的特点。[1] 威慑论对于一般的人而言可能有"以儆效尤"的效果，但对于潜在的恶徒却不一定有作用，"民不畏死，奈何以死畏之"。威慑论还存在着势必将惩罚对象用作一定目的的手段，这显然是违背了义务伦理的主张，对惩罚对象是不公平的。

就威慑论对教学伦理而言，教师若执意"严刑峻法"、公开惩罚学生、公布学生罪行等，而不考虑犯过之轻重、初犯或累犯、性别与性格等个别差异，不做弹性与妥切的处理，则有违伦理之义。如要威慑他人，必然把惩罚公之于众，而我国古训有言，"扬善于公堂，规过于私室"，为了减少对惩罚对象的负面影响，惩罚应该尽量在办公室等地方进行，避免在班级等公开场合实施。

第四，感化说。感化说主张应该积极地对罪行加以矫正、感化、训练与教育，使犯过者能转变认识，改过迁善。感化说是基于关怀和宽容的伦理要求，采用人道立场、恩威并施、采感化性的惩罚。感化往往是一个较为漫长的过程，很难收到立竿见影的效果，从惩罚作用来说，有一种"润物细无声"的味道。但由于这种方式从自身的人道性出发，多数人都愿意接受这样的惩罚方式。

---

[1] 曹永国：《教育中隐匿的惩罚及其审思》，《教育研究与实验》2023年第5期。

从这一方式对教学伦理冲突解决的启示看,"感化说"一般是对事不对人,体现了对学生人格的尊重,体现了对学生的爱心、耐心与信心,善待是建立在充分信任学生的前提上,使学生感到关怀和宽容的温暖,对学生的教育效果具有彻底性。因此,这一方式具有较强的教育教学意味,合乎教育的意义。

(3) 惩罚的程序正当性是教学伦理研究的重要主题

[案例 3-2] "连坐的惩罚"①

  一个任职一年的初任教师,已经受到校长好几次警告,要求她要控制好班级常规,否则来年将不再续聘。有一天这位教师背对着学生在黑板上板书时,突然有一支粉笔朝黑板丢过来,除了小明还在认真地做笔记之外,全班都哄堂大笑。这位初任教师询问是谁丢粉笔,全班无人承认,也无人指证别人。而这时校长刚好站在教室外面目睹这一幕,他告诉这位教师,如果没有人承认又没人指证,就必须全班一起受罚。但这时这位初任教师面临在工作和惩罚之间伦理决定上的两难,因为她清楚地知道小明这位最认真的学生是无辜清白的,而若因为一个人或其他人犯错,而故意去处罚一个清白的人,这是合适和公平的吗?

若从效益论者的立场来看待上述案例,当这位初任教师把惩罚全班后所获得的满足,包括:保住她的工作、校长对她处理这件事的满意程度以及为学生经营一个更有秩序的学习环境等,这些总计的利益若比其他任何行为产生更多的利益,那么效益论者认为在道德上必须如此做。然而,在道德系统中,只因为一人或其他人犯错,就故意处罚一个像小明这样清白的人,这是合适和公平的吗? 类似此情形是许多教师曾共同经历过的惩罚难题。教师们在束手无策之际,断然用"连坐法"即是明显的例子。但我们要思考的是,当一个行为端正的学生受到池鱼之殃,遭逢处罚时,这种不公平的境遇,在学生成长历程中所产生的负面意义是什么。

---

① Kierstead, F. D., Wagner, P. A. The Ethical, Legal, and Multicultural Foundations of Teaching [M]. Madison: Brown & Benchmark, 1993: 6—7.

上述讨论勾勒出惩罚这个议题背后，潜藏的复杂伦理与道德意义。在讨论惩罚时，一个关键问题是"正当的程序"，意指人们在做这类决定时不能是武断的或是反复无常的。武断的决定意指在缺乏证据时即做出决定，如没有足够证据即施以惩罚，在上述案例中倘若因为无法确认哪位学生犯错，而代之以惩罚全班，即多少具有武断决定的意味。反复无常的决定意指决定是不一致的或依据无关证据所行之决定，如以学生成绩好坏来决定学生是否犯错。

惩罚的议题在教育教学上争议不休，关于惩罚的教学伦理冲突是教学伦理研究中的一个重要的主题，就教学伦理冲突的角度看惩罚，我们主要关心惩罚的程序是否正当的问题。

惩罚这个议题的核心在于"正当的过程"。惩罚的决定要有充足的证据，而不能专断或任意而行。程序正当性人人都要遵守，以免做出的决定前后矛盾和随意武断。由是，做决定时要避免专断、随意的判断，需要依循一定的必要的程序。斯特赖克等人认为在处罚学生之前，应具有足够证据、查出真相、让学生有辩护权，所以教师应该审慎调查真相。①

就惩罚在教育上的价值而言，应该罚得令人心服口服，所以应该合乎认知、道德与法律三个正面规准。换言之，应该有真凭实据、维护社会认可之善良价值与依循民主法律公正为之。再者，也应当留意惩罚的消极规范，在"无据、无效、无益、无需"之下，不应该实施惩罚。换言之，亦即当惩罚没有根据、惩罚必然无效、惩罚没有益处或产生危害更大、无须惩罚亦可防止时，不应该实施惩罚。

从效益论的观点看，正当的过程并非是绝对的，用在不同情境会产生不同的结果，决定结果的判断标准在于可能产生的错误或不公平之轻重多寡。所以，效益论者对处罚提出三个建议：吓阻他人再度犯错、将有危险性的学生隔离、使犯罪者改过自新。但如此的观点受到质疑：首先，教师如何知道惩罚的结果为何？其次，为何犯罪者就必须被处罚？再者，为何处罚要适合恶行？

义务论者对惩罚提出三种看法：一是公正原则。所谓"以眼还眼"，处罚

---

① ［美］肯尼斯·A. 斯特赖克、乔纳斯·F. 索尔蒂斯著，洪成文等译：《教学伦理》，教育科学出版社2007年版，第32页。

是提供报应加以惩罚，是做了错事因而承受痛苦而受罚，而非在吓阻他人犯错，应该视惩罚为一种报应，这便可以解释为何是处罚有犯罪者，而非无辜者。如此一来，同样可以解释为何处罚必须适合恶行，由恶来解释适当的过程的重要性。二是尊重人的原则。视人类为自由的道德代理人，能为行为负责，并且尊重个人选择的自由，所以处罚是让一个人接受责任、去除罪恶感，对待人重点是要考虑以人为目的，而非一味视其为手段。三是对犯罪者施以报应论以暴制暴，但是对人类施展暴力，本身不就是一项罪恶吗？换言之，只为了处罚犯错的人而处罚，而犯错者就不知如何从中汲取教训。

因此，无论是纯粹的效益论还是义务论，都是不适合的，必须要结合实际情况加以结合和统整。

3. 基于教学责任与教学权利的冲突

前面我们提到，教学不仅仅是一门技术性的职业，更是具有高度道德性的专业，对"技术性教师"的教学义务和教学责任的内容与边界容易规定，但是对"道德性教师"的教学义务和教学责任却难以有明确的界限。教学伦理对教学主体思想和行为的规范应该在什么范围内？这也是造成教学伦理冲突的一种重要的原因。随着我国社会文明和民主程度的不断提高，人们的个体权利意识越来越强，因此，学校这个促成个体素质形成的最主要的场所也成为人们关注的焦点。尤其是随着我国基础教育的普及化和高等教育的大众化的实现，千百年来中国人读书成就人生的愿望逐步实现，人们又对学校提出了更高的要求，孩子要上学，还要上好学，因此，学校面临着教育教学质量提升的新的重任。同时，我国由于长期的人治传统，缺乏基本的权利和义务的意识。上述各种因素致使人们把本来不属于学校的责任和义务也加给了学校和教师，却忽视了学校和教师应该具有的合法、合理的权利。现在的家长、社会都希望学校和教师能够解决孩子成长中的所有问题，无限地扩大了学校和教师的义务与责任，正如教师们所言："学校好像是责任无限公司，责任越来越大，力量越来越小。老师或行政到底要做到什么样的程度，这是一个关键。"显然，这在一定程度上，侵犯了教师的基本权利。这一问题尤其是表现在教师教学伦理的限度方面。

倘若一个教师只抱持着每天准时上下班，把课本的知识教完的态度，认为教育改革、学生能力的提升等一切事不关己，我们会赋予这样的教师较差的评价，甚至认为他缺乏教学伦理，没有为促进及保障学生最好成长而努力。但是这里所出现的问题在于："教师的基本责任是什么？"哪些是教师的"道德责任"？哪些是"超义务"？有些教师认为努力把课本教完，不迟到不早退，即已善尽教师之责，其他超出班级范围之事，不在责任范畴之内。正如究竟下班之后要不要留手机或家里电话给家长，大家看法不一，甚至已超越"对与错"二元判断，成为一个道德两难的议题。

为何教师的责任范围如此难以厘清，其关键在于教学工作的道德色彩。芬斯特马赫（Fenstermacher）曾论及教学实务与其他诸如医学和法律专业不同之处，在于知识的神秘化、社会距离以及努力的相互性。尤其在社会距离方面，与其他专业相比更具有明显差异；教师要尽可能地接近学生，了解他们，甚至从关怀伦理的立场，与之产生真正的关怀关系，方有助于教学的历程。[①]

从上述学者的论述可以看出缩短"社会距离"在理想上是构建成功教学的基础，但在实践上却可能有其困境。就上述"电话"案例而言，在下班后接受家长来电或许可以更深入了解学生，但是难免影响到教师个人的生活作息及家居生活，这对教师而言是否公平？反之，倘若坚持下班后就是自己的时间，完全将学生事务摒除在外，以致学生纵使有急事也求助无门，如此是否又合乎教师的角色呢？类似这种困境，除了与教师责任及服务范围的界定有关外，还糅合了教师的道德角色，正因为教师工作的道德色彩，才促使教师的责任范畴难以精确界定。

按照康德的观点，"帮助他人"是一种"非绝对义务"，因为这个道德义务并不要求我们任何时候都要实践帮助他人的行为，它允许我们有时候可以基于个人利益或喜好，不去从事助人行为。从此观点出发，在教师责任及其服务范围中，就有许多系属这类义务。比如下班后牺牲自己的时间和家长进行沟通；又如教师主动利用课后时间，为孩子进行补课等。我们一般认为违

[①] Fenstermacher, G. D. Some Moral Considerations on Teaching as A Profession [M] //Goodlad, J. I., Soder, R., Sirotnik, K. A. The Moral Dimensions of Teaching, San Francisco: Jossey-Bass, 1990.

反了"绝对义务"是一种"恶",而未实践"非绝对义务"则只是缺乏美德而已。用此观点分析教学伦理领域,我们可以认为,假如一位教师伤害了学生,其行为违背了教学的基本义务,他是违反了教学伦理,行为是不道德的,甚至是违法的。但是假如一位教师周末拒绝了家长关于学生情况的对话,我们很难说这位教师违反了教学伦理的要求。

总而言之,从教学伦理的角度来看教师责任及服务范围的界定,其中涉及绝对义务与非绝对义务,涉及教师的底线型教学伦理与教师的卓越型教学伦理。我们认为,在认识到教学是一项道德的事业外,还要认识到教师也是一个社会中的现实主体,也具有个体的价值和基本的道德自由。底线型教学伦理是教师基本的、必要的义务和责任,但是,卓越型教学伦理是教师的"应该性教学伦理",是对教师提出的期望、理想,并不是教师伦理的"基础性构成要素"。这里的实质就是要区分教师的义务与权利,教学是教师的义务,但是,教师也是儿女,也是父母,也是朋友,也有基本的自我权利,教师也是目的。如果我们一味地要求所有教师成为"万世师表",去"燃烧自己,照亮别人",是不合人道的,如此的教学伦理也可能逐渐失去效用。

其实,教师所经验到的伦理议题,并非皆产生伦理困境,这除了与教师个人的伦理觉察能力有关之外,研究发现,还与导致教师衍生伦理困境的原因十分复杂、诡谲多变有关,因此,除了追溯到教师个人本身之经验与伦理信念之外,需要参照更大的发生环境。我们发现,师生之间伦理关系的重要他人,以及教师工作责任范围的模糊性等,皆是真实存在于教学现场中的关键动因。这也凸显出在分析教学伦理议题或伦理困境时,须从多元脉络情境、多重位格关系以及多维观点着手,进行省察、认知与诠释,方能从中抽丝剥茧、逐层剖析,做出最适切的伦理决定。

(二)主体维度的冲突

1. 教师和家长之间的伦理冲突

(1)教学观念的分歧导致教学伦理冲突

教学观念是人们对教学活动应该具有的特性的一种观点。如教学中教师是主体,还是学生是主体,教学要不要按照最近发展区的理论展开等等。多种原因导致了教师和家长在教学观念上存在着差异和不同意见，当这种不同和差异积累到一定的程度时，二者之间就会产生冲突。

再如，对教学中给予学生的教学内容是否应该符合孩子的兴趣，家长和教师之间就会产生不同意见。我们在访谈中了解到，许多教师对家长给予学生的家庭作业水平提出了疑问。有些家长为了使孩子在学校教育中处于领先和优势位置，给孩子提供了最前沿的学术性学习，而这些孩子由于在家中过多的"符号性互动"，在学校中，他们被教师贴上了精神和情感问题的标签。教师们反映，在家中超量学习的孩子，存在着一定的情感等方面的学习困难，不能从先期的学习中有所收获。但是，我们发现，一些有类似情况的家长，却拒绝面对他们孩子的这些问题，常常拒绝讨论他们孩子的需求，同时忽视他们的行为可能给孩子造成伤害的可能性。他们往往固执地坚持自己的观点，除非有可靠的专业的研究结论给以解释。也就是说，分歧的教学观念可能带来教学伦理冲突。

（2）教学评价的不一致产生教学伦理冲突

"在我的幼儿园班级里有一个孩子，他在许多方面发展滞缓。对他的父母来说，承认这一事实是很困难的。我们尽力与他们，以及一个内科医生讨论这一问题，但是这些讨论没有改变他们的态度。这个孩子应该在半年或者一年后开始学校生活，但是我认为他没有能够成熟到应付这一点。每次我与其父母谈话时都感到我在用演讲式的建议折磨他们，然而，我认为我没有其他的选择。我告诉孩子的父母，为了准备入学，他们的孩子需要职业帮助。他们对我很生气，他们告诉我他们将把自己的孩子转学到其他的幼儿园，与我的合作就这样结束了。我知道我的所作所为是正确的，因为我从专家和同事那里得到了专业帮助。我不得不给孩子做透视图，尽管这会使其父母不高兴。我要诚实地面对其父母。现在，如何对待他们的孩子是他们自己的选择，我能做的仅仅是提供建议，以帮助孩子得到发展。"[1]

这个例子所涉及的教学伦理主要是教学评价的伦理冲突问题，这个教师在这一伦理冲突中持一种道德立场，她坚持了自己的专业指导，并把学生的

---

[1] Kirsi Tirri. Ethical Conflicts in Early Childhood Education [R]. A Paper Presented at the EECERA Conference in Helsinki, Finland, September 1999.

发展现实纳入自己的专业指导中。她知道这一立场将导致与学生父母的冲突，但是她没有其他的选择。她根据作为一个幼儿园教师的教学道德，给予了孩子最好的关怀。她与同事及专家探讨这些困境，听取其他同事的观点。这位教师熟悉她在这些冲突中的行为局限，作为一名职业教育者，她估计了当时的形势并恰当地给学生父母提供一些建议。这个教师具有勇敢的道德优点，通过所拥有的勇气和道德力量去行正确之事。

2. 教师和同事之间的伦理冲突

教师和同事之间的伦理冲突有多种类型和表现。如在教学价值观的不同观点之间的冲突，对惩罚学生方式的分歧发生的冲突，关于学生隐私权的冲突，教学权力和等级方面的冲突，等等。泰瑞（Tirri）的研究认为，早先关于教学伦理困境的研究，这类案例非常普遍。根据早期的研究，与同事之间的冲突是最难解决的一类伦理冲突。通常，它们被搁置而无法解决。[①] 库尔奈鲁德认定了保护学生和对同事的团体规则的忠诚之间的冲突，是教学中最具挑战性的伦理冲突。在她的研究中，对团体忠诚的规则迫使教师不能为保护学生而对抗其同事。

［案例 3-3］

这仿佛是一种无法找到解决方法的冲突。我的同事对学生使用心理压力。她通过询问有关家庭的个人私密问题来使学生感到窘迫。例如，他们父母的吵架。她还控制和敲诈这些孩子。我与她争论这些问题，争论之后，她开始批评我做过的所有事情。例如，她向我的上司投诉我的工作，并向父母传播关于我生活的流言蜚语。我向我的上司报告了关于这件事情的想法，她与我的同事进行一次谈话。我们被监督了三次，但是这一监督没有解决我们之间的冲突。我不得不转入了另一个团队。我的同事继续着她对学生的严酷行为，与其一同工作的其他教师害怕面对她。我们担忧她们将失去自己的工作。大概我应该从整个群体寻求帮助

[①] Kirsi Tirri. Ethical Conflicts in Early Childhood Education [R]. A Paper Presented at the EECERA Conference in Helsinki, Finland, September 1999.

以解决这些问题。这些问题没有能够解决，我仅仅使之凸显出来。①

这一案例，说明了教师与同事之间的教学伦理冲突。冲突双方虽是一个教学团队中的同事，但是，二者在儿童观方面存在着不同的认识。该教师同事对学生采取了一种不当的行为方式，这一不当行为表现在，在众人面前使用伤害性的语言和伤害性的蓄意行为羞辱学生。在这一冲突中，该教师持"儿童中心主义"的观点。她观察到她的同事对儿童实施着严酷的行为，她勇敢地面对她的同事，坦率地对待其同事，说明她具有坦率的道德品质。她使用诚实、亲和力和好学等品质进行教学。然而她的直率没有感动她的同事，她的同事不但拒绝正视自己的错误，并且通过向她的上司和学生的父母传播流言来惩罚她。这个教师发现她所有的努力都是无效的，于是为了远离其同事而转入了另一个团队。然而，这并没有彻底解决她们之间的伦理冲突。这个同事继续她的先前行为，与其一同工作的其他教师没有足够的勇气面对她。

教师与同事之间的冲突有时是教学忠诚与教学良心之间的冲突。如作为一个团队中的同事，要相互信任，团结互助，维护团体的利益和荣誉，相互配合完成教学任务。即是说教师和同事为了教师集体和学校的利益，要对教师集体忠诚，尽力维护同事的教师形象和身份。而当教师面对学生，与学生交往时，要把学生作为有独立人格和尊严的个体，以人道的方式进行教学，以善良的道德品质关心学生、保护学生，以使他们免于各种伤害。从理论上讲，教学忠诚和教学责任或教学善良都是对教师的要求和规范，是同时起作用的。教学实践中，这两个方面如果碰撞，同时对教师提出了要求，它们之间就会产生矛盾和斗争，教师就面临着教学伦理的两难。

3. 教师与团体之间的伦理冲突

教师和团体之间的一些冲突主要体现为，教师为了保护他的学生的权益而不得不与整个教学团体相对立。从类型上来说这些冲突主要包括，对学生的"教育性管理"的冲突，集体"惯习性意志"与教师个体观点之冲突，教学良心与教学忠诚之间的冲突，等等。这一类型的教学伦理冲突主要是基于

---

① Kirsi Tirri. Ethical Conflicts in Early Childhood Education [R]. A Paper Presented at the EECERA Conference in Helsinki，Finland，September 1999.

教师团体的教学哲学与个体教师的教学价值观之间的分歧。

[案例 3-4] 教师和整个团体之间的典型冲突

　　我在一个幼儿园开始了我的新工作。他们告诉我，他们的教育哲学是尽可能地坚持"儿童中心"。不久，我注意到对教育而言这一"儿童中心"的方式是一种低效的方式。大量的父母也发现了相同的问题，许多人开始抱怨这一方式。我的幼儿园同事们称他们的方式为建构主义学习方式，而讽刺我是一个行为主义者。我开始注意观察儿童的吃饭习惯并在午餐桌上要求了某类行为方式。孩子们显得疑惑，因为先前他们是被允许怎么想就怎么做。在幼儿园的这一环境中，我经历的是我的教育哲学与给予孩子完全自由的直接的冲突。我相信，儿童需要学习一些指导和规则，以成为一个公民。我的问题是我到底应该适应他们的自由，还是遵循我自己的教育理念。大量的家长支持我为孩子制定一些规则的观点。现在这一困境被搁置而没有得以解决。跟随不同的教师，孩子具有不同的行为方式。……我认为最主要的问题是谁要为孩子负责？对我而言，答案显而易见是责任心。①

这一案例充分说明了教师个体与教师团体之间的教学伦理冲突，很好地表明了包括教师、儿童和家长等团体中的道德难题。这一道德困境反映的问题是一个幼儿园的精神特质。这里缺乏关于教育意义和目的的对话。教师、父母在"什么对儿童是最好的"这一问题上存在不同的观点。反省时间的匮乏和道德对话的不足导致了关于责任心的困惑和问题，识别出这些伦理困境的教师通过追问应用规则和规范的公平体现出了正义的道德品质。一个正义的教师会公平地，并平等地对待其学生。在一个学生群体中，没有任何规范和规则的教师是不可能正义的，公开地讨论对建立一些组织道德准则是必需的。

---

① Kirsi Tirri. Ethical Conflicts in Early Childhood Education [R]. A Paper Presented at the EECERA Conference in Helsinki，Finland，September 1999.

第三节 教学伦理的冲突

教学伦理的冲突是指教学活动得以展开和进行所必须遵循的伦理原则和规范之间的矛盾和抉择时的两难。教学伦理的冲突在教学活动和过程中是不可避免的，因为教学活动需要遵循的教学伦理原则和规范之间存在着无法回避的排序和选择问题。教学伦理的冲突从不同的视野和标准出发，可以划分为不同的类别。我们主要是从理论层面和实践层面，按照相同价值序列和不同价值序列的标准，对教学伦理的冲突进行了分类研究。我们认为存在着诸如教学权威与教学民主的冲突，教学义务与教学权利的冲突，底线型教学伦理与卓越型教学伦理之间的冲突等。

一、理论视野中的教学伦理冲突

理论视野中的教学伦理冲突是指知识史、知识领域、形而上领域的教学伦理冲突，是教学论中的教学伦理之间的冲突。该角度更多地是从历史的视野、理论的立场对教学伦理进行研究，具有很强的教学哲学的味道。

从教学伦理之间的关系出发，可以把教学伦理之间的冲突分为两类。一是不同伦理序列中的教学伦理之间的冲突，即相互对立的教学伦理之间的冲突。如教学权威与教学民主之间，教学善与教学恶之间。但是，教学实践中这类冲突是非常少的，并且这类冲突比较直观，教学主体无需太多的思考就可以辨明是非善恶而顺利地解决。二是相同伦理序列中的教学伦理冲突。这类冲突表现为"对"与"对"，"善"与"善"之间的冲突，即是善的教学伦理与善的教学伦理之间的冲突，甚至包括"恶"与"恶"之间的冲突。这类冲突被称为相同价值序列中的教学伦理冲突，如教学自由与教学公正，教学宽容与教学公平，教学关怀与教学忠诚之间的冲突，等等。这些教学伦理同属于一个伦理序列中,在一定的情景中,由于需要教师必须从两者或多者中择其一,所以会导致教师在选择中的两难和冲突。

(一)不同类型伦理序列中的教学伦理冲突

教学伦理冲突有时在相同类型伦理序列的伦理原则和规范之间发生,有时是在不同类型伦理序列中发生的。一般来说,不同类型伦理序列中的教学伦理冲突较为明显,人们能够清晰地认识和把握。下面我们将以长期困扰教学论和教学实践的教学权威与教学民主,教学义务与教学自由等为例来说明这一类型的教学伦理冲突。

1. 教学权威与教学民主

[案例 3-5] 教学权威与教学民主①

下午在一个班上课时,一个学生说没有试卷,他一直在下面嚷嚷,因为有学生在问问题,我一直没注意他,结果他很随便地走到讲台前来管我要试卷。上课随便离开座位,我当然是要求他回到自己的座位上。开始时他以为我在开玩笑地跟他说话,并没有当真,直到我开始很严肃地告诉他回到自己位置上时,他才意识到我是真生气了。他也开始变得很冲动,跟我争执起来。很多正在进行期中复习的学生看到这一情景,都开始嚷嚷让他回去。

本来我一直很喜欢这个孩子,他很调皮也很聪明,很多时候我都把他当成弟弟一样看待,私底下感情也还不错。估计他也没想到我会真的生气,所以在我训斥他的时候明显感受到他情绪上的波动,眼圈开始红了。我也很生气,他竟然连我的话都不听了,就这样在课堂上发生了一次严重的师生冲突,也是第一次如此尴尬地面对这样的事情。也许出于老师的本能,我决不允许学生侵犯自己的威严,只是我忘了从一开始这些孩子就很少把我当成老师,总是以姐姐相称的。

一直以来我非常喜欢这个班的孩子,活泼开朗,且很有想法,学习

---

① 资料来源:K12 教育论坛,http://sq.k12.com.cn/discuz/viewthread.php? tid=581857.

也还不错，只是学习态度还不算端正，我私底下跟他们的关系很好。我带的思想品德课本来就是相对比较开放的学科，需要学生有自己的观点，所以上课的时候我允许他们自由发言，但是这样的结果却造成课堂纪律非常令人担忧，而我竟也一直这样纵容着他们。我本是个没什么脾气的人，性格很温和，对学生也是如此，在这近一年的时间里我真正对学生发脾气的次数屈指可数。学生私底下都把我当成姐姐，但是作为老师，我的确是失职的，没有做到对学生严格要求，也没有真正地给自己树立起老师的威信。去年毕业至今不到一年的时间，我觉得自己一直没有学会如何处理类似的突发事件。

这一案例说明了教学权威与教学民主之间的冲突。本案例中，教师平时给学生的印象是民主、随和、自由、亲切。这种原初形象在这堂课中却发生了大转弯，走向了另一面——严肃、权威、纪律。这一转变从学生的反应看是他们没有想到的，是一种突然的爆发。该教师作为新手教师，职业之初，与学生建立的教学伦理类型是教学民主。这可能来自于其教育教学经验，也可能来自于教师教育的培养，也可能来自于家庭的氛围与自己的成长经历，等等。她的这一教学伦理是一种"直觉型教学伦理"，就是由自己的感觉和经验决定、选择的教学伦理，而非经由自己的理性思考和道德思维的选择。因此，当她面对平时与其姐弟相称的这位学生，未经允许就擅自离位，在其警告后，仍不知改正的行为时，她突然意识到自己的教学权威没有形成，学生在挑战她的教学权威。于是就出现了教学民主与教学权威两种教学伦理之间，及教学权威自身的冲突。

对于权威在教学中的角色的争论由来已久。这里主要有两种对立的传统观点，其中一个传统观点主张教育教学能够和应该天然地具有权威性。许多教育家支持这一观点，从柏拉图的《理想国》，到亚当·斯密的《国富论》，赫尔巴特，要素主义流派，及苏联的教育家马卡连柯都持这一观点。根据权威主义的观点，教育教学的价值取向是"社会本位"的，教育的作用在于为了公共利益而培养人，教育的功能是有助于国家的发展。与此立场相反，教育教学发展史中，许多的教育家反对教学中的权威主义，提出了激进的教育方式。这一阵营包括下列理论家和实践者：卢梭、杜威、尼尔、古德曼等，以及进步主义、人本主义、存在主义等教育流派的其他学者。

教师的权威是教育中永恒存在的，时时刻刻都体现在中小学课堂日常世界中。这一观点也被当代教育家诺丁斯和弗莱雷所持有。在教学中，教师权威的形成是一个复杂的伦理实践。现在，世界上大多数的学校教学，相当普遍地存在着教师是教学中的权威的事实。显然，要解决此问题并实现教学民主，还有很远的路要走。

依照福柯的观点，权威本身在实践中不是一定的善或者恶，如善的实践就鼓励和践行，恶的实践就放弃。福柯更关心的是实践是如何使用权威的。福柯断言，权力的循环强于其占有！这一观点启发我们，要把教学权威分析的重点从谁掌握权力转移到教学的运行机制。格尔注意到先前对权威的教学实践的分析集中于权威由个体或群体中的个体持有的方式，因此他提出了一个重要的问题：什么样的特殊实践实现了教育中的权威关系？也就是说，我们要关注的不应该是权威存在于哪些教学主体手中，而是要透析权威是如何运行的，及其产生的问题。实践中，教师权威面临的道德困境表现为，教师面临着如何实施和表现其权威来实现道德目的的问题，即教师应该如何使用他们的权威，既支持了学生的学习，又没有向学生们表达过分的要求而影响了学生们的个体自由。①

教学权威主要是教师在教学中的权威，可以借鉴丹尼斯·朗在其《权力论》中对权威的划分，来理解和构建教师的教学权威。

丹尼斯·朗认为，权威主要的类型有强制性权威、诱导性权威、合法性权威、合格性权威和个人权威五种。

强制性权威主要是依靠武力使权威对象服从而取得的权力关系。武力是权威的象征和权威存在的保证。基于强制的权力预先假定并建立了掌权者和权力对象之间的利益冲突，接下来权力对象的敌意与对抗，要求掌权者随着时间转移而不断提高警惕，不断增加强制手段的投资。由于这些原因，博尔丁认为，"单边威胁系统，或威胁和屈从系统，在一段时间可能非常成功，但

---

① Cary Buzzelli, Bill Johnston. Authority, Power, and Morality in Classroom Discourse [J]. Teaching and Teacher Education, 2001 (17): 873—884.

几乎不可避免地会退化为双边威胁系统，或威慑"①。诱导性权威是主要依靠给予奖励，包括物质奖励和精神奖励，而非靠予以剥夺或威胁使权威对象服从的权威。

诱导性权威介于强制性权威和合法性权威之间，即处于最可能到最不可能引起权力对象敌意和反抗的范围之内。② 但是，占有卓越的知识和技能，地位高，受他人爱戴，都可能成为行使权力的基础。然而，处境优越的一方将非物质好处给予另一方，不必像给予经济财物一样耗竭好处的供应。在这样的范围内，基于给予非物质奖励的权威，在要求少耗费掌权者资源、少花费力量为保持权力关系而补充资源方面，比仅仅给予物质奖励更有效率。然而，边际效应递减原则无疑适用于某些精神奖励：经常满足爱情，就容易减弱被爱者对爱者施展的迷人魅力。③ 诱导性权威对教学伦理启发较大。虽然给予精神性的奖励比较物质奖励来说方便和节省，但是精神性的奖励符合边际效应递减的规律。如给予学生的好的、奖励性的评价过多，这些奖励的作用就会逐渐地降低，从而失效。

合法性权威主要是基于某种制度规定的规范而形成的权力关系。合法性权威以共同规范为先决条件，而不管内容。同时，塑造合法性权威关系的共同规范并不只为关系双方所专有，它们往往属于上位集体所有，这些上位集体是权威关系产生和维持的基础性背景。比如，家长对小孩或老师对小学生的权威，更多的是建基于他们所属的各种上位规范。从权威效率上看，合法性权威比强制性权威或诱导性权威更有效率，因为合法性权威把其对权威对象的强制方式以显性的规章制度等形式表现，在制度性上被权威对象所认同并自愿遵从。"正因为如此，赤裸裸的（即强制性的）权力总是谋求以合法

---

① Kenneth Boulding. Toward a Pure Theory of Threat Systems [M] //Roderick Bell, David V. Edwards, Robert Harrison Wagner. Political Power: A Reader in Theory and Research, New York: The Free Press, 1969: 288.

② Amitai Etzioni. The Active Society [M]. New York: The Free Press, 1968: 361—364.

③ [美] 丹尼斯·朗著，陆震纶、郑明哲译：《权力论》，中国社会科学出版社 2001 年版，第 55 页。

性为外衣。"①

而合格性权威是权威对象基于对知识和技能的信任而形成的权威。苏格拉底就已经认识到，医生和病人的关系以及舵手或领航员对船只航行的责任就是合格性权威的形式。②例如律师，在案件的解释中处于权威地位，原因在于其是此类事件的专门知识的拥有者，他人相信其对此事件的诠释。"事实上，人们可以把'她知道得最多'来要求孩子听话的母亲视为诉诸理智和共识的合格权威模型，以区别于断言'你要听我的，因为我是你的妈'的母亲，这是诉诸专制主义、传统主义的合法性。"③尽管合格性权威在综合性和强度方面具有明显的特殊性，但当其担任职业角色时却容易转变为合法性权威。

最后一类是个人权威。所谓个人权威是基于权威者个体的性格和能力而形成的。个人权威一般比其他权威更具有综合性和深刻性，同时，也必然具有不稳定性和断裂性。一旦权威个人出现某些"不良"表现或消失，这一权威就随之不复存在。

显然，丹尼斯·朗对这五种权威类型的划分具有一定的合理性，给我们对教学权威的研究以启发。但是，某些权威之间是相互包含的，它们的边界难以确定。如合格性权威与诱导性权威之间，严格来看，合格性权威是诱导性权威的一类，因为它也是基于权威对象获得某种对其有价值的东西，只不过这种东西不是物质的，而是精神的而已。

本书所探讨的教学权威并不仅仅指教学过程中的教师权威，在一定意义上还指教学过程中具有优势地位的知识、认识、观念等方面。如教学内容方面，有些内容是学生和教师所不能质疑的，因此，这些内容也可以称其为教学权威。但是，本研究中的教学权威主要是以教师权威为例。

教师权威是社会建构的结果。教师之所以在教学中具有权威地位，具有多种因素，是教学发展过程中历史和社会的选择。教师权威由一系列的概念

---

① ［美］丹尼斯·朗著，陆震纶、郑明哲译：《权力论》，中国社会科学出版社 2001 年版，第 59 页。
② ［美］丹尼斯·朗著，陆震纶、郑明哲译：《权力论》，中国社会科学出版社 2001 年版，第 60 页。
③ ［美］丹尼斯·朗著，陆震纶、郑明哲译：《权力论》，中国社会科学出版社 2001 年版，第 66 页。

和范畴构成。如包括"教师主导",教师何以成为教学的主导呢?首先是因为教师"学高""德高"。其次是由教学本身的内在特性决定,教学是一个成人与儿童,与"未成年人""有待塑造的人"的互动活动,这一活动要按照正常的教学顺序和目标得以完成,就必须有教师来组织和筹划,以有目的地促进学生的发展和成长。再次,是制度性的规定。制度的规定来源于两个方面:一是思想政治统治的需要,在现代学校教育中,教师最重要的教学角色是"国家法律、政策和意识形态的代言人",由此,教学具有规训和思想控制的一方面;二是长期以来教学中的"惯习"和经验使人们认识到教师必然和必须是教学中的权威。

2. 教学义务与教学自由

[案例3-6]"我们都会了,要你干什么"①

李老师是光明中学初二物理教师,带两个平行班级的物理课。李老师51岁,原本在某高中教学,后来,因为工作调整,来到光明中学。李老师为人诚实、待人宽容,人品方面,也是有口皆碑的。但是,李老师学历不高,在进修和自我学习方面不甚积极,同时,李老师喜欢喝酒,并且经常酒后上课,因此,对于课程内容,许多的公式、定理等,李老师都讲不透,讲不深,在教学上更多的是要求学生做题,使用"题海战术"。如此,学生对许多的学科知识的内容不是很明白,许多的题目不会做。但是迫于各种压力和规范,学生有意见也没法提。一天下午,又是物理课,李老师中午和朋友喝完酒后,匆匆地赶到教室上课,由于匆忙,李老师没有认真备课。新课讲授完后,李老师在黑板上出了几道题目,要求学生上去做。李老师问了好几个同学,但是,学生都说不会做。这时,李老师说:"张霞(化名)你上来做。"张霞说:"我不会。"李老师问:"你为什么不会?"张霞说:"我们都会了,要你干什么?"李老师愣了,一时竟不知道怎么回答。回过神来后,李老师气愤地说:"你给我站着,不要坐下。"下课后,李老师打通了张霞母亲的电话……

---

① 资料出自某学校访谈记录。

这个案例说明了教师的教学义务与教学自由之间的冲突。上述情形是许多的中小学教师在教学过程中遇到的,虽然形式不完全相同。案例直接说明了学生受教育权与教师教导知识之间的冲突,这涉及了教师要很好地教导知识这一教学要求,而从教学伦理的角度看,说明了教师的教学自由与教学义务之间的冲突。教师负有传递知识、教导知识与发展学生潜能的教学义务与责任,必须根据教学的实践要求,持续不断地充实专业知识,以提升教学质量。倘若教师未具充分之学科知识,对所教学科课程资源所知不多,又不肯花时间去追求新知,其在教学过程中,将无法提供清晰的知识框架和脉络,学生获得的学习内容不正确甚至模糊,对其受教质量,不啻是一大伤害。因此,我们认为教学自由应该具备下列特征。

第一,教学自由具有有限性。

现实的自由是有条件的自由。洛克认为一个人如果有一种能力,可以按照自己心里的选择和指导来思想和不思想,来运动或不运动,那么,这就是自由了。洛克这种理解是古老的、朴素的、常识性的,直到今天仍不失其经典的意义。在个人那里,自由就等于自主,就等于在各种欲望对象、各种可能性之间进行选择。然而人是处在社会中的,倘若他由于某些外界原因不能自主,受到了束缚,则他就不自由了。离开思想、离开意欲、离开意志,就无所谓自由,而有了思想、有了意欲、有了意志,亦不一定享有自由,是否享有自由这要看社会条件,这就是社会政治的自由观念的含义。① 管理学家库柏也认为:"自由意味着,如果没有非常公正的理由,不应该去干涉别人的任何理性的选择过程或者强加给别人一些可能会妨碍他进行自己的选择活动的条件。"② 因此,自由包含两个层面。一是思想和意志自由,自己也任意选择所思所想,并且不受外在规范制度的约束。二是行为的自由。人有了所思所想是否就一定可以在现实中行动呢?从经验上讲,答案是否定的。如上课时间,一个学生想到教室外面去玩,显然,这是不允许的。而下课后,学生玩的自由就可以实现了。在这里,学生玩的这一行为是受到限制的,受时空的

---

① 何怀宏:《伦理学是什么》,北京大学出版社2002年版,第186页。
② [美]肯尼斯·A. 斯特赖克、乔纳斯·F. 索尔蒂斯著,洪成文等译:《教学伦理》,教育科学出版社2007年版,第13页。

制约。约翰·斯图亚特·密尔在《论自由》中曾论述到儿童自由的限度,他认为儿童在社会中的自由及在教学中的自由是有限度的,儿童需要避免受自身不当行为结果的伤害。因为儿童在估计自身行为的后果和重要性方面的能力不如成人,所以他们应避免受到自身行为产生的有害的和难以预见结果的伤害。① 密尔又指出未成年人往往没有能力通过自由平等的讨论而获益,即他们得不到自由的益处。因此,倘若对未成年人自由的干预对他们更有益,就可以适当实施。② 总之,自由,尤其是现实中的自由,是有限的自由,是有条件的自由。

当然,对自由的"条件"和"限制"也有一定的要求,即必须具有可能性、正当性,甚至是合法性。上例中,下课后,如果教师要求学生做完作业才能出去玩,这时,"做完作业"就成为玩的必要条件和限制。但是,这一条件和限制从教学制度和规范上来说,是没有正当性的,侵犯了学生的课间休息权,没有尊重学生的合理性的独立选择。教师的这一权威要求就与教学自由发生了冲突。

第二,教学自由以教学责任为基础。

真正的教学自由建基于教学责任。教学中,教师对于学生某种思想和行为,常常进行说服工作。但是,学生或者我们中的很多人会认为这些说服是对学生自由的侵犯,是一种强迫灌输教师的价值观的行为。当把说服视为一种强迫时,这从根本上来讲是因为没有理解自由之最根本的道德基础。我们是不自由的,那是因为我们没有客观的责任。我们是自由的,因为我们是能为自己做出决定的道德主体。③ 自由是建立在一定的责任基础上的,你只有履行着或履行了你应该承担的责任或义务,才能真正地享有自由,否则自由不可能实现,即便实现,也是不正当的。如教学中讨论自私自利这一主题时,有学生坚持认为自私自利是好的。这时,教师应该要加以解释和引导,给以

---

① [美]肯尼斯·A. 斯特赖克、乔纳斯·F. 索尔蒂斯著,洪成文等译:《教学伦理》,教育科学出版社 2007 年版,第 49 页。
② [美]肯尼斯·A. 斯特赖克、乔纳斯·F. 索尔蒂斯著,洪成文等译:《教学伦理》,教育科学出版社 2007 年版,第 49 页。
③ [美]肯尼斯·A. 斯特赖克、乔纳斯·F. 索尔蒂斯著,洪成文等译:《教学伦理》,教育科学出版社 2007 年版,第 120 页。

正确的说服。学生可能认为持这种观点是自己的事情，是他的自由。但是学生忘记了自己是社会中的一员，对他人和社会负有一定的责任和义务，如果只是自私自利，那么社会将无法运行和存在。

这里关联到康德的道德自由观。在康德看来，人作为感性存在者，有感官欲望，是自然界的一部分，摆脱不了自然界的控制，因而是不自由的。但是作为理性存在者，可以完全独立于一切感性条件之外，因而有绝对的意志自由。自由乃是一切有理性的存在者的属性，是人的本质。只有承认意志自由，道德才是有意义的——道德就是自由的表现。如果一个人的行动完全受必然性支配，没有自由，他怎么能表现道德、负起道德责任呢？[1] 这里康德的"自由"是一种遵守人类普遍原则道德的意志自由，这种意志，是"善意志"，是善的最根本的源泉，这一自由具有先验的善特征，从而具有绝对性，它不同于现实中的自由概念。

因此，对于教师的教学自由而言，也有一定的限制，也要以教学责任为基础。尤其是教师在教导学生的时候，要坚持基本的教学伦理原则，如不伤害原则、教学公平原则、教学关怀原则等，毕竟教师面对的教学对象是未发育成熟的青少年，"未到法定成年人的儿童或少年，他们仍处于尚需人们保护的阶段，必须避免他们受到自身不当行为的伤害，受到外界的伤害"。[2] 近些年来，教学制度和政策中增加了对教师教学自由的规定，使得教师的教学自主权逐渐地增加，这一变化的直接结果是，加深了教师的最佳判断和工作需要之间的紧张度。尤其是随着全球化的进一步深化，价值观的多元化在我国已经影响到各个行业和角落，许多教师在教学自由增大的情况下，却走向了另一个极端：放弃价值观的导向和引领。同时，许多教师也开始宣扬自己的价值观。但是，"教师不能把学校用作宣扬个人价值观的平台。他们可能拥有与学生家长相悖的强烈个人观点，但是学校不是一个宣讲个人价值观的地方……教师被他的学生当作权威，教师的个人观点具有力量，因此，教师应

---

[1] 宋希仁主编：《西方伦理思想史》，中国人民大学出版社 2004 年版，第 336 页。
[2] John Stuart Mill. On Liberty [M]. Indianailis：Bobbs-Merrill，1956：13.

该承担伦理义务,不能使用教学推介与群体价值观背道而驰的个人意图或信仰"。①

(二)相同类型伦理序列中的优先性冲突

在人类的各种活动中,人们面对的大量伦理困境,不是集中于"正确"对"错误",还包括"正确"对"正确",甚至还包括"错误"对"错误"。"对"与"对"的两难情境,既复杂又令人困惑,有人形容它犹如一团已缠乱的钓鱼线,想要解开它是那么的困难。但是对于这个严肃而重要的问题,我们却又不得不面对和重视,因为这样的冲突无法逃避,又给教学带来了挑战。②

那么,我们如何从"善"与"善"之中择其一呢?伦理困境恰恰是要人们在是与是之间、善与善之间、两个有价值的东西之间进行一种非此即彼的选择。当伦理准则发生冲突时,采取回避、模棱两可或主观随意的态度,显然是不可取的。要解决各伦理规则之间的冲突,唯一的办法,就是将伦理规则排列成一定的等级次序,在权衡伦理行为的价值大小的前提下,采取以次从主、以小顺大、顾全大局的方式去做出选择,即所谓的"两利相权,取其大者,两害相权,取其轻者"。

相同类型序列中优先性教学伦理的冲突,是一种选择中的优先性,实质是一种竞争性冲突,也是现代教学中数量最多的一种冲突。典型的表达就是"鱼和熊掌不能兼得",如教学中要求学生轻松快乐与高标准严要求之间,关注全体学生与因材施教之间,等等。表3-2就说明了几类教学伦理规范之间的互相冲突。

---

① Wiley. L. S, Comprehensive Character-building Classroom: A Handbook for Teachers [M]. DeBary, FL: Longwood Communications,1998:22.
② 简光灿:《国民小学校长面对伦理两难情境决定历程之研究》,台湾暨南国际大学学位论文,2009年。

表 3-2　几种类型伦理规范之间的冲突

	不伤害	正直	自主	公平	诚实
不伤害	√	√	√		√
正直	√		√		√
自主			√		
公平				√	
诚实	√	√			

1. 教学忠诚与教学关怀

教学活动中，教师们会经常遇到这样类型的问题：在什么情形下，一个教师"应该不要"告知家长有关孩子在校的真实情况？在什么情况下教师应该保护孩子违抗家长的隐私？因此，究竟教师要选择诚实通知家长，或考虑以关怀信任的态度相信学生知过能改，这些决定历程对教师而言是一个道德抉择的考验，因为这涉及教师是否能秉持"忠诚原则"来对待家长，是否坚持对学生的"关怀原则"。这一冲突的实质就是教学忠诚与教学关怀之间的冲突。

20 世纪 80 年代初，美国心理学家卡罗尔·吉利根（Carol Gilligan）基于女性主义视角提出了关怀伦理思想，诺丁斯（Noddings）在其基础上进行了哲学的阐释，形成了关怀伦理学。关怀伦理很快进入教育教学领域来分析和解释教育教学的现象和行为。诺丁斯以女性的角度对传统伦理学提出不同的看法，她认为若"关怀"是一种有价值的道德取向，是一项"关注爱的工作"[1]，无论男性或女性都应致力于此。关怀被用来描述一种关怀者与被关怀者间的关系。她认为，关怀不仅是一种美德品质，更是主体间的一种关系。"我着重强调关心是一种关系，而我们往往倾向于认为，关心是一种美德，一种个人品质。"[2] 同时，主体间的这种关系是被双方所感知的。正如诺丁斯所言："不管一个人声称他多么乐于关心，重要的是看他是否创造了一种能够被

---

[1] Noddings，N. Caring：A Feminist Perspective [M]//Sockett，H. The Moral Base for Teacher Professionalism，New York：Teachers College Press，2003.

[2] ［美］内尔·诺丁斯著，于天龙译：《学会关心——教育的另一种模式》，教育科学出版社 2003 年版，第 26 页。

感知到的关心关系。"① 例如，教师在教学过程中，不但要时时刻刻关注学生、想着学生，更重要的是使学生感受到、感觉到你对他们的关心，只有形成一种情感的、心理的互动，才能真正地形成关心，即发生关系。诺丁斯认为关怀还是一种能力："虽然我将经常用'关心'一词来说明关系，但是关心也可以代表某些能力。"② 诺丁斯认为关怀者不仅在关怀的态度上寻求成长，并致力于在其从事的特定工作中增加能力。一个人若同情他人的需求而不知如何去做才能切合他的需要，便无法提供适切的关怀。所以，真正关怀学生者，会去请教他人并改善缺失，增加自己的教学能力。

运用关怀伦理来审视教学，我们认为它可以避免或纠正学校中的诸多师生关系不当或各种伤害。如一个学生没有按时完成作业，教师应该要关心该学生未完成作业的原因何在，困难所在，思考与权衡采取什么方法对其发展伤害最小，而不是一味地按照规则进行惩罚。诺丁斯认为教师要信任学生，坚信学生能够自主地完成作业，并能在教师的关怀中改过迁善，获得进步和发展。她认为，教师应该经常问："什么对学生最有利？""做一件对某位学生有利的事情，是否会伤害其他学生？""我的决定是否会对我们所依靠的关系造成影响？"我们可以在每一情境中，关怀每一学生，而非丧失自身的道德感，只是一味顺从官僚阶层的无意义规定。③

教学忠诚与教学关怀之间冲突的例子还有一类，是关于教师在处理与其同事相关的事件时所面对的冲突。比如，当教师面对他认为明显存在问题或者错误，或者不恰当，而他被要求必须采取行动或被要求做出决定；或者教师看到其他人采取这样的行动或执行这样的决定时，以他的观点，这项行动或决定的结果的价值观、原则或者行动规则等存在明确缺陷。在这一情景下，

---

① ［美］内尔·诺丁斯著，于天龙译：《学会关心——教育的另一种模式》，教育科学出版社2003年版，第26页。

② ［美］内尔·诺丁斯著，于天龙译：《学会关心——教育的另一种模式》，教育科学出版社2003年版，第26页。

③ Noddings, N. Caring: A Feminist Perspective [M]//Sockett, H. The Moral Base for Teacher Professionalism, New York: Teachers College Press, 2003.

教师可能感到个人性或职业性的不安。① 这就涉及保护学生与对同事忠诚的教学伦理规范。一个同事以一种伤害的方式对待学生，教师往往是目击者，或从其他人那里获得信息。这样的同事被描述为冷酷、苛刻、讥讽、不公正、攻击性或使人出丑等。虽然教师认为同事采取的行为对学生具有伤害性，他们对学生心存关怀，但是直面同事是很困难的。坎普贝尔的研究也发现了这一现象，她把这一现象描述为大学组织的暴政，即强迫教师更多地关注其他教师，而较少关注学生的需要。教师群体内的相互批评是一种禁忌，当然也并非全部如此，在一些访谈和调查中出现了矛盾，如由于有些教师因太自负或温和而受到批评，同时他们对学生表现了仁慈和体贴。其他的例子指向了同样的问题，例如，同事谴责大部分奉献型教师过于仁慈。这揭示了自相矛盾的论点——虽然教师因迫害学生受到批评不被接受，但是对仁慈的教师发表反对的评论却可以接受。

2. 教学义务与教学责任

[案例3-7]"不是果敢，是残忍"

一个青年教师在进行公开课《伊犁草原漫记》教学时，课文第二段第三层写秋天猎人猎熊的果敢，但一名学生没有按要求归纳猎人果敢的特点，而是说猎人残忍，同时指出猎人的行为是违法行为。原本课文中这一段是歌颂猎人的，学生却痛斥猎人的猎熊行为，这是教师所始料不及的。可喜的是，这位教师并不因为学生当着听课教师的面提出不同的观点而气恼或逃避，而是因势利导，让学生充分讨论，发表自己意见。最后全班学生从保护野生动物的角度出发，推翻了课文的观点。

这一案例从一个角度说明了，语文教学中教师不断地鼓励学生进行发散性思维，对问题提出创设性的回答。但是，这一例子中的课文所描绘的图景发生在几十年前，说明的甚至是百年前的事情，那时打猎是合法的，是一种

---

① Neil Cranston. Ethecal Dilemmas for School Leaders：What Are They? What Challenges Do They Raise? How Can They Be "Managed"? [R]. PDN Leadership Conference，August 2011.

行业，或者是一部分人的生活方式。如果说猎人是残忍的，那么人类所吃的、所用的自然的东西，是不是都体现了人的残忍呢？这说明这位教师没有深入地分析课文，没有明确的价值观立场，只是"跟风"某些教学理论的观点，"跟随"了学生，没有进行教学的引导，在一定意义上可以说完全放弃了自己作为教师的教学义务和责任，有违教学伦理的要求。

　　义务的内涵是不断变迁的。义务是一个人应该且必须履行的一种责任，义务不与职位、职务相关，它主要体现为一种道德性、应然性。义务是由人们先在的行为的规则或原则而定，而不是评价他们行动的结果。义务依据不同的层次，可以分为多种类别。孔子"己所不欲，勿施于人"的忠恕之道是对底线伦理的基本义务的一个较抽象的原则性概括："你不想别人对你做的事情，你也不要对别人做。"或者用一个正面的说法："你想要别人怎样待你，你也要怎样待别人"，即所谓"金规"。这一正面说法也可用中国传统的语汇说，即"人其人"，也就是"以合乎人性或人道的方式对待人"。这意味着要平等地尊重和对待所有人、所有生命。它的要义是不允许任意强制，不允许违背他人意愿对他们做某些事情，不允许自己或某一部分人可以例外地对他人进行强制。我们可以把上述从不同方面表述的行为原则视作是基本的道德义务原则。①

　　义务从来源划分，主要有自然义务和社会义务。自然义务是由我们作为一个自然人的性质而产生的，它不受基本制度的影响，是我们在任何社会里都应该履行的。社会义务也就是较专门的、较狭义的由一种社会制度所规定的义务。我们也可以把这类义务称为狭义的"责任"（obligations），因为它常和制度所给予个人的职务、地位有关。一般来说，道德义务更多的是告诉我们不去做什么，它并不意味着我们做事依据而行，而是强调我们做事不能越界。也就是说，我们做一件事的方式、达到一个目的的手段总不能全无限制，我们总得有所不为而不能为所欲为。②

　　教师要以自然义务克服教学中的一些有违伦理原则的要求。当前，教学中存在着下列现象：教学研究者随意夸大某种教学理念或方法的价值和作用，

---

① 何怀宏：《伦理学是什么》，北京大学出版社2002年版，第113—114页。
② 何怀宏：《伦理学是什么》，北京大学出版社2002年版，第120页。

导致教学实践中，一线教师毫无限制地加以使用。诸如研究性学习、合作学习，这些教学方式方法是否适合学生的发展，是否能给学生带来最大的发展，是需要认真思考和验证的，而不能仅仅"照搬照抄"。这时，就需要教师的自然义务对这种现象加以克服。教师从人的立场出发，全面考虑学生发展的需要和可能，在理性分析的基础上，采取合理性的教学方式方法，或者通过自己的努力来改进和弥补这些方法本身所存在的问题，从而很好地克服和解决教师的"制度身份伦理"与教师个体的"自然身份伦理"之间存在的冲突。

下面，我们将分析教师的教学责任问题。责任可以划分为两类，即客观责任和主观责任。客观责任包括对他人的职责以及特定标准或特定履行范围所要求的义务。客观责任之所以是客观的，因为产生职责和义务的原因存在于你自身之外的世界。客观责任并不是你自己考虑该如何做而做出的一系列决定的产物，而是源于他人处于你这样的角色或职位考虑该如何做而做出的决定。你一旦接受了一定的角色或职位就等于接受了这些期望和约束。客观责任为所有接受一定角色或职位的人提出了总的义务，但并没有考虑个体的需要、缺陷、喜好或对现任者的特殊偏好。正是通过这些外在的总的义务，一定组织成员的角色形成并被赋予了特定的角色内容，而且这些角色随时间、在职者、环境的变化得以维持。正是通过等级制度的安排，职责才得以维持。那么，教学活动中教师的客观责任的来源是什么呢？我们认为是教师的职业角色，是教师群体的职业准则等。与责任密切相关的概念是"渎职"，即"当你实际上有权力也有义务做出决策时，却没有履行这一职责"[1]，教师既要完成上级给予的任务，又要努力促进学生的发展，为学生发展负责。所以，教师的客观责任包含对上和对下两个方面。角色的稳定性和持续性就根植于客观责任的这两个方面。[2]

主观责任来源于个体的情感和信仰的责任。客观责任源于制度、规范和岗位对工作人员的角色期待，但主观责任却根植于我们自己对忠诚、良知、

---

[1] ［美］特里·L.库珀著，张秀琴译：《行政伦理学：实现行政责任的途径》（第四版），中国人民大学出版社2001年版，第73—74页。

[2] ［美］特里·L.库珀著，张秀琴译：《行政伦理学：实现行政责任的途径》（第四版），中国人民大学出版社2001年版，第70页。

认同的信仰。管理学家库珀认为，我们的责任情感信仰是在社会化过程中实现的，它们是价值观、态度和信念的表现，而这些价值观、态度和信念是我们从家庭、公立学校、朋友和组织活动中获得的。[①] 价值观是主观责任中的核心，是关于我们想要的某种最终的生存状态的信念。价值观由几种成分构成：认知过程（建立在实践经验基础上）、情感过程（由感情引起的）和行为过程（行为方面的）。这三者都影响着我们的生活方式。价值观不仅仅产生于我们的认识和环境之间的相互作用过程中，而且，反过来，价值观也在我们与环境的相互作用中塑造了我们的认识能力。价值观还引发了我们对于认识到的事物产生积极的或消极的情感反应，这些反应都与信仰相关。这种对于自然和社会的认识和情感反应造成了秉性的产生，正是我们内心的秉性使我们以某种特定的方式行为。[②] 正如切斯特·巴纳德（Barard）所言，主观责任被组织成各种各样的"情意丛"（constellations），他将这种情意丛描述为控制个人行为的私密的、不成文的"法"。[③] 另外，主观责任是一种内在的具有动力特征的人类精神，它有利于保持人们的整体感、自尊心和认同感，也有利于自己客观责任的履行。

客观责任给角色提供结构、稳定性、墨守成规和连续性，主观责任引导我们具体地、有个性地、独特地进行行动。[④] 客观责任和主观责任共同构成了人们内心的一种伦理准则，当人们的行为超出了伦理准则的范围时，就被贴上不负责任的标签。

因此，我们可以把教师的教学责任划分为客观教学责任和主观教学责任，客观教学责任来源于教师的先赋角色和专业职位，是外在性规范和制度的产物；而主观教学责任根源于教师的内在情感和信仰，是具有原动力性质的自

[①] ［美］特里·L. 库珀著，张秀琴译：《行政伦理学：实现行政责任的途径》（第四版），中国人民大学出版社2001年版，第79页。

[②] ［美］特里·L. 库珀著，张秀琴译：《行政伦理学：实现行政责任的途径》（第四版），中国人民大学出版社2001年版，第80页。

[③] ［美］特里·L. 库珀著，张秀琴译：《行政伦理学：实现行政责任的途径》（第四版），中国人民大学出版社2001年版，第81页。

[④] ［美］特里·L. 库珀著，张秀琴译：《行政伦理学：实现行政责任的途径》（第四版），中国人民大学出版社2001年版，第82页。

觉性的教学伦理。教师在教学过程中履行主观责任是其专业伦理的反映，该专业伦理是通过个人的实践经历和反思而逐步内化的。教师以特定的方式行动，不是由于上级或教师专业准则的要求，而是信仰、价值观和被理解成秉性特征的这样一些内部力量驱使教师们以特定的方式行为。

二、教学实践中教学伦理之间的冲突

上面我们已经提到几种教学伦理的分类方式，下面我们将按照教学伦理对于教师的要求和规范的程度进行研究。首先，我们把教学伦理划分为底线型教学伦理和卓越型教学伦理，再把底线型教学伦理划分为义务型教学伦理和功利型教学伦理，把德性教学伦理视为卓越型教学伦理。而德性教学伦理、义务型教学伦理和功利型教学伦理又各自分列了具体的教学伦理。各教学伦理之间的关系如图 3-1。

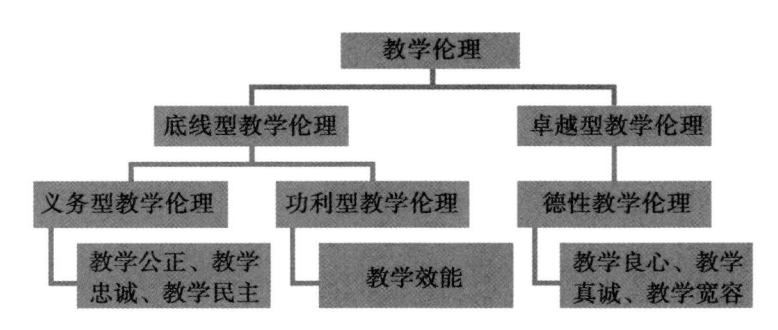

图 3-1　教学伦理分类结构图

何为"底线伦理"[①]？何怀宏教授认为所谓底线伦理是指一种与目的论或

[①] "底线伦理"在我国的明确提出者是我国著名伦理学家何怀宏教授，他在其著作《底线伦理》《良心论》等，在《读书》杂志、《北京青年报》《南方周末》等报纸，以及《底线伦理的概念、含义与方法》(《道德与文明》2010 年第 1 期)等文章中对"底线伦理"进行了详尽的阐述。在西方，较早提出"底线伦理"思想的是德国哲学家阿多诺，他在 1951 年出版的《最低限度的道德》一书中反思了纳粹的倒行逆施，批判了当时欧洲的道德状况，提出了人要要遵守的一些基本性、绝对性的义务。上世纪末，孔汉思等人又提出了"全球伦理"的思想。"底线伦理""全球伦理""普世伦理"等概念既有区别，又有联系，学者是在不同的背景和理论基础上使用的。

后果论形成对照的义务论（deontological theory），虽然它是一种比较温和的义务论。它主张行为或行为准则的"正当性"（right）并不依赖于行为的目的或结果的"好"（good），而是以行为或行为准则的性质为主要根据。这并不意味着道德评价和选择不要考虑行为的后果，而是说正当与否的最终根据不在行为后果而在行为或行为准则本身。①

（一）区分底线型教学伦理与卓越型教学伦理的必要性和可能性

所谓底线型教学伦理是指，教学伦理主体都"必须"遵守的，由客观的规范、义务、制度、角色等规定的教学专业伦理要求。从教学作为教育职业的一部分来看，它是一种教学职业伦理，是一种客观性的，外在压力、驱力性的道德要求。从一般意义上看，底线型教学伦理是一种基本的教学道德规范要求。

底线型教学伦理具有下列特征：第一，普遍性和平等性。教学伦理有多种类型，但是，有些是对所有教师必须性和基础性的要求，是普遍存在的和普遍有效的，不允许有例外。平等性即底线型教学伦理对每一位教师的价值规范和行为要求都是相同的，人人皆平等，并不能因为教师的年龄、教龄、性别、职位等差异而有不同的要求，不能有"逃票乘客"，也不能有"双重标准"。第二，最低限度性。道德底线只是人类行为的基础性的东西，但却具有经验和逻辑的优先性。"并且，这一基础应当是可以为有各种合理生活计划的人普遍共享的，而不宜从一种特殊式样的房子来规定一切，不宜从一种特殊的价值和生活体系引申出所有人的道德规范。"② 底线型教学伦理是教学活动的道德逻辑起点，是教学活动直接的道德保障，可以说，没有了或者违反了底线型教学伦理，教学就不能称其为教学了。如"不伤害原则"，假如教学活动中，主观上对学生造成了某种本不该有的伤害，这时，这种活动就不能称其为教学。底线型教学伦理是其他教学伦理，尤其是卓越型教学伦理得以存在和发挥作用的根基，没有了底线型教学伦理，卓越型教学伦理所成就的人可能是异化的人、虚假的人，教学活动可能成为不道德的行为。如教学宽容

---

① 何怀宏：《底线伦理的概念、含义与方法》，《道德与文明》2010年第1期。
② 何怀宏：《底线伦理》，辽宁人民出版社1998年版，第1页。

原则，一个学生在课堂上违反了课堂纪律，已经妨碍影响到其他同学的学习，这时，教师制止他。然而，学生发现老师没有对其发火，于是更加嚣张地妨碍其他同学，如果教师姑息其继续打扰其他学生，一方面是体现了教师的宽容，对学生犯错给予改正的机会，但是从另一角度看，一个学生的行为影响到了其他几十个孩子的发展，显然，教师的做法对其他的孩子来说是不公平的，这也违背了教学公平这一底线型教学伦理。教师的这一教学活动，或者是为了照顾一个学生的情绪和发展，但损害了其他大多数学生的发展，从一定意义上说是不道德的。第三，演进性。底线型教学伦理是随社会和时代的发展而不断演进的。如公正原则，在古代并不是教学的底线伦理，而到了现代契约型社会，人逐渐成为独立的个体，个体的尊严、价值、独立性越来越受到重视，在这种自由、民主的社会氛围下，公正逐渐成为社会的根本性道德要求。教育教学是培养人的活动，显然，这一活动要随着社会发展，随着社会对人的要求的发展，随着文化的发展而不断演进，于是，教学公正必然地成为教学的底线伦理。

所谓卓越型教学伦理是指，教学伦理主体"应该"遵守的、由人的德性规定的要求，从"人"的角度，从个体道德崇善、崇高的立场来追求的伦理要求，是个体情感性道德的外展，主要由教师个体意志、情感、信仰等产生的伦理原则和伦理规范。这些伦理原则和伦理规范超越了教学专业自身的要求，是教师对教学专业的一种自我要求、自我提升。它要求教师必须具有理想的情操、高远的追求，并以人格典范为目标。我们常说"教学是一项良心的事业"，这句话就很好地体现了德性教学伦理对于教学活动的重要意义。

那么，何谓德性教学伦理呢？我们首先来看德性这个范畴。对德性的认识可以追溯到古希腊。德性的含义在古希腊是不断演进的。智者学派的普罗泰戈拉主张要教育年轻人学习"齐家治国之道，能在公共场合发挥自己的优秀性"。这种"优秀性"，就是一种广义的"德性"。但是，不论普罗泰戈拉还是苏格拉底，二人所探讨的"德性"问题，其内涵与现在道德意义上的狭义德性有所不同，它指称每一种自然存在的"固有能力"。比如鸟的德性是飞翔，马的德性是腿快，剑的德性是锋利，等等。而人的德性应该是只有人才有的理性能力，通过使用理性而使作为人的智慧得到最大的发挥。①

对亚里士多德来说，道德的核心问题是"我将成为什么样的人"。他认为，美德本身是由智能及其适当训练而发展起来的一种意向和气质，当我们形容一个人慷慨、大方、仁慈，即是指他行为上具有这些倾向。按照亚里士多德的说法，美德是介于两个极端之间的中道，因此，他认为德行是"一种与抉择相关，且采取中庸之道的品格状态"②。那么，我们如何习得德行呢？亚里士多德认为德行的习得需要立即性实践，如透过履行勇敢的和正义的行动，人们才会成为勇敢和公正的人。

表 3-3 如何确定恰当的中道

情感或行为	过量	中道	不足
自信心	鲁莽	勇敢	怯懦
感官快乐	放荡	节制	不敏感
羞耻感	害羞	谦虚	无耻
激发乐趣	滑稽	诙谐	笨拙
自我表现的实在性	自负	诚实	自贬

随着规范伦理学的兴起，德性伦理逐渐淡出人们的视线。直到 20 世纪，美国的伦理学家、政治学家 A. 麦金太尔又举起了美德伦理的大旗。当代美德伦理学理论，主要是针对制定一套规则体系和预设观点的伦理理论的回应，它是对康德伦理学和结果论伦理学的一种反思，也是对古希腊美德伦理思想的螺旋式回归。"已经有人指出，当代道德哲学是破产的、误入歧途的、过度形式化的和不完善的理论。"③ 当代美德伦理学更多地关注到人的优良品质，倾向于培养自己内在的善良情感或意向，而不只是合乎规则的行动。

把道德分为美德伦理与其他类型伦理的学者还有几位，与本研究联系密

---

① 宋希仁主编：《西方伦理思想史》，中国人民大学出版社 2004 年版，第 21 页。

② Carr, D. Educating the Virtues: An Essay on the Philosophical Psychology of Moral Development and Education [M]. London: Routledge, 1991: 56.

③ [美] 雅克·蒂洛、基思·克拉斯曼著，程立显、刘建等译：《伦理学与生活》（第 9 版），世界图书出版公司 2008 年版，第 73 页。

切的当属生命哲学家柏格森。在《道德与宗教的两个来源》一书中，柏格森认为道德有两个来源，或者说有两种类型："义务"的道德和"抱负"的道德。①"义务"的道德源于社会作为一种有机组织对个体的"压力"，目的是维持社会的一致，以满足社会的需要。"抱负"的道德是出于英雄人物的"抱负"和创造，它不是由禁止性要求构成，而是由如"忠诚""仁爱""隐忍"等德性组建，它更多地关心人类的利益，是一种"最高的"、以人为本的道德，道德最根本的根源在于人的"生命冲动"。

另外，美国的富勒也做了类似的道德分类，他把道德分为愿望的道德与义务的道德。愿望的道德在古希腊哲学中得到了最明显的例示，它是善的生活的道德、卓越的道德以及充分实现人之力量的道德。在愿望的道德中，也许存在近似于义务的道德这一概念的折射，但这些折射通常都被掩饰起来了，就像在柏拉图和亚里士多德那里那样。当然，这些思想家也认识到，人有时可能无法实现自己的最全面的能力。作为一位公民或者一位官员，他可能被判断为不够格。但在这种情况下，他会由于失败而受谴责，而不是由于疏于履行义务；由于缺点，而不是由于犯错。总之，对于古希腊人来说，对与错的观念以及道德主张和道德义务的观念都未曾得到充分的发展，反之，他们所看重的是正确和恰当行为的概念，这种行为是指人在发挥其最佳可能性的时候能够做出的行为。如果说愿望的道德是以人类所能达至的最高境界作为出发点的话，那么，义务的道德则是从最低点出发，它确立了使有序社会成为可能或者使有序社会得以达至其特定目标的那些基本规则，它是旧约和十诫的道德。它的表达方式通常是"你不得……"，有些时候也可能是"你应当……"。它不会因人们没有抓住充分实现其潜能的机会而责备他们，相反，它会因为人们未能遵从社会生活的基本要求而责备他们。②亚当·斯密在《道德情操论》一书中所采用的一个比喻有助于说明富勒在这里所描述的两种道

---

① [法] 亨利·柏格森著，王作虹、成穷译：《道德与宗教的两个来源》，译林出版社2011年版，第8页。
② [美] 富勒著，郑戈译：《法律的道德性》，商务印书馆2005年版，第7页。

德之分。① 义务的道德"可以比作语法规则";而愿望的道德则"好比是批评家为卓越而优雅的写作所确立的标准"。② 柏格森和富勒的这种分类给我们的启发在于,人类不同的道德在调节和控制人的行为中的作用是有差异的。

我们之所以把德性教学伦理定位为卓越型教学伦理,是因为美德伦理自身的优势所在。首先,美德能够造就善良的人。美德伦理学就其目的来说,主要是把人培养成为有道德的人,而不仅仅是造就善的行为或公正的规范,或根据幻象而行为、尽力获致好结果的人。当代社会的主要问题之一是:社会制定了大量的法律、规范和伦理体系,建立了各种保障措施,但是违反道德和伦理的行为和人处处皆是,社会仍然存在着严重的伦理危机,缺乏道德高尚之人。在反思这一现象后,许多伦理学家认为,在人类社会不断发展的过程中,各种法律、法规、伦理规范等越来越多,但是各种坏事、罪恶仍然多存。他们认为唯有培养具有美德之人,才能真正实现好的社会,伦理学就是要使人们通过获得美德的观念,逐渐成为一个遵守伦理道德的好人。其次,实现理性与情感的统一。"行为非结果论"和义务论伦理学大都力图把理性同情感或感觉分割开来,而美德伦理学却力图使两者统一起来。当运用理性促使人们做有德之事时,反复灌输这种内心的美德,使得人们不仅合乎道德地思考,而且开始并持续地感觉到善良。最后,强调适度。美德伦理学,尤其是亚里士多德的观点及我国古代儒家的中庸思想,为我们在"超过"和"不足"之间寻求适度提供了方法。亚里士多德力主个人运用自己的理性和情感,决定适合于自己的中道,从而鼓励情感和理性的结合。③ 在孔子那里,美德既有助于理性和情感的和谐,也有助于个人和社会的和谐。

那么,区分两类教学伦理的必要性何在呢?以往,我们对教师的职业道德的要求主要是基于我国传统儒家的道德原则和规范。如教师遵守"忠恕之道",要"成圣成贤""万世师表",要"燃烧自己,照亮别人",以高于一般

---

① [英]亚当·斯密著,蒋自强、钦北愚、朱钟棣、沈凯璋译:《亚当·斯密全集第1卷:道德情操论》,商务印书馆 2014 年版,第 422 页。
② [美]富勒著,郑戈译:《法律的道德性》,商务印书馆 2005 年版,第 8 页。
③ [古希腊]亚里士多德著,廖申白译注:《尼各马可伦理学》,商务印书馆 2003 年版,第 63 页。

民众的道德水准要求自己。实质上，这种教师伦理是一种"崇高伦理"，是"理想伦理""至善伦理"。我们知道，儒家道德伦理可以归于德性伦理的范围，在一定意义上，儒家伦理道德是一种理想型的道德人格追求，是一种对人的德性和品德的极高的要求，现实生活中，极少有人达到这一水准。由于这种"过高"的伦理要求，使得我们的教师在生活中不得不去做"谦谦君子"，但是，社会上的人们却往往给以"伪君子"的评价。在我国改革开放，社会文明程度逐步提高的大背景下，把教育教学作为一种职业、一种专业要求的基础上，这种过分的道德规定至少存在下列几点值得思考的问题。

首先，以儒家道德伦理为基础的日常道德要求相对高远，而许多人在道德上的运气较差，他们的道德禀赋和道德资本的积累不足以让他们来应付高规格的道德要求，所以儒家的道德观不能作为日常生活的行动及思维准则，只能作为一种文化的理想。

其次，一套太高远的道德要求可能会产生某些严重的副作用。那么这种负面的效果有哪些呢？第一，这种不顾及道德禀赋和人生际遇差别对待的做法，使大部分人成为道德的失败者。这种高水准的道德要求就仿佛是要求所有的女人美似杨贵妃，让所有人的身高如姚明。第二，由于达不到道德高标，一个社会的许多精英分子的精力都耗费在了道德追求上，限制了这些精英对其他更有价值活动的追求，如真理的追求、美的创造、好奇心的满足等。第三，道德成为扼杀人的礼教。① 这些副作用不是我们所乐见的，为了避免这些副作用，在"两害相权取其轻"的考虑下，我们最好还是不要选择一种高远的道德要求。②

从这种"崇高型教学伦理"对教学的影响来看，主要有几点。①过高性。即一般的教师很难达到这一要求的道德水平。②异化性。由于社会、家长等对教师的期望过高，使许多的教育教学出现了异化的现象。③模糊性。由于是理想性、崇高性的伦理要求，更多的是一种情感性、个体性的伦理心理和理想，所以教师难以在现实中把握行为的尺度，与此同时，评价标准也是模糊的。因为教学伦理规范的"大而空"，致使我们的教学伦理从理想走向了

---

① 黄藿：《教育专业伦理》，五南图书出版公司2004年版，第60—61页。
② 黄藿：《教育专业伦理》，五南图书出版公司2004年版，第50页。

"虚无",我们天天讲教学伦理,但是,许多的时空、许多的教学行为却在不断地违背着教学伦理,而我们却体会不到,意识不到,最终走向了教学伦理"无意识"。为了解决这一问题,我们不得不反思我们的教学伦理原则和规范体系,依据时代发展和文明进步的要求,重设教师规范性伦理,即底线型教学伦理。同时,又根据现实,倡导卓越型教学伦理,实现底线型教学伦理与卓越型教学伦理的统一,使二者相得益彰,达到罗尔斯所言的"反思的平衡"。

因此,我们把教学伦理划分为底线型和卓越型,可以在一定程度上克服上述问题。底线型教学伦理是教师必须遵守的教学伦理,是作为一个教师的底线、根本和前提,也就是说教师违背了这些伦理要求,可以说就不能称其为教师了。在此基础上,我们又倡导教师应该通过自我的修养和道德内化,提升自己的道德水准,以德性伦理要求自己、规范自己,形成卓越型教学伦理。卓越型教学伦理对于教师来讲,是一种"可选择性"教学伦理。

另外,我们虽然把教学伦理分为底线型和卓越型,但并不意味着卓越型教学伦理的水准就比底线型教学伦理高。如教学怜悯,它不属底线型教学伦理,我们可以把其划入卓越型教学伦理,但是我们不能说教学怜悯比教学公正具有更高的道德水准。

(二)不同价值序列教学伦理之间的冲突

上面我们按照教学伦理的伦理来源和基于的伦理原则,区分了教学伦理的不同类型,这些不同的教学伦理之间的冲突,就是不同价值序列中教学伦理之间的冲突。如底线型教学伦理与卓越型教学伦理之间的冲突,德性教学伦理与功利教学伦理之间的冲突等。

1. 底线型教学伦理与卓越型教学伦理之间的冲突

[案例 3-8] 教师的为难[①]

小刚是一名普通高中的学生,他家境贫困,父母只能靠种地来支撑其读书的费用。然而,小刚"穷人的孩子早当家",他学习刻苦,为人真

---

① 资料出自访谈记录。

诚。小刚的学习在班级排在20名左右，考上大学的希望很大，父母和老师对他寄予很大的期望。但是进入高三一段时间以来，因为家庭的忙碌占用了小刚一些时间，他的成绩有点下滑。班主任李老师发现了这一现象，力图使小刚保持住现有的名次，经过小刚和老师的努力，小刚的成绩虽然稳住了，但是，李老师还是担心小刚不能顺利地考上大学。这天，学校通知，给予高三每个班两个"三好学生"名额。按照规定，一般是学习成绩前10名的学生才有资格获得"三好学生"，并且，"三好学生"高考时可以加10分。这时，李老师前思后想，是否把其中一个名额给小刚。这两个"三好学生"称号，按规定应该给成绩排前10名的同学，但是给了前面的同学，对他们的高考没有多大价值。如果给了小刚，小刚肯定能够考上理想的大学，可以使这个可怜的孩子改变人生；如果不给小刚，他可能考不上大学，他的生活将会难以想象。最终，李老师还是选择把这个"三好学生"的名额给了小刚，小刚也顺利地考上了大学。

案例中，李老师在是否把"三好学生"的名额给小刚这一问题上左右为难。原因有很多，我们认为其中之一就是，他对小刚的怜悯之心和对其他同学的公平评价之间的矛盾和冲突。显然，"三好学生"给了小刚，对其他的学生来说，就失去了机会，自己的学习没有被老师公平地评价，李老师的这一选择也违背了教学评价公平的伦理要求。李老师之所以最后这样做了，是因为他基于的价值观是德性伦理，对小刚的同情心和怜悯心在鼓动他。教学公平是作为一个现代教师的基础性教学伦理，是属于底线型教学伦理，而怜悯心这种道德情感是李老师个人的道德品质，它不属于教师必须具备的教学伦理，属于卓越型教学伦理。案例中，李老师的左右为难正说明了底线型教学伦理与卓越型教学伦理之间的冲突。

2. 德性教学伦理与功利教学伦理之间的冲突

功利教学伦理与德性教学伦理之间的冲突，是基于目的理性与价值理性之间的区别。目的理性行为指的是，行为者以目的、手段和附带后果为指向，并同时在手段与目的、目的与附带后果，以及最后在各种可能的目的之间做出合乎理性的权衡，然后据此而采取的行动。无论如何，目的理性行为既不是感情的（尤其不是情绪的），也不是传统的行为。若行为者在相互竞争和冲突的目的与后果之间做选择时，以价值理性为取向，则此时的行为只有在手段上是目的理性的。当然，行为者也可能不考虑以"信条"或"要求"为指南的价值理性，而简单地把相互竞争和冲突的各种目的，当成给定的主观需求，并经过有意识的权衡，排出它们的轻重缓急顺序；然后，他的行为便以此为取向，按顺序尽可能地满足这些需求（"边际效用"原则）。因此，行为的价值理性取向和目的理性取向之间，可能存在不同性质的联系。然而，从目的理性的立场出发，价值理性总是非理性的，而且，价值理性越是把当作行为指南的价值提升到绝对的高度，它就越是非理性的，因为价值理性越是无条件地考虑行为的固有价值（如纯粹的意义、美、绝对的善、绝对的义务），它就越不顾及行为的后果。但是，绝对的目的理性行为，本质上也仅仅是一种假设出来的边界情况。①

本书导论中提到的案例 1-1，就体现德性教学伦理与功利教学伦理之间的冲突。班主任劝说小 A 不参加高考，如此可以提高全班和学校的平均成绩，这里小 A 同学就成为班主任和学校教育者实现某种教学外在目的的工具和手段，班主任对小 A 的教学评价不是基于他的学习情况，更没有把小 A 作为一个人，一个不断成长的人来对待，违背了小 A 发挥最优点的德性伦理的要求。因此，从这方面来说，就体现了教学德性伦理与教学功利伦理之间的冲突。

3. 德性教学伦理与义务教学伦理之间的冲突

[案例 3-9] 能不能不通知家长②

　　小山是太阳初中三年级的学生，小山在班级学生中成绩属于中等，考入高中没有问题。但是，近一段摸底考试，他的成绩有所下滑。经过明察暗访，班主任王老师了解到，小山自开学初结识了另一班级的一个同学，那位同学喜欢打游戏，他经常带着小山去游戏厅，导致小山的成绩下滑。按照规定，班主任遇到这种事情，要与学生的父母及时沟通，

---

① [德] 马克斯·韦伯著，胡景北译：《社会学的基本概念》，上海人民出版社 2000 年版，第 33 页。
② 资料出自某初中访谈记录。

来做孩子的思想工作。但是，小山的父亲是火暴脾气，如果知道小山去打游戏，肯定会大骂小山，甚至是体罚他。这时，王老师左右为难，是否要告知小山的家长呢？告知了，小山可能会受到父母的惩罚，不告知，就是没有尽到教师的责任，王老师为此想了很久。

案例中，从王老师的教学义务和教学责任来说，她应该把小山在学校的学习成绩和其打游戏这件事情告知其父母，让小山的父母加强管教，共同使小山走出游戏厅，重新回到学习的正轨。但是，王老师在犹豫，担心小山父亲会惩罚小山，给小山带来更多的伤害。王老师的教学关怀情怀一览无余，关怀作为一种美德，要求王老师不应该给小山更多的伤害。这时，王老师深陷义务教学伦理与德性教学伦理之间的困境和冲突之中。

4. 义务教学伦理与功利教学伦理之间的冲突

下面，我们从另一角度看案例3-8。李老师之所以选择给予小刚"三好学生"，是因为他考虑到给予小刚会给小刚带来更大的好处，给予小刚就会产生更多的收益。李老师的伦理立场是功利主义的，依循的原则是功利主义的"效益原则"。同时，李老师在做出决策前，也在考虑应该给予谁，这一问题就涉及了教学评价的公平、公正的问题。李老师的教学伦理冲突也包含了教学公正与教学效能之间的伦理冲突。

本书导论的案例1-1中，班主任对小A做出的行为，是基于功利主义的效益原则，以小A撤考的小损失，来换取整个班级成绩提高的大收益。班主任的主要目的在于通过牺牲小A的个体利益，来促进集体的整体利益，显然他把小A当成了实现提高班级成绩这一目的的手段来对待，这违反了教学公正，侵犯了小A的受教育权。学生之间的争论，也体现了这种功利教学伦理与义务教学伦理之间的冲突。

（三）相同价值序列内的冲突

1. 德性教学伦理内的冲突

[案例 3-10]

　　小红是华夏小学二年级的学生，平时是个乖巧的孩子。一天，语文老师在讲解课文时，谈到了文中甲与乙争吵的过程，其中，甲骂了乙一句"你真是笨蛋"，老师评价说，甲骂乙是不对的，交流当中要相互尊重。突然，小红站起来问了一句："老师，昨天晚上我妈妈也骂我笨蛋了，是不是我妈妈也不对啊？"语文老师一愣，心想：我该怎么说？说她妈妈不对，就降低了小红妈妈在小红心中的形象和威信；如果说她妈妈没错，就是在欺骗小红，该怎么回答呢？①

　　这一案例中，小红的问话给了语文老师一个难题，从伦理的角度，这也是一个伦理困境。当想到要维护小红妈妈在小红心中的威信时，语文老师从教学关怀的角度看待其将要采取的行为。当考虑到不能欺骗小红时，语文老师是在坚守教学诚实的伦理要求。从德性伦理来看，关怀是一种美德，而诚信和诚实也是一种美德，也就是说，语文老师想到的两种行为所依据的都是德性教学伦理，只是二者依据的具体的德性教学伦理有所不同而已。既然都是我们倡导的德性伦理，语文老师为什么还那么为难呢？因为，在当时的情景中，语文老师只能从二者中选择一种，由此二者发生了冲突，这种冲突的实质是语文教师在不同的德性伦理中如何排序的问题。这种教学伦理冲突即是同一教学伦理内部选择优先性的冲突，具体而言，是德性教学伦理内部不同教学伦理选择优先性的冲突。

　　2. 义务教学伦理内的冲突

　　在教学活动中，义务教学伦理之间的冲突是数量较多的，如教学公平与教学自由之间，教学自由与教学忠诚之间等都会发生冲突。下面我们以教学公平与教学自由之间的冲突为例来说明。

　　教学自由是指教学活动中，教学主体在教学活动的内容、方法等方面的自主性、独立性。如教师有根据自己的专业知识和经验，独立进行教学的自由。学生有根据自己的学习特征和身心发展的状况自主选择学习方法和习惯的权利等。教学公平是指教师在面对许多学生时，在知识的讲授、时间的分

---

① 资料出自某小学访谈记录。

配、教学评价的客观性等方面要一视同仁，以教学的实际情况和学生发展的情形为依据，而不是根据学生的家庭、性别、民族等因素区别对待。在当今民主与法治的社会中，公平与公正是一项活动具有合法性和合理性的重要特征和前提，教学是一种社会性和个体性活动，必然要以现代社会中的道德伦理的原则和规范作为自己的重要的教学伦理规范。

教学自由与教学公平之间经常会发生冲突。如基于教师在学科中的教学"合格性权威"，教室中课堂提问的权力在教师手中；提问哪些学生，对不同的学生提问什么性质的问题，都是由教师自由决定的。教师个体除去教师这一角色和身份之外，他还是一个普通的人，也有自我的情感、情绪、价值观和性格。有着七情六欲的教师在课堂中面对这么多的学生，就会涉及分配教学资源和教学时间的问题。现实的教学实践中，教师一般喜欢提问学习较好的学生，与教师较为亲近的学生，或与教师"有关系"的学生；教师们一般比较耐心、细心回答上述学生的疑难。而对于一些教师"不喜欢"的、"异端"的学生，教师往往采取"不理""敷衍"，甚至是"歧视"的态度和交往方式。从表面看，这是教师根据自己的喜好，运用自己手中的控制教学的权力，与学生进行互动；而从深层探析，这里就存在着教学自由与教学公平的关系问题。当学生没有意识到课堂中他们的公平权利时，教学自由与教学公平之间的矛盾和冲突更多是隐形的，没有明确地进入教师和学生的视野中。但是，当学生意识到他们的学习公平权时，教学自由与教学公平之间的冲突就会由幕后走向前台。笔者在某小学听课过程中，遇到过如下的情景。

[案例 3-11]

当教师提问某一问题时，学生们会高高举手，有的甚至是主动站立起来，表示要回答这一问题。但是由于"僧多粥少"，教师只能从中按照自己的标准和偶发的取向，选择回答问题的学生。有些学生一堂课下来举了半天的手，结果都没有发言的机会。开始，这些学生会更着急地举手，或者大声说："老师，我会！""我知道答案。"再后来，学生会窃窃私语："怎么老是不让我回答，老是让小马（化名）回答啊？"大胆的学生实在忍不住时，就会站起来对老师说："老师你怎么老是让小马回答，

129

不让我回答啊?"

当学生提出这样的问题时,学生在潜意识中有了教学公平的萌芽,这是对教师教学权威和教学自由的一种朦胧的质疑。如果教师不能很好地处理这一情况,很可能导致更大的冲突。

3. 功利教学伦理内的冲突

教学是教师教、学生学的统一活动,在这个活动中,学生掌握一定的知识和技能,同时,身心获得一定的发展,形成一定的思想品德。[①] 也就是说,教学活动要有一定的目标,依托于一定的内容,达到一定的结果。那么就存在着这样一些问题:什么样的目标是最为合理的、最符合学生需要和社会发展需要的?什么样的结果是教学活动最为应该达到的?等等。这些问题就会涉及教学效益的问题。教师在进行教学活动之前,都会对教学活动中的各种教学的要素进行比对,从中选择他们所认为的最为合适的、最好的作为教学的目标、内容、方法,以及要达到的结果。这种"比对"的实质,就是对教学活动中各种教学的效益进行比较,从中做出选择。这一过程也就是功利教学伦理内部的一种碰撞、较量和冲突。

案例 3-8 中,班主任李老师在评选"三好学生"前,考虑是否把这个名额给小刚时,曾比较了把"三好学生"给予其他学习好的同学"没有多大价值",而给了小刚后,就可以使小刚考上大学,进而"改变人生"。我们从李老师对这两种结果的比较中发现,二者依据的教学伦理是根本一致的,他做出决定的依据都是功利型的教学伦理,其思考的出发点是哪种行为所带来结果的效益更好、更大、更有作用,但是冲突就发生在了这一教学伦理的内部。这种发生在功利型教学伦理内部的教学伦理冲突,主要是在计算或估量行为结果功效之间的冲突。

[①] 王策三:《教学论稿》,人民教育出版社 2005 年版,第 87 页。

第四章 教学伦理冲突过程及其影响因素

教学伦理冲突作为冲突的一种类型，有着与其他冲突相似的产生和发展过程。同时，教学伦理冲突又是一类特殊的冲突，冲突过程也有其自身的特殊性。教学活动中的教学伦理冲突是具体的，每一教学伦理冲突过程虽然有着一定的共性，但是，在各种不同因素的作用下，又有其独特性。总之，教学伦理冲突过程是共性与独特性的统一。本章我们将以收集和整理的现实教学活动中的教学伦理冲突案例和资料为基础，在抽象、概括、归纳的基础上，找出具体教学伦理冲突的共性，并以一定的概念体系，构建完整的教学伦理冲突的一般机制。结合一般模式的发展阶段，分析教学伦理冲突的影响因素，为下一步教学伦理冲突的解决提供前提性支持。

第一节　教学伦理冲突的一般过程模式

教学伦理冲突的发生是一个复杂的历程，一般所见的冲突行为仅是教学伦理冲突历程中的一个阶段。教学伦理冲突行为的发生要经历长时间的酝酿、觉知与感受，且当冲突的双方皆试图化解却毫无成效时才显现出来，并且随着冲突主体解决方法和策略的使用，冲突带来不尽相同的结果。也就是说，教学伦理冲突一般会遵循基本的过程和程序。本节我们将研究教学伦理冲突的形态，对教学伦理冲突过程各阶段的时空结构进行归纳和抽象，基于一定标准，形成教学伦理冲突的一般过程。

教学伦理冲突是一个动态的过程，它不是一连串的独立事件，而是一组相关事件。换言之，任何教学伦理冲突只是整个教学活动的一部分，这次教学伦理冲突会受到上次教学伦理冲突余波的影响，由于环境和其他因素的影响，促使这次余波成为潜在的冲突源，加之教学的氛围及学生个体的认知与感受的差异，冲突会进一步凸显，从而导致新的教学伦理冲突的产生。在冲突被处理或化解后，这种困境给教学伦理主体带来了相应的影响，有时，这些影响是正面的，有时，这些影响是负面的，这又为下次的冲突埋下了伏笔。

在参考各学科对冲突、伦理冲突过程的相关研究的基础上，我们观察课堂教学的实际过程，访谈教师和学生对冲突过程的心理感知，在总结归纳和抽象的基础上，我们提出了教学伦理冲突的一般的过程。这一过程只是一般性的，是对各种具体教学伦理冲突过程的一种抽象和简单化处理，所以，很多具体的教学伦理冲突可能不一定与我们的教学伦理冲突的过程相一致，因此，这一过程模式的实践解释力有待于教学实践的证明。我们把教学伦理冲突的过程划分为五个阶段，我们将以第三章提到的案例3-1为例，分析教学伦理冲突发生的过程。（案例见本书第81页）

一、潜在冲突因素

从冲突过程来看，潜在的冲突的因素，虽然不属于冲突的过程，但是它们是教学伦理冲突产生的前提性条件，因此，我们把其归入教学伦理冲突过程的第一阶段。潜在的因素是指在冲突之前所隐藏的情境，虽不一定直接导致冲突，却是产生冲突的先要条件，这些要件亦可说是冲突的来源。我们归纳为下列几个方面。一是教学主体间的人际沟通，包括沟通不良、语意表达困难或沟通渠道受到干扰等。比如，老师在开设课程之前及过程中，没有把课程的价值基础和目标及实施的情况，与学生的家长进行很好的沟通，直到学生家长在课后发现了这一课程可能存在着消极影响。如果老师在开设该课程之前就与学生的家长进行交流、协商，在完全沟通的基础上再实施"策略"课程，这一教学伦理冲突就可能避免。二是教学组织结构，系指教学活动中，师生关系特征、教学团体规模、班级文化类型、教师群体内在协调性等。当出现组织结构不明确、教学权责未能厘清、教学伦理主体目标不一致、奖惩制度不确定时，这些都会成为教学伦理冲突潜在的要素。三是教学个人变项，例如个人价值体系、个人特质以及差异的性格亦是造成潜在冲突的因素。在教师方面，如人格特质、沟通技巧、教学与管理方式等；学生方面，如人格特质、行为表现、同辈文化等。

在案例3-1中，严老师是一个具有教学良心和教学关怀，坚持教学公正的教师。他根据张波和苏静伊在班级中的各种突出的表现，认为"不要因为人情面子委屈了更好的孩子","这是众望所归的两个候选人!"同时,他还关心按照标准不能入选的赵羽,"应该让孩子追求真正属于自己的那份东西,这对孩子的成长有利"。他的教学良心使他对自己选择赵羽感到非常不安,"严老师怀着对苏静伊的愧疚在表格上填下了张波和赵羽的名字"。严老师具有的这些教学伦理是其作为一个优秀教师的最好表征,但是就是这些优秀的方面,也成为后面教学伦理冲突发生的潜在促成要素。再有,赵老师对自己孩子赵羽的那份"私心",使其早就暗示过严老师在"优秀"上要给予赵羽照顾,赵羽在标准上没有被选的资格与赵老师对严老师的暗示等都是导致后面严老师遭遇教学伦理冲突的先在要素。

二、感受与认知情境

在现实的教学活动中,每时每刻都在发生着教学伦理冲突,但是有的教学伦理冲突是没有得到解决的,或者虽然出现也是一带而过的,主要原因在于教学伦理主体没有对教学伦理冲突的情境进行感知,只是把其作为教学过程中的一个"小插曲"来对待。只有教学伦理主体充分感知到教学伦理冲突的因素和情境时,才会正式进入教学伦理冲突的过程。在此阶段中,"认知"是必要条件,亦即冲突主体感受到了第一阶段中存在的冲突情境和因素,开始产生焦虑、心理矛盾、苦恼等情绪和情感反应。这一阶段中,仅有上述教学伦理冲突的来源和因素,教学伦理主体无知觉、感受不到冲突的存在,则并不会产生冲突。因此,教学伦理主体的伦理敏感度或敏感性是教学伦理冲突的感受器。一般来说,具有大量伦理知识和较高伦理敏感性的教师,在这一阶段会敏锐地体会和发现教学活动中存在的教学伦理冲突,而伦理敏感性相对较低的教师会遗漏一些教学伦理冲突。

案例 3-1 中,严老师"手里紧紧攥着候选人表格",开始思考这次教学评价的问题。按照实力,候选人只能是张波和苏静伊,他们当选是众望所归,如此确定才是公平的。但是,当严老师再想到赵羽时,他感到了教学伦理的两难,自己的同事曾暗示过自己要在评选上照顾赵羽,该怎么办呢?严老师接着想……这时,严老师已经清晰、明确感到了自己所面临的压力和两难,从事实层面看，这一两难是选择"三好学生"，但是从教学伦理的角度看，就是教学公平伦理与教学忠诚伦理之间的矛盾和冲突。当严老师在赵老师的"劝说""鼓动"和"逼迫"下，重新思考是否要选择赵羽时，他开始进入了教学评价效益的领域。这时，各种教学伦理相互交叉在一起，同时作用于严老师，他深刻感受到了冲突的存在。

三、意志挣扎

当教学伦理主体感受到自己面临的教学伦理困境或自己认知到其他教学伦理主体的冲突意图后，自己正处在教学伦理冲突的困境中。这时，教学伦理主体会思考下列几个问题。首先，判定教学伦理困境的性质。这个教学伦理困境的实质是什么？也就是教学伦理主体会判断自己面对着什么样的困境，困境的性质是什么，它的主要的特征是什么，等等。对这些问题的思考有利于教学伦理主体进行后面的判断。其次，判别教学伦理困境的类型。这属于哪种类型的教学伦理冲突？当教学伦理主体面临困境时，他们会从自己的知识框架和经验积累中，寻找当前自己面对的教学伦理所对应的已有教学伦理冲突图式，从而更加具体和详尽地获取教学伦理困境的真实面目。把自己当时面对的教学伦理困境与自己储备的知识和经验进行对应，这是大部分教学伦理主体认知教学伦理困境的主要方法和理路。再次，搜寻有效的解决方法。以前我遇到这种类型的教学伦理困境是如何解决的？哪种方式方法是更有效的？这一问题涉及后面教学伦理主体所采取的解决教学伦理困境的策略，因此，是非常重要的一个问题。

这一阶段是教学伦理主体经历的教学伦理困境的关键阶段，因为，这一阶段教学伦理主体会确定教学伦理困境的性质和类型，并结合自己先前的经验进行分析和判断，经过痛苦的、艰难的心理、意志和情感斗争，决定要采取的解决教学伦理困境的策略。而这一策略抉择的正确和合适与否，直接决定了后面的教学行动的效果，甚至是成败。

这里有两种不同的意志挣扎，一是教学主体间的伦理冲突，二是单一的教学伦理主体自我的道德决策。也就是教学伦理主体需要在相同价值序列或不同价值序列中，进行判断，从而择其一，尤其在相同价值序列中的选择是相对比较费心和费力的，也是鉴定和判别教学伦理主体解决冲突意识和能力的主要教学伦理冲突类型。

在第一种教学伦理冲突中，冲突双方是各自独立的主体或者是单一主体与其他群体之间的伦理冲突。在现实的课堂教学中，存在较多的是教师与单个学生之间的伦理冲突。下面我们就以最为常见的师生之间的伦理冲突进行分析。

教师在师生关系中天然地具有知识、能力、年龄、心理成熟度的优势，因此，一般来说，当学生和教师发生伦理冲突时，教师应该是该伦理冲突解决的主要的责任者和引导者。教师的伦理冲突解决意识和能力直接决定了这类教学伦理冲突解决的效果。当教师在教学活动中意识到已经与学生发生伦理冲突时，一般会有以下几种判断或策略。

一是回避。这里一般有两种情况。第一种情况是教师回避与学生的伦理冲突，这类伦理冲突对一般学生而言很明确，只是调皮的学生意气用事与其冲突，为了不延误教学进度，教师故意不去接招，而让这类冲突自然地过去。或者教师会利用课后等时机再与学生进行交流。第二种情况是教师面对的冲突程度剧烈，影响的范围大，冲突正在风口浪尖，学生的情绪很激动，暂时难以接受教师的解释和澄清。教师采取放一放，冷却一段时间，等学生冷静后，再与其进行交流和沟通。如果立即对问题进行解释和澄清，可能会使双方产生更大的冲突。

二是竞争。竞争是指在一定的范围内，主体之间为了获得和满足自己更大的利益或优势，而采取的一种行为方式和策略。一般来说，竞争的双方往往不会顾及对方的情绪和行为表现，而只依照自己的需求和利益采取行为，所以不良竞争会对竞争双方产生不利的影响，导致两败俱伤的结果。所以一般来说，教师会尽量避免不良的竞争和斗气，应该通过双方都接受的方式方法，通过对话、交流等方式解决面临的冲突。

三是妥协。妥协式冲突处理倾向是一种"中度"关心自己与他人的策略。当冲突双方皆必须放弃某些立场或观点，或采取让步，而求同存异时，将会形成妥协之结果。在妥协的意志之下，没有明显的赢家或输家。妥协在一定的意义上是教师没有坚守自己的教师专业伦理的要求，没有尽到一个教师作为道德代言人的教学责任。在今天这个多元化的全球化背景下，要想使所有人的情感、价值观和旨趣完全相同已经不可能，各国交往中我们提倡求同存异，不同团体交往中，我们主张求同存异，甚至很多时候教育教学，也开始求同存异。我们认为这里的"存异"，如果不是原则性问题上的不同，而只是一般的生活性的不同，是可以理解的。但是，如果这里的"存异"，所存的是具有原则性、根本性的问题时，如基本的价值观、世界观，社会主义核心价值体系，基本的道德伦理规范等，是不能"存异"、不能和稀泥的。中小学生是可塑性强的人，是未完成的人，是正在社会化的人，如果在教学中教师不能坚持基本的立场，会给学生造成极大的混乱，会影响到学生成为一个社会的合格公民。

四是说服。这里的说服是指师生之间发生教学伦理冲突后，更多是由教师作为冲突解决的主导，把冲突内含的基本道理解释清楚，使学生明白和理解伦理冲突的实质，澄清冲突中的价值观、伦理的基本原则，使冲突顺利解决。

当前的教学中，面对学生的伦理疑问和价值困难时，教师多是采取回避，妥协，甚至不予理睬等不作为方式。这与当前教学改革中重视学生个体自主，发挥其独立性有关，也与教师在道德伦理教育认识上的不清晰有关，这是我们急需注意的问题。如前面的案例 1-2、案例 1-3，教师就是在道德伦理和价值观引导上不作为。这也与当代后现代主义中的相对主义泛滥密切相关。相对主义古已有之，古希腊的智者学派，我国古代的庄子，都是用个体的主观意见代替了客观的现实和存在。普罗泰戈拉的"人是万物的尺度"就是相对主义的经典脚注。后来，随着爱因斯坦的"相对论"为相对主义的科学方法奠定了基础，这一科学研究的方法影响到了其他人文学科的不确定，这一不确定不仅仅是方法上，还包括内容上。20 世纪初，道德哲学家威斯特马克（Westermarck）率先提出了道德相对性问题，后来的实用主义、存在主义等直接把道德推向了相对的深渊。道德相对主义反对存在普遍的、客观的、绝对的道德，认为道德是多样性的、变动性的、主体性的，因此，"在伦理学说中，没有任何真理的学说，只有不同的观点，其中，有些对于某些人而言是正确的，而其他观点对其他人来说也是正确的"①。我们很难说哪一种道德比另外的道德更高尚、更值得人们去遵守和践行。

　　道德相对主义与价值相对主义同出一辙，这种相对主义的道德和价值观用在教育领域，就产生了"价值澄清理论"。在道德教育的目的问题上，价值澄清理论认为，没有一种道德先验地优于他者，任何一种道德都不具有普遍性和绝对性，因此，在教学中，不能把所谓的普遍性道德输入学生的大脑。那么价值澄清的目的是什么呢？"价值澄清理论的主要任务不是认同和传授'正确的'价值观，其目的是帮助学生澄清他们的价值陈述和行为。"② 也就是说，价值澄清的目的在于把各种道德和价值观呈现给学生，使学生知道各种道德和价值观是什么，或使学生明晰价值观和道德并与他们的行为和行动联系起来，至于学生要学习和遵守哪一种道德和价值观，是学生自己的自主性选择。与此相关，在道德教育的内容方面，他们反对向学生传授书本上的道德规范和价值观念，认为应该让学生在生活中、社会活动中通过各自的经验，来学习各种道德和价值观，或者把道德和价值观的内容渗透到各种学科中来进行教学。同时，在进行教学时，教师不能出现"好的""对的"等强调语或暗示语。因此，教师也就不再是社会道德的代言人，不是道德权威，而只是帮助学生澄清道德和价值观，辅助学生按照自我的抉择和信仰进行行为的指导者。

　　道德相对主义和价值澄清理论在一定范围内，一定的意义上是具有合理性的，如它们反映当前多元文化背景下的各种冲突和困惑，以期提高学生应对各种复杂道德和伦理境遇的信心和能力，增强学生自我复杂的责任心等。

　　但是，当我们在这种道德相对主义的立场下，审视我们的教育时，我们会发现，当道德都是相对的、个体性的时候，道德伦理的标准就不复存在了，也就是人们的行为没有了衡量"好"与"坏"，"善"与"恶"的根本的尺度。在消解了标准和尺度观念后，人们得出的结论是"一切都无所谓，一切都可

---

① ［美］休·拉福莱特著，龚群等译：《伦理学理论》，中国人民大学出版社 2008 年版，第 43 页。

② ［美］路易斯·拉思斯著，谭松贤译：《价值与教学》，浙江教育出版社 2003 年版，第 63 页。

以做",显然这会直接导致道德伦理的混乱和失序,使人们陷入更深的道德和伦理危机中。从我们所研究的教学伦理的角度看,当教师把道德伦理标准的决定权给予学生的那一刻起,教师就放弃了自己的教学伦理。

严老师的意志挣扎体现在其"努力说服自己"的过程中。"是啊,赵羽也是我的学生,而且很可能在录取线的边缘,多考走一个,我不也很光彩吗?还是给他一个机会吧。可是把赵羽定为候选人,苏静伊就没希望了。没关系,苏静伊竞争不过张波,推荐上去也会淘汰。推荐赵羽,既给了同事面子,对张波也没有影响,两全其美。"在这一阶段中,严老师努力地比较、衡量和判断各种利益和力量,对自己即将采取的策略和行为进行后果的预判,最后,严老师决定"把人情送到底"。

四、外显行动

在这一阶段中,双方可能采取直接或间接的行为,包括各自的言论、行动和反应,显示冲突已由真正认知的心理状态,转为实际对外的行为反应。本阶段的冲突明显看得见,是一种动态的交互作用历程。外显的冲突涵盖了所有的行为种类——从细微的、间接的协谈,到直接的、攻击的、暴力的抗争。冲突的双方执行自己所选择的解决方式,试图控制局势来达成自己的目标,而解决的方式可能是竞争、顺应、逃避、妥协、统合。在冲突情境中,冲突的一方必须将对方行为的反应列入考虑,当看到对方的行为时,其对冲突的本质又再一次经历认知过程,并采取适当行为,这样的动态性会造成双方不断地改变行为。

前面我们在对教学伦理冲突进行分类时,认为教学伦理冲突主要有两类,即教学中的伦理冲突和教学伦理的冲突。一般来说,教学中的伦理冲突大都有明显的外在言语和行为表现,更多体现为各教学伦理主体间的言语争论、价值观的碰撞,甚至是激烈的互动性行为。而教学伦理的冲突在外显行为方面,有时表现得并不一定特别突出,有可能只是教师的某一个脸色、举止、神态、情绪等方面的瞬间表征。当有其他的教学伦理主体参与教学伦理的冲突过程时,教师的外显行为可能会比较明显;而当只有教师自我感知到教学伦理冲突，其他的教学伦理主体并没有感知或意识到冲突的存在时，教师的外显行动可能不是很明显。

五、冲突结果

教学伦理冲突双方经历上述四个阶段之后，会产生一些结果。而这些结果可能是有建设性的，如增进师生关系、融洽教学氛围、增加个体经验和道德认知等；也可能是破坏性结果，如阻碍沟通，破坏师生关系的和谐，浪费时间和精力，降低教学效率等。

教学伦理冲突的五个阶段事实上包含了冲突的起因、行为和结果三个主要阶段，这一模式提供了教学伦理冲突研究的具体架构，可以适用于解释相关的具体教学伦理冲突过程。根据上面我们对教学伦理冲突阶段的划分，可以将其绘制成简单的过程图。

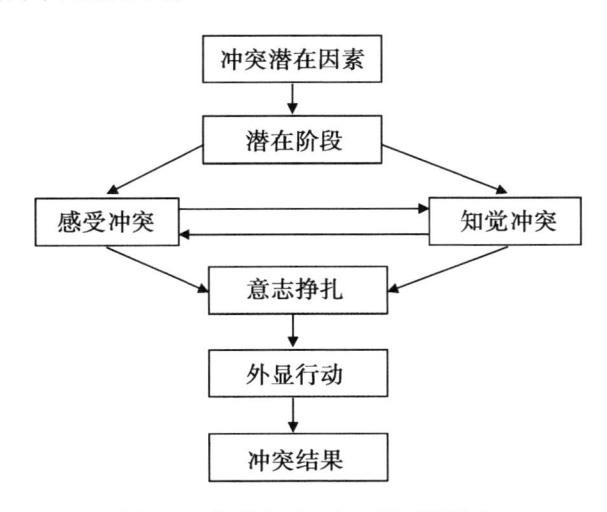

图 4-1 教学伦理冲突一般过程模式

第二节 教学伦理冲突的影响因素分析

各种复杂的环境使教师产生了各种相互之间竞争的义务责任和利益追求；同时，教师承载着各类群体，如学生、校长、同事、家长和社会不同性质的价值期望。教学活动中，这二者之间就会产生伦理困境。[①] 道德经验昭示我们，伦理理论中的效果论、义务论与德性论之间存在着无形的张力，因此，教学伦理冲突根植于伦理的内在异质性。也就是说，教学伦理冲突的产生是多种因素的综合作用所致。

一、个体因素是教学伦理冲突产生的内在因素

教学主体是教学活动的发动者、参与者和收获者，个体在教学活动中是主动性因素，也是内在因素。

（一）多样的人性观

人性的本质是什么，几千年来人类一直在思考和追问这一问题。有的主张从人性"善"与"恶"的视角认识人的本质，有的认为"人是理性的动物""人是政治动物"，有的从人的关系性分析人性，等等。其中影响较大且与我们教育教学密切相关的是关于人性善恶的探讨。人性善恶问题是伦理学发展史中长期争论的一个根本性问题，张岱年先生认为："人性善恶的问题就是道德起源的问题，亦即善恶的起源的问题。"[②] 如恩格斯所言，因为人都是天使

[①] Neil Cranston. Ethical Dilemmas for School Leaders：What Are They? What Challenges Do They Raise? How Can They be "Managed"？[R]. PDN Leadership Conference，August 2011.

[②] 张岱年：《中国伦理思想研究》，江苏教育出版社 2009 年版，第 78 页。

和魔鬼的结合体，所以我们始终向往善的，憎恶恶的，但是不时也会做点坏事。基于人性善恶的角度可以把人性论划分为四种类型，即人性本善，人性本恶，人性无善无恶，人性有善也有恶。其中有代表性的就是人性善与人性恶之间的论争。性善论的主要代表有孟子和卢梭。孟子认为："恻隐之心，人皆有之；羞恶之心，人皆有之；恭敬之心，人皆有之；是非之心，人皆有之。恻隐之心，仁也；羞恶之心，义也；恭敬之心，礼也；是非之心，智也。仁义礼智，非由外铄我也，我固有之也。"① 卢梭（Jean-Jacques Rousseau）在《爱弥儿》中开宗明义地提出："出自造物主之手的东西，都是好的，而一到了人的手里，就全变坏了。"② 性恶论的主要代表是荀子、尼采、奥古斯汀、霍布斯等人。荀子从他的自然的天道观出发，提出他的性恶论思想，他认为"目好色，耳好听、口好味，心好利"，他认为"人之性恶，其善者伪也"。哲学家尼采认为"人是最残酷的动物"。③

教学活动中，教学伦理主体所持有的人性观以及自己所具有的人性特征，都会成为影响教学伦理冲突的重要因素。如当教师持有"人性恶"的观点时，他们眼中的学生就是需要被控制、改造，去恶从善的人，由此，教学中教师会潜意识地认同自己是教学的权威，对待学生更多地使用压制、外铄、惩罚等教学方法和行为，这就容易造成教学权威与教学自由，或者教学权威与教学民主之间的冲突。

（二）人的需要和利益的多元化是教学伦理冲突的内在原因

心理学和生物学的研究认为，人在生理和心理上，有着多种多样的需要，并且这些需要是分层次和等级的。心理学家马斯洛（Abraham H. Maslow）在1970年系统地提出了他的需要层次理论，他把人的需要按照层次由低到高分为：生理需要、安全需要、归属与爱的需要、尊重的需要、认知需要、审美需要、自我实现的需要和超越的需要。按照他的观点，低层次的需要没有

---

① 《孟子·告子上》。
② ［法］卢梭著，李平沤译：《爱弥儿》，人民教育出版社1985年版，第1页。
③ 转引自［美］威尔·杜兰特著，梁春译：《哲学简史》，中国友谊出版公司2004年版，第266页。

得到满足时，它就支配着人们行为的动机；只有当低层次的需要得到满足后，高层次的需要才能引起人们的注意和行为。① 人有着这么多待满足的需要，当人的需要无法得到满足时就会出现冲突，而人们为了满足需要，随时准备做任何事。

相对于大社会来说，教学活动是人类活动的一部分，具有相对独立性。但是教学这一独立的活动又会牵涉到多种教学主体和教学相关人员，如教师、学生、家长、同事、国家等。各种关系人员有着相同的利益，同时，又存在着大量不同的利益和需要。教学活动是促进学生发展的过程，同时又是教师不断分配和实现着多主体利益的过程。当教学伦理主体意识到自己的利益时，他们会争取与自己相关的利益和需要，对于违背和损害其利益的行为会加以反对和斗争，从而出现教学伦理的冲突。如案例3-1中，严老师面对的教学伦理冲突源于赵老师为赵羽争取利益的行为，严老师最后对教学伦理冲突的决策也是在衡量和考虑不同教学伦理主体的利益，实现教学评价效益最大化的基础上做出的。

（三）不同的个性类型，对教学伦理冲突的作用也是不同的

人的个性类型可以从多种标准进行划分，如内向-外向，善于思考者-凭感情用事者，判断者-感知者，男性-女性，等等。具体来说，在教学伦理冲突解决中，教学伦理主体的决定风格及直觉习惯，个人之认知、思考方式、行为方式、脾气等差异是导致教学伦理冲突的个性因素。如男性和女性在道德决定问题上有着不同的思维方式。女性主义心理学家吉利根（Carol Gilligan）在她的《不同的声音》中认为，当面临道德问题时，男女两性的思维方式完全不同。另一位著名的心理学家科尔伯格（Lawrence Kohlberg）也同意这一观点，但他断定，这种差异表明女性的道德推理不及男性。而吉利根认为，女性的道德观不同于男性，但应该认为两种不同道德观的关系是平等的。按照这两位心理学家的看法，两者的差异在于，男性道德观关系到公正、权利、竞争、独立性和守规则，而女性道德观关系到慷慨、和谐、顺从和努力维持

---

① ［美］理查德·格里格、菲利普·津巴多著，王垒等译：《心理学与生活》，人民邮电出版社2003年版，第347页。

密切关系。①

男女教师面对的教学伦理冲突差异较大。通过对访谈案例和资料的分析，我们发现，男女教师所面对的教学伦理冲突的类型有着显著的差异。例如，教学公正和教学关怀这两类教学伦理，与男教师相关较多的是教学关怀的冲突，而女教师在教学公正方面冲突较多。因为，一般来说，男教师比较有正义感，做事更坚持按照规章制度进行，比较讲究程序正义等；而女教师有着浓厚的母爱情感，处理问题较多从道德情感出发，给予学生较多的教学关怀和教学宽容。因此，男教师在相对"粗心"和"制度化"的处事风格中，会在教学关怀等方面与学生发生冲突；而女教师比较心软，在制度和情感上，更倾向于遵循情感的驱动，在制度性教学伦理方面，经常与学生，或者与自己发生教学伦理冲突。

教师若是拥有权威主义、外在控制等人格特质时，比较容易引发教学伦理冲突。所谓权威主义的人格，即是重视教师权威地位，习惯性地使用具有评价性的字眼与斥责方式，其评价或斥责并非依据客观标准或理性思考，大多是个人主观的认定。因此，老师不愿意与学生进行交流、协商和讨论，只是强迫学生接受其信念价值，当学生对其无法信服时，就会发生教学伦理冲突。外在控制的人格，是心理学中研究人格的一种分类，指对于行为结果的归因倾向，觉得自己受控于外在环境，没有信心靠一己之力来获得成功，一旦失败，也归咎于他人，会认为教学伦理冲突都是学生、家长或其他因素所导致的。

（四）道德认知发展程度决定了伦理立场

道德认知发展程度即是伦理成熟度，是指个人对伦理道德问题赋予概念化意义之智力发展程度。个人的道德认知发展是伦理决策行为中伦理或非伦理的关键变项，因为个人对于伦理两难问题的反应，是由道德认知发展阶段来决定的，由于每个人的道德认知发展阶段不同，即使面临相同的道德情境，也可能做出不同的决策判断。伦理成熟度在一定程度上决定了个体的伦理立

---

① ［美］雅克·蒂洛、基思·克拉斯曼著，程立显、刘建等译：《伦理学与生活》（第9版），世界图书出版公司2008年版，第45页。

场，而伦理立场的不和谐一致是教学伦理冲突的主要的原因。如持卓越型教学伦理立场的教师会更多地从人道的角度看待教学，持功利型教学伦理的教师更多地是从保护最大多数学生的最大利益的出发点进行教学。也就是说，教师对于教学活动中各种事件和行为的伦理认知程度和行为能力，决定了其是否能够面对这些事件和行为。有时，教学活动中出现某一类型的教学伦理困境，但是由于教师受到自己的道德发展阶段的限制和伦理成熟度制约，无法及时和恰当地知觉和判断潜在的教学伦理冲突的因素，预期这些潜在因素可能导致的教学伦理冲突的危险性，从而导致教学伦理冲突发展到外显行为。

（五）道德价值品质是教学伦理冲突的核心因素

价值品质是指一个人所拥有的价值性品性，这里的价值品质的实质就是韦伯所言的"价值理性的因素"①，其内核主要包括价值观与伦理系统、价值信念、态度。其中，道德价值品质是价值品质的核心，是价值品质最为重要的部分。"道德是一种独特的价值，在所有的价值谱系中，道德是最基本和最重要的价值。尽管价值类型不同，各种价值与道德价值重叠，道德价值是各种价值的核心。"②

教学伦理主体的价值品质外化，就成为主体的价值理性行为，而纯粹的价值理性行为，指的是行为者无视可以预见的后果，而仅仅为了实现自己对义务、尊严、美、宗教训示、崇敬或者任何其他一种"事物"重要性的信念，而采取的行动。价值理性行为总是行为者按照他认为是向自己提出的"信条"或"要求"而采取的行为，所以，只要人的行为以这样的要求为方向，我们就把它称为价值理性行为。价值理性行为在教学主体的行为中所占的比率的高低，在不同情况下尽管可能有明显的差异，但是，价值理性行为具有重大意义，必须把它作为特殊类型来看待。③ 对于每一个独立的个人来说，所拥有

---

① ［德］马克斯·韦伯著，胡景北译：《社会学的基本概念》，上海人民出版社2000年版，第32页。

② Jo Cairns, Denis Lawton, Roy Gardner. Values, Culture and Education [M]. London: Kogan Page Limited, 2001: 35.

③ ［德］马克斯·韦伯著，胡景北译：《社会学的基本概念》，上海人民出版社2000年版，第32—33页。

的道德价值品质具有独特性、差异性，当这些独特性和差异性在一定的教学时空中相遇，必然产生分歧、矛盾、竞争和冲突。

（六）情感因素是教学伦理冲突的发动机

情感因素导致的教学伦理冲突是指，由现时的情绪或感觉状况决定的冲突行为。情感因素中重要的部分是情绪因素，它具有更强的激励性、爆发性和即时性。严格的情感行为，同样属于社会行为的边界类型，而且经常超越了自觉的"意向"行为范畴。情感行为可以是针对超出日常范围的异常刺激所发生的毫无顾忌的反应，但如果情感决定的行为变成有意识的情感发泄，这一行为便升级了：在绝大多数（并非全部）情况下，它正处于向"价值理性"或者目的理性行为，或者同时向这两者转化的过程中。① 情感指向和价值理性指向这两类行为的区别，在于后一行为的当事人有意识地强调行为的最终价值，并且有计划地、始终如一地以该价值为行为指南。除此之外，这两类行为是相同的，对于它们来说，行为的意义不在于行为是否能获得成就，而在于某种特定行为方式的行为本身。如果一个人的行动是为了满足当时的报复欲望，或者当时的享受欲望、当时的献身欲望、当时的单独祈祷欲望，或者排遣当时情绪的欲望，他的行动就是感情行为。②

教学活动中，教学伦理主体会在即时的情景中产生各种不同的情感和情绪，如对一个人物的喜好或厌恶，对一件事情的向往或排斥等。当不同的教学伦理主体在面对同一人物、同一件事情，或进行同一种活动时，由于各自的"情感性道德因素"的差异，便发生争执、冲突。如案例1-3中，学生们在对于"老麻雀该怎么做"这件事情上，出现了不同的情感性的争论。

二、社会物质文化条件是教学伦理冲突产生的社会性因素

社会生活物质条件的发展程度和丰富性影响了教学伦理冲突的产生。道

---

① ［德］马克斯·韦伯著，胡景北译：《社会学的基本概念》，上海人民出版社2000年版，第32页。
② ［德］马克斯·韦伯著，胡景北译：《社会学的基本概念》，上海人民出版社2000年版，第32页。

德和伦理的环境决定了我们如何对公正、公平、正确、错误、善、恶、宽容、关心、原谅等做出恰当的反应。因为道德作为一种社会意识形态有着自己的相对独立性，虽为物质生活条件所决定，但二者的变化并不完全一致。有时社会经济等关系发生了变化，道德作为一种习惯势力和传统观念，总是相对持久地保存在人们的头脑里。道德本身的继承性使人们在道德选择过程中受到历史传统、文化的影响。同时代不同文化价值的激烈冲突，反映在道德选择问题上则困惑重重，既不知孰是孰非，也不知道应该以何种道德价值观指导自己的道德行为。① 教学活动中，教师面对教学伦理困境所采取的行为，会受到其所生活的周遭社会物质和文化的影响。一般经济发达地区，个体的自由度相对较大，而经济落后地区，个体的自由度相对较低，个体在社会中的这些特征会带入教学活动中，影响教学伦理主体的选择。如有的教学活动中，教师的权威较大，学生在教学中更多是被动的。而在相对自由的社会氛围中，教学的民主程度会相对较高，学生在教学中有更多的自由权。假如在社会氛围相对自由的教学活动中，教师还是通过其制度性权威来维持课堂秩序，控制学生的发展，这时，师生之间就容易发生教学权威与教学自由之间的教学伦理冲突。改革开放后，我国社会主义民主程度逐步提高，个体的自由度也相应提高，教学活动中，教学权威与教学自由的教学伦理冲突相对增多，学生与教师教学权威相对立的例子屡见不鲜，这也说明了社会发展的条件会影响到教学伦理冲突的发生。

教学伦理冲突是一种"社会性冲突"，因此它是"社会建构"的结果。在心理作用与教学伦理冲突的关系上，心理作用是教学伦理冲突发生的重要因素，但是教学伦理冲突的发生不一定是心理的作用。如社会学家齐美尔不是用本能、内驱力和先天倾向来解释社会关系和现象，他明确指出，行为总是发生在社会环境之中，作为社会现象的冲突只能被看作是发生于互动模式之中的。社会学家一般都同意这样的观点，在处理社会资料的时候，注意力必须要放在个人的互动上，而不能放在单独个人的"内驱力""冲动'或其他性质上。值得注意的是，现代对心理分析的研究已经有大量证据表明，人类的

---

① 梁纯生：《论道德选择》，东北师范大学硕士学位论文，2004年。

内驱力是通过对婴儿的社会要求所做出的反应发展起来的。① 行为、冲动力是发生于与对象关系的互动之中的，只有在主体和客体的互动中，冲突才可能发生，它总是以某种关系为先决条件的。仅是冲动、内驱力是不足以产生冲突行为的。

社会物质文化条件还有一个因素就是传统因素，即由熟悉的惯习决定的冲突行为。正如纯粹反应性模仿一样，严格的传统行为全都处于可以称之为"意向性"取向的行为边界上，并经常超越了意向行为的范畴。这是因为大量的传统行为，仅仅是针对习以为常的刺激，所发生的意向上模糊的、根据以往的习惯方式展开的反应。所有习惯成自然的日常行为都接近这种类型。除了这一点之外，传统行为之所以属于社会行为，也是由于行为者不同程度和不同意向的自觉保持习惯对自身行为的约束。②

三、教学伦理边界模糊导致教学伦理冲突的发生

教学伦理之间虽然存在着相互的交叉和重叠，但是，每一教学伦理都有自己适用的范围和条件，在这些范围内和条件下，教学伦理会完成和实现各自的功能和作用。但是，当某一或某些教学伦理出现僭妄时，各自的边界被打破，不同的教学伦理进入自己本不该发挥作用的领域，这时，两种或多种教学伦理之间会发生矛盾、冲突甚至是斗争。

也就是说，教学伦理之间的边界是一种动态的存在，而这种动态的存在又有不同的表现形式。"从社会学的角度看群体可以看作不是局限明确的团体，而是有着各种各样不同的、变动的边界，限定着其生活的各个不同层面。这些界限可以是刚性的，也可以是柔性的。一个群体的一种或多种文化实践，诸如礼仪、语言、音乐、宗法或烹调习惯等，如果它们代表着一个群体但又不阻止与其他群体分享或自觉不自觉地采纳其他群体的实践，那么，它们都

---

① ［美］L. 科塞著，孙立平等译：《社会冲突的功能》，华夏出版社 1989 年版，第 42 页。
② ［德］马克斯·韦伯著，胡景北译：《社会学的基本概念》，上海人民出版社 2000 年版，第 31 页。

可以看作是柔性的界限。相互之间具有柔性界限的群体有时对差异全然不觉，以至于不把对共同界限的破坏当作一种威胁，甚至最终会完全融为一个群体。重要之点在于，它们容忍共同拥有某些界限，同时又保持独有的界限。"[①]

利用集合论的理论，我们将多个教学伦理的总和称之为集合 A。如果教学中有 n 个教学伦理，则可用 A_1，A_2，……A_n 来表示。其中，每个教学伦理包含多个更微观的教学伦理，各教学伦理是有区别的，当我们把各教学伦理视为一个小圆时，圆的周长就是这个教学伦理对外的边界线。边界的存在不一定必然会引起冲突，但当两个圆发生接触时，可能有冲突发生，可能出现融合的现象，也可能保持各自的边界继续和平相处。当冲突发生时，视两个圆的力量大小，圆可能会发生动态性变化，即不同教学伦理在教学实践中的功能会随着冲突和融合的进程而发生变化。下图注释了不同教学伦理之间的静态的关联：

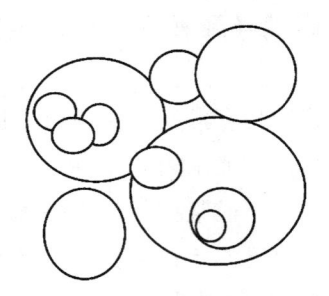

图 4-2　教学伦理的边界模糊性

四、教学伦理具有的内在张力导致冲突

教学伦理规范和道德制度的不完备性导致教学伦理冲突的产生。现有的教学伦理规范不可能把教学伦理主体所面对的所有可能的教学伦理冲突加以预设和规定，这就会使教学伦理主体在面对未经历过的教学伦理冲突时产生困惑、困境。

---

① ［美］杜赞奇著，王宪明译：《从民族国家拯救历史：民族主义话语与中国现代史研究》，社会科学文献出版社 2003 年版，第 54—55 页。

教学伦理规范内在自我矛盾导致教学伦理冲突。教学中存在着各种教学规范，如制度性教学规范、教学惯例等，这些教学规范之间有时存在冲突的根源。库尔奈鲁德（Colnerud）分析得出了五种不同种类的规范，这五种规范影响与学生、家长和同事相关的教师行为。这五种规范如下：第一，人际伦理规范。重要的价值在于，虽处在争论中，却导致了教师的特殊行为方式，例如，保护学生免受伤害。这类规范包含五个亚类伦理规范：远离伤害、因正直而被尊敬、因自律而被尊敬、公正和诚实。第二，源于任务的内在职业规范。规范是指根据教育目标而行动，既包括教学原则，又包括培养原则。例如，发展学生的语言能力、训练学生的合作能力。第三，制度规范。教师必须忠诚于中央和地方的制度规范。例如，知识要通过测试被评估；在教室里要衣着整洁。第四，服从社会的规范。教师要接受或者至少遵守他们群体组织和适用规范的规定。对个体而言，适应制度和组织的忠诚具有强制性。例如在教研室不得讨论政治；不允许学生批评同事等。第五，自我保护规范。教师有时描述他们的行动可能主要出于保护他们自己健康的目的，一个例子是拒绝接听晚上父母打来的电话。

但是这里又存在着一个悖论，即过于完备、详尽的教学伦理规范，可以使教学伦理主体在遇到教学伦理困境和冲突时，有理所依，能够按照教学伦理规范的规定采取行为和进行活动。但是，康德认为，人最高的道德境遇是自由，是依照"道德自律原则"行事，能够根据自己内心的道德律令行为，达到孔子所言的"从心所欲不逾矩"的状态，这一境界是一种道德主体完全依道德规范自主行动并负责的状态。这就意味着较完备的教学伦理规范会制约和抑制教学伦理主体的道德自主性的发展，从而使教学伦理主体无法在具体的教学伦理困境中做出应有的教学伦理选择和决策。

在教学活动中，指导着教学伦理主体行动的规范和诱因是无法被分割成许多类型的，相反，不同的诱因是相互交织和结合在一起的。上面这些类型的规范能够引起冲突，是由于它们可能导致借助于相同的规范，出现规范对抗规范，或者个体对抗个体的现象。下面我们再分析导致教学伦理冲突的两个重要的教学伦理——教学权威和教学公平。

教师权威的不当展现或使用会导致教学伦理冲突。教师权威的存在具有内在的合法性和合理性，但是，教师权威的使用却存在着合理性与不合理性两种情形。我们可以简单认为教师权威的来源主要有两个方面：一是制度性来源，即由国家规定的教师在教育活动中所具有的权力；二是素养性来源，即丹尼斯（Dennis H. Wrong）所言的"合格性权威"，由学生对教师的知识和技能的信任所形成的权威。如果教师在教学活动中只依赖于制度性权威，以高压的方式与学生进行互动，把学生完全放在一种被动的地位，完全听其发号施令，这样的教学活动中，学生没有自己的发言权，无法表达自己不同的观点和想法。这种教学氛围和互动方式的长期存在，很容易使学生变得忿忿不平，出现社会学家韦伯所言的教师"合法性的撤销"，学生会接受冲突手段。因此，教师的权威应该是一种"合格性权威"，教师要"学高为师，身正为范"。

回报分配的非常态不连续性产生冲突。教师回报分配的非常态不连续性会导致不满，而降低了学生对教师的合法性认同。如教师把课堂发言的机会只是给予几个同学，而对许多一般的同学给予较少的发言机会，甚至是剥夺了发言机会，于是，这些同学先是失望，感到不公平，再后来是愤怒，在适当的条件和氛围下，就会发生伦理的冲突，当然再发展就是消极倦怠。这一现象就是社会学家默顿（Robert King Merton）所强调的一个概念——"相对剥夺感"，也就是一般的学生对教师的提问行为有一个标准，即基本公平的机会，这一基本公平的机会就是两个情况相同的学生 A 和 B，如性别、学习成绩、性格等，他们积极地响应教师的提问，他们希望教师给予相等的被提问机会，提问 A 一次，B 希望也提问自己一次，当教师提问 B 一次后，A 希望教师再提问自己一次。如果教师连续提问 A 几次，这时，B 就会有种不平衡感，这种感觉就是一种"相对剥夺感"。这种感觉会影响到学生的态度和行为，当积累到一定的程度时，就会出现压抑、自卑，甚至是冲突。

当然，合法性的撤销本身并不足以引起冲突。人们首先要在情感上被唤起。这样，理论任务就是明确使合法性撤销转化为情感唤起而不是冷漠或顺从的条件。这里，科塞从马克思的相对剥夺概念中获得灵感。因为马克思的观察和一些经验研究都表明，绝对剥夺并不总是产生反叛。但人们对美好未来的期望突然超过实现这些期望的条件时，只有在这样的条件下，他们才会突然被唤起去寻求冲突。唤起的程度受他们对现存体系的承诺、由此产生的内在约束的程度和系统中社会控制的程度与本质影响。这些命题可以使我们预知，在一个绝对独裁者粗暴地压迫大众的系统中，与在一个有一些自由、被统治者相信情况将会好转的系统中，前者比后者更没有可能发生反叛。在这样的条件下，合法性的撤销伴随着激情的释放。①

五、教学的结构性条件导致伦理冲突

教学活动是由一定的结构性条件支撑的，一定的结构条件是教学得以展开的根本。但是，教学的内在结构和条件的各要素又是教学伦理冲突的来源。②根据访谈，我们用伦理语言对教学的内在结构性条件进行了描述，并发现六个条件对于教学伦理冲突的发生是具有决定性的，这六种特殊的职业条件是理解教师伦理冲突背景的重要组件。

第一，教师在巨大的群体中面对学生，导致特殊的伦理冲突。公平问题，尊重学生与他人真诚交往的权利问题，给予每一个学生单独的注意的可能性问题——所有这些伦理要求源于下面的事实，教师个体要在一个群体中面对多个个体，这区别于医生或律师在一个时间段只与一个患者或客户互动。一个教师无法在同一时间内照顾到如此多的学生需求和利益，只能是有所选择，如此就出现了上述的伦理冲突的问题。

第二，教师执行不同的学校功能，把他们置于特殊的伦理冲突中。教学活动中，教师应该评价学生和给学生评级，他们不得不面对学习困难的学生，与学习成绩不良的学生相关发生的伦理冲突源于两个原因：一个原因是给一个学生的成绩较低的评价可能伤害到他或她，另一个原因是对于评价可靠性的怀疑。

第三，教师执行学校教育的社会化，他们教育他人的孩子可能导致伦理

---

① ［美］乔纳森·特纳著，邱泽奇等译：《社会学理论的结构》，华夏出版社 2001 年版，第 179 页。
② Colnerud, G. Ethical Conflicts in Teaching [J]. Teaching and Teacher Education, 1997, 13 (6): 627—635.

冲突。教师表示对把什么样的道德规范传授给学生并不确信，他们对与家庭教育他们的孩子的责任边界建立在哪里也存有疑问。这些"不确信"和"疑问"往往会导致伦理冲突的产生。

第四，教师不仅仅对学生的现在负责，也对学生的未来负责，这也可能是伦理冲突产生的原因。把现在的责任和未来的责任结合起来有两个问题。第一个问题是，教师预料不同行动的可能未来结果存在困难，第二个问题是结果可能被预见，并且与现在的要考虑的事相矛盾。

第五，制度规定性的接近是教师与学生关系的特征，这也可能导致伦理冲突。凭借这种接近，教师能够觉察学生的需要，同时，通过观察使他认识到做好是一种道德责任，至少可以保护学生使他们远离伤害。然而，教师的职业职责和职业权利是不清晰的，这会导致对教师行为的道德性质存在疑惑，除非证明教师对学生的"接近"是对的。这就会使教师经常处于底线型教学伦理与卓越型教学伦理的冲突之中。

第六，"共同负责"的教学规范使教师陷入与自己的良心的伦理冲突中。在学校组织中，教师被要求对组织及成员忠诚。[①] 教学活动中，教师会经常观察和知觉到其同事等对学生的伤害，而忠诚原则迫使教师遵循教学忠诚的伦理要求，这时，教师就面临着教学忠诚与教学良心之间的巨大冲突。这一现象的一个解释为，教师因担负社会任务而必须采取如此限制性的态度。

六、学校组织是教学伦理冲突产生的直接因素

最后，我们把目光聚焦于学校层面。学校作为社会的一个构成要素，深深烙上了社会的文化和伦理特征，处于社会文化的最前沿，学校又具有自我更新和建构的意识和能力，这两股力量的结合形成了独特的学校组织文化。学校的规模、层级形态、决策方式，个人在学校中之定位，学校的共同价值观、态度及认知等，都给教学伦理主体带来了各种机会或限制，也导致了各种教学伦理的冲突。

---

① Colnerud, G. Ethical Conflicts in Teaching [J]. Teaching and Teacher Education, 1997, 13 (6): 627—635.

当前，学校中存在着大量教学伦理冲突的潜在因素，如普遍的惩罚、过度的竞争、巨大的期望差距、家校沟通不畅等。直观来看，这些问题并非教学伦理问题，更多的是教学技术、教学技巧问题，但是这些行为和现象所承载的是深刻的教学伦理问题，这些问题带来了教师与学生之间的巨大的伦理困境和道德的冲突。如过度的竞争——地区之间的竞争、平行学校之间的竞争、班级之间的竞争、学生之间的竞争、小组之间的竞争，并延伸到家长之间的竞争即所谓的"拼爹"，这些竞争大多以学生考得高分，竞赛得奖，考入好学校为目的，一定意义上，是在把学生作为一种实现某些人目的的手段和工具。参与竞争者使出浑身解数，八仙过海、各显神通，有些人免不了会使用不当的手段，从而造成各种教学伦理的冲突。

第五章 教学伦理冲突的解决策略

伦理决策就是一次冒险。① 国外学者夏皮罗（Shapiro J.）等提出了多重伦理决策模式，包括：正义伦理模式，强调对法律和权利的关注；批判伦理模式，重点在于唤醒教师意识到学校中的阶级、种族和性别差异；关怀伦理决策模式，核心在于以学生为本，关怀并满足学生的需求；专业伦理决策模式，它综合了前三种伦理决策模式，是一个动态的伦理判断的决策过程。② 教学是一个复杂的伦理世界。后现代主义的影响，伦理相对主义的泛滥，在这个多元主义时代，注定了教学伦理冲突决策的危险。毫无疑问，大多数教学伦理冲突主体期望做对而不是做错，增进善而不是恶，公正地行事而不是做不义的行为。③ 但是，解决伦理两难和教学伦理冲突没有现成的伦理食谱，需要教学伦理冲突主体进行艰苦的道德思考，对伦理困境进行分析，在此基础上做出科学的、合道德性的解决决策。我们通过研究，力图使教学活动成为一种技术行为，同时也成为一种道德行为和审美行为。

之所以说伦理决策是一次冒险，是因为面对两难的伦理问题，其实质隐含着伦理原则和规范的排序问题。我们可以在一定的范围内，在一定的时空中对一定的伦理原则和规范进行排序，但是，伦理原则的排序过程也是一次伦理的冒险，因为当我们把某类原则和规范放置于其他原则和规范之前时，客观上是在贬低其他伦理原则和规范的价值。比如，我们认为公正比自由更具有优先性，那么为什么公正更具有优先性呢？我们不得不寻找公正相较于自由更具有优先性的理由和根据，当我们解释了公正比自由更具有优先性，找到了其理由和根据时，我们又不得不追问：这些理由和根据的理由和根据何在？显然，这是一个无休止的循环论证。这时，"解释问题"就是一个与"选择问题"等价的困难。④

---

① Jukka Husua, Kirsi Tirri. A Case Study Approach to Study One Teacher's Moral Reflection [J]. Teaching and Teacher Education，2003（19）：345—357。

② 王凯：《困境与决策：教师专业伦理研究的新取向》，《现代基础教育研究》2017年第 4 期。

③ Evers，C. Ethics and Ethical Theory in Educative Leadership—A Pragmatic and Holistic Approach [M]//Duignan, P. A.，Macpherson, R. J. S. Educative Leadership：A Practical Theory for New Administrators and Managers，London：Falmer. 1992：21—43.

④ 赵汀阳：《论可能生活》，中国人民大学出版社 2010 年版。

这仿佛给我们一个印象，面对伦理两难，伦理决策是一个无法完成的任务。但是现实中，人们又时时刻刻在面对伦理两难，并时时刻刻在解释和解决着这些伦理的困境，这是我们无法回避的事实。这就需要我们不断地认识伦理困境，研究伦理困境，并思考和总结伦理困境解决中所获得的成功经验和失败教训，即便做不到最好，也要追求更好。教学是一项道德的实践事业，教学过程就是一个面临教学伦理冲突，不断解决伦理冲突的过程，我们的研究努力在我们所认定的伦理观点和立场基础上进行伦理的决策，使我们能够从这些纷繁的教学伦理冲突的现象中发现、抽象出我们所认为的"善"的教学伦理的决策。

在教学的伦理冲突过程中，教师作为教学的主导，是伦理冲突解决的主导性因素，在教学伦理的冲突中，教师更是冲突的根本性力量，所以下面的教学伦理冲突解决的研究，我们主要以教师作为教学伦理冲突主体来展开。

第一节　教学伦理冲突解决策略的现实考察

当今是一个冲突的时代，冲突成为现实中各个领域的主题，渗透到了世界的各个角落。大到国与国之间的政治对立、经济竞争、激烈的军事战争，小到夫妻间的拌嘴吵架、孩子间玩耍为一个气球的争斗等。我们的学校、我们的教育教学也充满了各种冲突：学校间的生源之争、班级间的排名竞争、学生间的成绩和发展的竞争、师生间的各种矛盾等。在这个冲突的时代，冲突的教学环境中，我们的教师要以直面冲突的心态来应对现实，需要面对冲突的教学勇气和解决教学冲突的智慧。如果跟不上这一冲突的步伐，教师所承担的教学将处在危险之中。

这一部分我们将首先考察当前教学实践中，教师处理教学伦理冲突的方式方法，对教师的道德决策智能进行初步的了解。在访谈过程中，教师们提供了大量的教学伦理冲突的实例。从中可发现当前对待教学伦理冲突有几种策略倾向，即"对抗解决型""伦理智慧解决型""极力回避型""对话商谈型""中庸妥协型"等。大多数情况下，许多教师没有这种教学伦理冲突的意识和敏感性，对教学中存在的诸多冲突只是从技术的角度来分析和处理，我们称这种类型为"伦理无意识型"。我们按照教师所愿意担负责任的程度，把教师在实践中面对教学伦理冲突所采取的策略归纳为以下五种。

一、回避方式

回避方式依照承担责任的程度，又可以分为两类，即逃避责任和转移责任。

（一）敷衍塞责，逃避责任

通过访谈及对其他资料案例的分析，我们发现，许多教师在面对教学伦理冲突时，采取的策略是回避，对伦理冲突的内容和主题，不进行深入的剖析，通过一定的方式绕开冲突中的核心伦理问题，其中比较严重的一种是逃避责任的倾向。案例1-3中，语文老师在讲授《麻雀》一课时，谈到了"老麻雀奋不顾身地从树上飞下来想拯救小麻雀"，这体现了"老麻雀高贵的母爱精神"，接着语文老师提了一个问题："假使你是那只老麻雀，你会怎样做呢？"对于语文老师提出的问题，学生们展开了激烈的争论，主要观点有两种：一种观点认为老麻雀具有母爱的精神，值得人们敬仰和学习，"母爱的力量是不可战胜的"，"我会像老麻雀那样做。……去试试，才有可能战胜对手"。另一种观点是老麻雀不应该救小麻雀，因为"识时务者为俊杰，我觉得不要增加不必要的牺牲，那样做不但救不了小麻雀，还多搭上一条性命"。这两种观点体现了学生在价值取向上的截然不同。这是一个通过教学中伦理冲突来进行道德和价值教育的好时机，很值得语文老师巧妙地引导，并进行深入分析，从而提高学生伦理判断的能力和思想道德的水准。但是语文老师没有如我们的预期，他"匆匆转移了话题"。显然，该教师在主观上回避了伦理冲突的问题，客观上逃避了教育教学的责任。

总结该方式，教师努力通过回避这些问题来解决这些问题。他或她不打算为困难问题承担任何责任。教师借由逃避，以"解决"所面临的一些问题，换言之，对于困难的问题，他不愿去承担任何责任。奥瑟（Oser）曾举例：当一位老师在评定学生成绩的议题上受到误解，又不易与家长沟通时，为了避免麻烦，他会选择逃避或放弃原有的坚持。

造成教师选择该方式的原因有很多，其中主要原因是教师缺乏丰富的道德和伦理的基础，作为他们专业实践的指导原则。许多教师清楚地知道正确的选择，但是他们依然不明确如何去实施。还有更极端的原因："教师不仅知道什么是正确的，而且还知道应该做些什么，但是出于安全、便捷、有效，或者有利等个人原因，他们可能选择不去运用这种知识，他们可能被雷兹描述的学校文化所胁迫。这种文化给教师烙上了这样的印记：'不要捣乱，无论如何，平静才是每天的常态。'"①

逃避责任的教学伦理冲突的解决方式存在较大的问题。首先，违背了德性教学伦理的要求。虽然是逃避责任，但是，"逃避"一词足以说明教师在德性教学伦理方面的欠缺，如教学良心、教学勇气，这些都是德性教学伦理对教师的要求，是一个卓越型教师所要实践的责任。其次，放弃了义务型教学伦理。教师不仅要"授业，解惑"，更要"传道"，既要教书，又要育人。对学生伦理困惑、伦理问题的解决是一个教师基本的义务，是教师促进学生全面发展的一个重要途径，可以说，逃避了责任，就失去了作为一个教师基本的资质。最后，丧失了教师合格性权威。教学过程中，学生与教师，或学生之间会针对某一事件、现象等进行讨论，其中许多主题都会涉及价值观、道德观等问题，当学生在讨论中面临教学伦理冲突，而没有达成一致观点时，学生们会以期望的心态倾听教师的解释或"裁决"。如果教师及时准确地满足了学生的求知需要，教师会逐步建立起"闻道在先"的合格性权威。但是教师经常回避学生的期待，学生会逐渐形成一种印象——"这个老师就这样"，教师合格性权威就会逐步丧失。

---

① ［加］伊丽莎白·坎普贝尔著，王凯、杜芳芳译：《伦理型教师》，华东师范大学出版社2011年版。

（二）责任委托

责任委托也是回避的一种方式，它是一种"代理取向"。即当教师面临一些伦理两难的情境待解决时，他会因为负有责任而接受这个事实，但不打算自己做出任何决策，他会选择延宕处理或将责任与负担委托他人处理，例如委托校长、学校德育老师等去处理。

这种情况的发生除了上面第一个原因之外，还有几个影响因素，如教师因为顾及处理该教学伦理冲突会费时费力，耽搁教学进程，降低教学效率，因此委托他人。另一个重要因素，就是教师遇到了自己感觉无法彻底解决的伦理冲突。如新手教师，由于缺乏一定的处理教学伦理冲突的经验，当面对一个新的教学伦理冲突问题时，他会判断凭借自己的能力和技巧，能否解决这类问题。如果理智告诉他自己无法解决，他就会把该教学伦理冲突通过报告等方式传递给校长、德育教师等，由他们代为处理。因此，这类回避策略在一定意义上，教师没有放弃自己的责任，而是出于一定考虑，来委托他人。

二、中庸妥协

亚里士多德认为，德行的最高境界就是两恶取其中，或"两恶相权取其轻"，也就是要把握德行的度，防止"过犹不及"。他认为，德性就是品质，"人的德性就是一种使人变得优秀并出色地发挥其功能的品质"[①]。亚里士多德认为德性就是中道，"过度"和"不及"为邪恶所固有。如关于恐惧和信心，中道是勇敢，过度是鲁莽，不及是怯懦。那么如何达成中道呢？显然命中中道是困难的，因为相对于中道，错误是多种多样的，而中道只有一种。亚里士多德建议我们应当避开两个极端中与中道更加对立的极端。在两极端中，一者危害更大，另一者危害相对较小，若精确地命中中道是困难的，这时就要"两恶相权取其轻"，即选择相对较小的恶。

亚里士多德的观点可以解释为什么许多教师会采取妥协的方式。因为，在激烈的道德伦理冲突过程中，教学伦理冲突双方都在冲突的风口浪尖，要

---

① 唐凯麟：《西方伦理学名著提要》，江西人民出版社2000年版，第56页。

避免过激、过度的行为方式，如果采取了过激的、过度的行为，就是如亚里士多德所言的过度之恶。所以，教学伦理主体采取的方式要基于自我的伦理立场和价值取向，取其中道。取其中道，能够使策略更接近于冲突双方的伦理原则，减少二者的相对"损失"，可以有效地化解双方的对立情绪，找到二者皆可接受的策略。

妥协的方式虽然在一定范围和意义上解决了教学伦理冲突，但是，这种方式自身还存在着问题。首先，导致惯性妥协。即当教师对第一次教学伦理冲突采取妥协的方式后，学生们会产生一种感觉，只要"争取"，就可以按照自己的意愿行为，即便老师不同意，也没有多大的损失或惩罚。这种感觉会使学生产生投机的心理，或者试探教师的心理，导致教学伦理冲突经常发生，而教师也会经常使用"妥协"的方式来处理教学伦理冲突。其次，影响教师解决教学伦理冲突能力的提高。如果过度使用妥协的方式，会导致惯性妥协，教师不再思考和探索有效的解决策略，使教师的道德推理和判断能力止步不前，影响其专业发展。最后，混淆冲突中涉及的伦理原则。妥协可能是中庸，也可能是模棱两可，当教师不能顺利地给学生以伦理阐述和判断时，学生会对冲突中的伦理问题产生模棱两可的认知，不能清晰选择伦理原则或判断道德问题。

三、暂时搁置方式

所谓暂时搁置，就是指教师面对教学伦理困境时，暂时放下，不予处理。访谈中，教师给了很多如此行为的理由。有的教师认为，出现教学伦理冲突时，他们运用以往的经验和相关的伦理知识断定这个冲突暂时难以解决，当时着手解决的效果远差于事后处理，基于道德直觉认为现在采取行动可能会造成更大的恶，而暂时搁置则可能缓解冲突的程度，使冲突在意识清醒、理由充足、环境适宜的情况下更好地得到解决。

但是，暂时搁置冲突的处理方式也存在着弊端。首先，暂时变永久。中小学教师的工作是繁忙的，许多小学教师带两个平行班的一个学科，每周加起来课时可以达到20节，除此之外，他们还要备课，批改作业，参加教研活动，接家长电话，等等。因此，在课堂上暂时搁置的冲突，在课后被许多教师主动或被动放弃了。

[案例 5-1]

有一次，在课堂听课过程中，一位教师在讲到舍己救人的问题时，举了一个少年勇斗歹徒的例子。例子中教师刻画了少年的勇敢、胆量和为被救人着想的形象。随后，教师要求学生针对这一案例进行讨论。学生们你一言，我一语，其中张一（化名）和王田（化名）争论得最为激烈。张一说："少年真的很勇敢，像佐罗。"王田说："我觉得他不应该去救人，他力单势薄，会受伤。"王田接着说："他应该找警察叔叔。"张一反驳说："要赶紧救，警察来就晚了。"……他们两人争得面红耳赤，不可开交。该老师看到他们争论这么激烈，就说："这个问题，下节课我们再讲，先上课。"

下节课开始了，我注意到该教师并没有再提这件事。下课回到办公室后，我就问该教师："张一和王田的争论你怎么没有讲啊？"该教师说："那时暂时让他们放下，课时紧，再讲这个问题，就完不成今天的教学目标了。"我接着问："学生会不会等着啊？"老师回答："不会的，他们也只是争论一下，不会较真。"①

这次争论的解决，可以说石沉大海，暂时搁置变为永久放弃。

其次，泯灭学生的求知兴趣和欲望。心理学理论证明，处于学生期的儿童和青少年，其兴趣和求知欲望具有易变性、动摇性和短暂性，也就是说他们对于某一问题或知识的兴趣很难长时间地维持。这就要求我们教师在教学过程中，及时地解决学生学习过程中遇到的问题，对于学生感兴趣的问题和知识要努力在"问发现场"解决。如果教师经常让学生的问题"搁浅"，学生的学习兴趣和欲望会受到打击，学习的动力随着"搁浅"而消失。

---

① 资料出自在某小学随堂听课的记录。

四、压制对抗方式

对抗方式，是指教学伦理冲突主体在面对教学伦理冲突时，采取的策略是直接与对方持对立的立场和主张，并使用公开竞争的方式与对方进行较量，以期说服或征服对方，按照自己的伦理原则和主张解决发生的冲突。

访谈中，我们概括了教师和同学们提及的教学伦理冲突的案例，我们发现，对抗的冲突解决方式较多发生在学生身上。学生正处在成长阶段，情绪容易波动，面对冲突喜欢感情用事，争强好胜的心态较浓，同时，这一时期的学生伦理知识完备，道德意志不坚定，道德推理能力相对于教师而言较低，更多是凭自己的直觉解决冲突，因此，当面对冲突时，他们更多地采取对抗的方式方法。一般来说，新入职教师在面对情感性和情绪性较强的教学伦理冲突时，也容易直接与学生发生面对面的、公开化的、激烈的对抗，甚至非得要争个孰是孰非不可，这与新任教师欠缺相应的解决教学伦理冲突的经验有直接关联。

以对抗的方式解决教学伦理冲突存在着一些负面影响。首先，可能导致更为紧张的气氛和关系。采取对抗的方式时，一般教师情绪激动，思维简单，失去理智，采取的行为和语言过于负面，从而加重冲突双方的对立情绪，使师生关系更不融洽。其次，不能从根源上解决冲突中的伦理问题。对抗方式中教师的方法是武断的、压制式的，这种强硬的手段只是暂时压制住了教学伦理冲突的外显行为，但是并不一定使学生心服口服，没有从根本上解决伦理认知和行为问题。再次，影响学生其他方面的发展。教学伦理冲突发生后，如果教师没有根据合适的伦理原则进行解释和调节，学生会改变对教师的看法，如从信任教师走向怀疑教师，从以教师为荣走向贬低教师等。亲其师，才能信其道，建立在信任危机境遇中的师生关系，会使学生的发展受阻滞。最后，为后续教学伦理冲突埋下了伏笔。这次教学伦理冲突中的价值观、道德认知等问题没有解决，日积月累，变本加厉，可能会出现更大、更危险的伦理冲突。

五、独立担责方式

有的教师在面临教学伦理冲突时，会在自我意识的支配下，独立负责地进行决策。持这一方式的教师往往视自己为有能力迅速解决问题的专家，他们会努力通过自己的经验、能力来解决问题，并且常常是以一种要他人服从的态度，以权威的方式解决。这种类型的教师接受自己负有解决问题之责任，他会解释他的行为，并且会预想所有与此事件有关的学生或其他人，对于此道德的要素是否乐于或有能力去加以均衡，教师即使在具争议性的情境中亦能运用各种伦理原则。在处理冲突的方式方法上，这类教师善于运用双向沟通、协商、合作、征求意见等。譬如，教师为解决问题，会试图与家长等相关人员进行多方面的沟通。教师们在处理教学伦理冲突时，会预先假定包括学生在内的所有关心和卷入对话的人都是有理性的人，他们有兴趣和能力平衡正义、关心和真诚。他们甚至在批判和反对的情况下也会坚持这些原则。

这类教师一般拥有丰富的教学伦理冲突的经验，并且经常对自己的决策和行为进行反思，他们可以说是拥有伦理智慧的教师。这类教师存在的主要问题是，有的虽然在处理冲突时，干净利落，对伦理问题的把握非常到位，采取的策略符合伦理原则的要求，能预见到自己的策略和行为会给相关人带来什么影响。但是，这些教师没有多少伦理知识，对教学伦理也没有详尽了解，更多是凭借自己处理教学伦理冲突的经验，有时是一种直觉模式。用句简单的话来说就是，他们知道怎么做，但有时不能说出为什么这么做。

最后，我们要提及的是在教学实践中，存在着大量的"伦理无意识型"教师，即教师对教学伦理冲突缺乏道德敏感性，或者对于一些教学实践中的两难问题无法从教学伦理的角度去分析、思考和处理，只看到了教学的技术问题，而忽略了教学的伦理一面。这种"道德无意识"现象大量存在于教学实践中，其主要原因在于这些教师缺乏道德和伦理的敏感性，还缺乏处理此类事件的经验，更为根本的原因是教师的先前职业教育中没有涉及这一方面的内容，教师缺乏一定的伦理知识。

第二节 "教学至善"：教学伦理冲突解决的一般过程模式

伦理困境恰恰是要人们在是与是之间、善与善之间、两个有价值的东西之间进行一种非此即彼的选择。有研究者指出，教师在教育实践中主要面临八类伦理困境，包括公平问题、学生行为管理问题、课改与考试的冲突、学校行政管理与教学的冲突、投入与回报的冲突、教师信念与家长观念的冲突、同事之间的冲突、不同原则之间的冲突。[①] 当伦理准则发生冲突时，采取回避、模棱两可或主观随意的态度，是不可取的。要解决各伦理规则之间的冲突，唯一的办法就是将伦理规则排列成一定的等级次序，在权衡伦理行为价值大小的前提下，采取以次从主、以小顺大、顾全大局的方式去做出选择，即所谓的"两利相权，取其大者；两害相权，取其轻者"。《大学》言："大学之道，在明明德，在亲民，在止于至善。"由此，教学德性和教学伦理冲突解决的最高境界和追求目标就是"教学至善"。

一、教学伦理冲突解决的一般过程

在教学伦理冲突决策中，没有一个放诸四海而皆准的伦理决定过程。我们参考相关研究，提出了抽象化、概念化的教学伦理冲突解决策略。该策略由全面、系统的不同成分组成，并且各组成部分之间具有相互依赖性。

下面我们将以第三章中提到的案例3-1为例，来说明教学伦理冲突解决的一般过程。首先我们先简要回顾案例3-1的基本情节。

---

① 周坤亮：《教育实践中的教师伦理困境与伦理决策》，《教师教育学报》2024年第2期。

学校分配了一个"三好学生"名额给严老师班级,获得者高考时可以加 10 分,同时,学校要求评选严格按照公平、公正、公开的原则进行。严老师拿到表格后,直接判断这个获得者应该是张波和苏静伊中的一个,他们两个是最符合这一称号的人选。但是他也想到了与他打过招呼的同事赵老师的孩子赵羽。赵老师对严老师说,这个称号给赵羽,他就可以考上高中,张波有了体育加分,给了他也没有意义。严老师试图回避这个问题,但是最终还是考虑到赵羽也是自己的学生,苏静伊竞争不过张波,就给赵羽吧。于是严老师就确定了赵羽和张波为候选人并动员张波放弃竞争。选举时要求学生只能从候选人中选择,学生们疑惑为什么没有苏静伊呢?同学们糊涂地填了选票,赵羽顺利当选。但是班级气氛压抑,学生们木木地坐着,严老师难过地匆匆离开了教室。后来,严老师向校长递交了不再担任班主任的申请书。

(一)感知伦理情境,找准关键事件

这一阶段,教师要尽量搜集与情境有关的各种信息,把事件背后复杂的背景尽力简化,找到伦理困境发起者的关键事件或问题。[①] 在教师解决伦理困境过程中,关键事件往往起重要作用,因为关键事件是教师形成解决伦理冲突思维方式的最重要的影响因素。因此,我们必须识别出教师在不同的职业背景中表现出的一些关键性价值观[②],区分出这一冲突是教学冲突还是教学伦理冲突,如果是教学伦理冲突,冲突的涉入人有哪些,其中的关键主体是谁。

案例 3-1 中,当严老师拿到候选人表格时,他开始感知到了一种伦理的困惑和两难情境。按照标准,候选人应该是张波和苏静伊,但是同事打过招呼的赵羽怎么办呢?这里最为关键的事件是候选人只有两个,但是严老师明显

[①] Cranston, N., Ehrich, L., Kimber, M. Towards an Understanding of Ethical Dilemmas Faced by School Leaders [J]. Principia Journal of the Queensland Secondary Principals Association, 2004.

[②] Kirsi Tirri. Teacher Values Underlying Professional Ethics [M]//Lovatetal, T. International Research Handbook on Values Education and Student Wellbeing, Springer Netherlands, 2010.

感到有三个人都要成为候选人。这时，严老师为了做出更合适的决定，开始"边走边想"。

（二）定位伦理问题，确定关键目标

这一过程要求教学伦理冲突主体在及时搜集资料后，列出主要问题和矛盾所在，并且删除不相干的部分，清楚区别相关人员之权利与义务。这一阶段，教师首先用到的识别策略是直觉策略，但是这里需要注意的是，"不要做下意识的反应，因为你的第一反应往往不是最好的一个"[①]。直觉在定位伦理问题时，往往带有较强的情感或情绪色彩。教师要准确地界定冲突中的伦理问题，需要伦理思维的支持，即需要理性和逻辑两个工具。

严老师经过思考后，意识到这两个候选人名额应该给张波和苏静伊，但是，也应该给赵羽。给张波和苏静伊就是遵循了教学公平、公正的原则，对学生的教学评价要一视同仁，不分学生的背景和地位等；给赵羽，就遵循了教学忠诚的原则和功利性教学伦理。严老师在思考和衡量了这些伦理问题后，形成了对此困境的基本伦理认知。

（三）根据问题性质，选取适当伦理原则

这一阶段，教师要考虑各种价值观立场——自我的、学校的、社会的，自己要采取的决定在价值排序中的位置。处理具体的教学伦理冲突，实质是各种伦理价值观、政策、原则等之间的"较量"和"竞争"，甚至是"斗争"的过程。最终的决策往往是有一些价值观被利用和反映，另一些会保持沉默，从而形成一种"妥协""折中"，这一过程也是各种价值观、原则、制度、政策、利益等之间博弈的过程。

当明确了困境中的伦理问题是什么之后，教学伦理主体要努力搜寻符合当下冲突的教学伦理原则，并把涉及的所有伦理原则进行排序，或者综合考虑哪个是具有优先级的标准。选择伦理原则是一个关键环节，因为这一选择

[①] Neil Cranston. Ethical Dilemmas for School Leaders: What Are They? What Challenges Do They Raise? How Can They Be "Managed"？[R]. PDN Leadership Conference, August 2011.

的正确和恰当与否，直接决定后面伦理决定是否更合道德性。

那么如何进行教学伦理原则的排序呢？任何一套伦理原则在具体的实践情景中使用时，都需要进行优先性的排序。并且，理论上排好顺序的教学伦理原则是否在实践中还要保持同样的顺序呢？如果在一定的情景中说实话会带来比撒谎更大的伤害，是否还要坚持这一原则，或把这一原则放在其他原则之前？因此，教学伦理原则的顺序在理论上可能是绝对的，但是在实践中并不是绝对的，而是准绝对，只要理由充分正当，伦理原则的顺序就可以改变，或者必须改变。如一个警察遇到一群抢劫者，警察势单力薄，如果上前制止抢劫行为，其生命很可能受到威胁，如果警察撒手不管，则违背了自己的良心，也破坏了公正的原则，这时，警察应该上前制止这一抢劫行为。这时，善良原则和公正原则就高于生命原则了。

确立伦理原则的顺序主要有两种方法：（1）一般方法。这种方法根据逻辑的和经验的优先性，从理论上把教学伦理原则进行排序。（2）特殊方法。这一方法就是根据教学道德行为和决定所由以产生的、所有基本原则在其中必然起作用的教学实际境遇或背景来决定。①

1. 决定伦理原则主次序列的一般方法

按照一般方法对教学伦理基本原则进行分类，一些原则在逻辑上和经验上都优先于其他原则，因此成为首要的、主要的一类原则。从逻辑上说，善良原则居于首位。这意味着任何人在建立道德体系时，都必须当即假定这条根本的道德原则——善良。前面我们谈到，道德说到底就是善良。所以谈到道德，人们就可以假定这条根本的道德原则逻辑上优先于其他任何原则。② 然而，我们根据经验的感觉，如果没有人的生命，也就不会有人的道德。因此，不伤害原则又具有经验的优先性。以此方法，后面我们可以排列出下列原则：教学公正原则、教学自由原则及教学效率原则。

---

① ［美］雅克·蒂洛，基思·克拉斯曼著，程立显，刘建等译：《伦理学与生活》（第9版），世界图书出版公司2008年版，第155页。
② ［美］雅克·蒂洛，基思·克拉斯曼著，程立显，刘建等译：《伦理学与生活》（第9版），世界图书出版公司2008年版，第155页。

2. 决定主次序列的特殊方法——境遇或背景

道德决定和伦理选择不是在抽象观念中完成的,而是在具体的生活情境中产生的。要想把握伦理和道德的真实,必须对伦理和道德发生于其中的环境和情境进行有意识的分析和判断。其实,所有的道德原则都是从千变万化、丰富多彩的道德实践中抽象和概括出来的。因此,伦理原则源自于实践,又要回到实践。

道德实践是丰富的,道德现象是多彩的,因此对道德行为的认识,必须要采取整体的方法。于是,每一种境遇都将帮助人们确定如何去坚持或贯彻这些原则。特定的境遇将帮助人们决定是否应该结束生命,应当允许或拒绝哪些自由,什么是要采取的正当行动,什么是对每一个人都最为公平的行为方式。这样,道德的基本原则就将提供人们所需要的统一性,而在涉及道德决定的特定境遇中,个人对这些原则的理解和执行又呈现出同样的多样性。

严老师基于义务型教学伦理和功利型教学伦理,明晰了这一困境所涉及的伦理原则有功利原则、公平原则和忠诚原则。

(四)基于伦理原则分析伦理问题,做出伦理判断

伦理判断就是伦理推理,是指个人对是非善恶做正确判断的能力,或者在道德情境下,个人依据伦理原则和行为经验,对于评判是非善恶、分析因果、衡量利弊以及抉择行动的过程中的心智思考模式。因此,道德判断是一种价值性判断,价值观是道德推理的基础。

案例3-1中,严老师对于候选人给谁,做了深刻的道德推理。他首先基于公平原则,考虑到张波和苏静伊的综合素质,判定应该给他们两个。其后,他又基于功利原则,认识到这一称号对于张波没有什么价值,而对于赵羽却意义重大,可以使后者顺利地考入高中。这期间严老师最为纠结的是对于赵老师的忠诚原则,他既想违背这一原则,又感到为难。严老师在伦理分析的基础上,最后还是判定,这一称号要给赵羽,这虽不是最好的选择,但是却是比较好的选择。

伦理判断的过程,也是一个对事件或问题进行价值澄清的过程。这一阶段鼓励教师识别出实践的例子,这些例子体现了他们的价值观与其行为之间

在个体水平或群体水平上的差距。价值澄清给教师们提供了一个机会，在认识他们的价值观的道路上迈出第一步，然后相伴其工作和生活。[①] 比如对社会价值观的澄清，社会价值观的重要性体现在这句话中：教师对社会利益的强调远胜于对个体和自我的关注；"教师培养宽容差别性"体现了学校价值观；"教师把目标定为完成他们的任务"和"教师们诚实地评价他们自己的工作"，这反映了教师们的个体价值观。

伦理判断的过程会受到个人和情境等中介变项的影响，个人因素包括自我强度、场地独立和内外控制；而情境因素则包括即时情境、组织文化和职业特征等。严老师在进行伦理判断的过程也受到了多种因素的影响。如学校文化，中国是一个"人情"社会，有时，"人情"和正当程序相矛盾时，前者往往处于优势地位。学校也难以逃脱这种"人情"渗透，严老师之所以做出了上述选择，除了对同事忠诚外，碍于"情面"也是重要的因素。

（五）设计假设性行动方案，评估相关权益和结果

伦理判断使教学冲突主体衡量了各种冲突的道德力量，在此基础上，教学伦理冲突主体根据伦理原则和以往的经验提出了初步的行动方略。教师在面对教学伦理冲突时，要考虑的权益主体不只是他们的学生，还要包括他们的同事、家长、国家等其他主体的道德权益。这就需要教师有同理心和设身处地的能力，坚持最少伤害原则。教师需要考虑他们的选择是诚实的、公平的，促进平等的、尊敬他人的，及不要使他人感到软弱或不重要的。教师还要考虑：人们之间存在冲突吗，或者一种选择比其他的更存在问题吗，等等。具体来说，在提出初步的伦理行动预案后，教学伦理冲突主体要评估所有环节的关联性，要基于价值观评估环境，考虑到先在的因素，估计特殊代表人的需求[②]，是否有冲突，敌对的关系或是共同的价值，分析伦理冲突的益处或

---

① Kirsi Tirri. Teacher Values Underlying Professional Ethics [M]//Lovatetal，T. International Research Handbook on Values Education and Student Wellbeing，Springer Netherlands，2010.

② Preston，N.，Samford.C.，Connors，C. Encouraging Ethics and Challenging Corruption [M]. Sydney，New South Wales：The Federation Press，2002.

伤害是什么，预测行为可能产生的结果，这些结果对相关权利人可能造成的伤害或利益。在这种情景中，教学伦理冲突解决者最好问一个问题："我希望我的孩子，或者我的朋友等被如此对待吗？"

严老师在通过严密的伦理思考和判断后，提出了初步的行动方案："走正规程序，把最优秀的学生选出来。"并考虑到了这次伦理困境的相关人员的权利和利益。例如，假如张波和苏静伊两人是候选人，苏静伊也竞争不过张波，不会有什么怨言。而候选人是张波和赵羽，赵羽就可以在他的"照顾"下，顺利地当选，这样既增加了升学率，又使赵羽升入了高中，并且，还保持了与赵老师的同事关系。

（六）做出伦理决定

根据思考和分析，确定行为方式和处理策略，选择符合道德价值的行动。在做最后决定时，仔细考虑搜集信息的明确性，信息愈明确，则决定愈清楚。同时，在做出决定时既要考虑选择的分析又要考虑结果的分析。如果一个伦理困境的处理，策略无论如何都会造成伤害，那么选择最少伤害的处理方式。

从功利原则和对同事负责、忠诚的原则出发，严老师做出了最后的伦理决定，即把候选人定为张波和赵羽，"怀着对苏静伊的愧疚在表格上填下了张波和赵羽的名字"。

（七）实施决策并不断修正

根据策略展开行为，并观察和体会行为给学生带来的变化，及时调整策略。伦理决定做出后，并不意味着教学伦理决策的完成，教学伦理主体还要把决定付诸实施，并通过观察、分析、反思等，发现决定所导致的"不好"结果，及时地修正和调整策略。在案例3-1中，严老师做出了决策后，开始实施其行动："严老师把张波叫到面前"，"必须在两名候选人中产生，不得另选"，"赵羽'堂堂正正'地当选了！"严老师的这次伦理冲突的解决策略是否合道德性和伦理性呢？首先，我们从程序正义的角度来看。学校对"三好学生"的产生有着明确的原则规定：公平、公正、公开，这既是制度规定的程序的正义，又是一种保证过程和道德性的伦理原则。严老师在决定候选人的时候，就没有按照一定的程序进行，而是自己独立决定了，没有公开征求班级同学和其他老师的意见。在正式选举的过程中，严老师更是直接告诉学生张波不想参加竞争了，这是在直接地操控选举过程，利用教师的权威来影响选举的进程和结果。因此，严老师可以说是违背了程序正义。其次，我们来看选举的结果。从功利教学伦理来看，严老师的行为确实是取得了较大的效益，因为在这一冲突过程中，直接的利益当事人有张波、苏静伊、赵羽、严老师、赵老师。就当时的情况来看，赵羽当选的价值要大于苏静伊当选的价值，因为，苏静伊完全可以凭借自己的学习成绩考入高中，得了这个称号，只是荣誉。而对赵羽来说，既得到了荣誉，又能够考入高中，其当选的价值较大。同时，严老师班级的升学率可以提高，并能够保持与赵老师的关系。显然，苏静伊获得"三好学生"的效益要小于赵羽当选。从这里来看，严老师解决冲突的决策又是符合功利教学伦理要求的。最后，从德性教学伦理的角度，严老师自己在反思这次决策行为时，也得出了"失去的不仅仅是良心，还蒙蔽了孩子纯净的心灵"。

从上面对这一过程的说明来看，我们可以把几个步骤合并，如可以把1与2合并，3与4合并，这样，最后简单的过程步骤就有五个：1和2、3和4、5、6、7。概括这几个步骤，用道德语言来表达就是：道德敏感性、道德思维、道德判断、道德动机和道德行为，见图5-1。

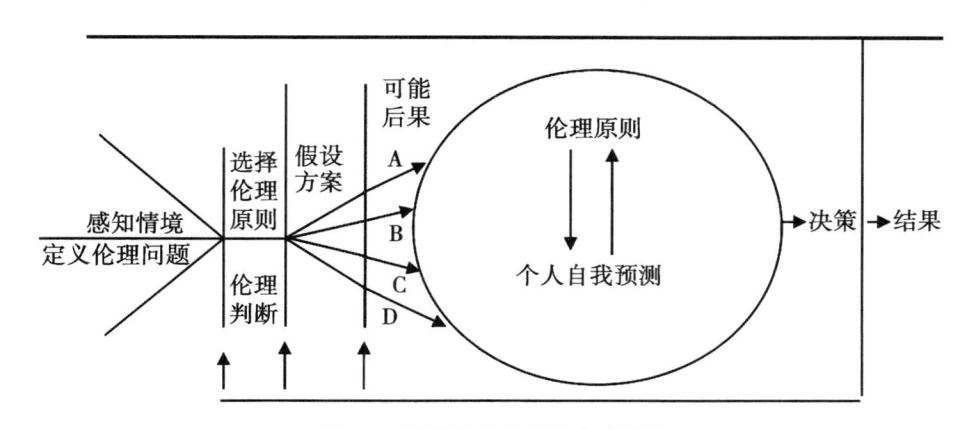

图 5-1 教学伦理冲突解决步骤图

从上面对教学伦理冲突解决的理想步骤和模式来看，教学伦理冲突的解决过程是一个多元教学伦理主体相互交错、相互冲突、相互制衡的过程,这些教学伦理主体可以是显在的,也可能是潜在的、隐藏于冲突过程背后的。也正是这一互动的竞争过程使教师再三地斟酌和选取最为"善"的行为逻辑,完成冲突的解决。

在此,我们需要说明的是,我们把教学伦理冲突的解决过程划分为上述几个步骤,是为了更好、更详尽、更直观地认识和研究教学伦理冲突的解决,这并不是对一个具体教学伦理冲突的归纳和总结,而是对我们观察和调研到的大量教学伦理冲突的一种抽象化、概括化,同时,更是在"教学崇善"的原则下对其进行了完善化,是一个我们认为的理想的解决模式。因此,在使用其解释和解决现实的某一教学伦理冲突时,并不一定按部就班地进行操作,许多的步骤之间可以合并。其实,在教学实践中,教师面临教学伦理冲突时,给教师思考和进行伦理的判断的时间很短,需要教师在一瞬间拿出决策方案,是一种整体思考决策的过程,所以这几个阶段的界线在教师的大脑中并不一定很清晰。

二、教学伦理冲突解决的关键因素

教学伦理冲突的解决需要发挥一系列因素的作用,只有这些不同的因素相互配合、合理安排,才能发挥最大的整体效用,促进教学伦理冲突的解决。多因素结合起来,就会构成一种伦理决策的伦理框架。纳什认为,强有力的伦理框架是解决伦理冲突的最好工具,教育者的道德原则框架的主要目的在于证明和辩护,一个伦理决策是建立在具有逻辑性说服力的伦理框架基础上的。考虑到教学伦理冲突的特殊性,我们把这一框架构成分为伦理原则、策略方法及补充性的伦理注意事项等几个方面。

(一)伦理原则是教学伦理冲突解决的根本

原则是人的言行所依据的法则或标准,在逻辑学上是指多数事项共有的法则,在法律上则是指适用于一般事务的法则。要给"原则"下一个标准定义并不容易,整体上来说,原则是说话或行事所依据的规则或标准,也可能是做某件事、解决某个问题或某个领域里的指引和禁止性规定,也是大多数人可以接受的事物共同之法则。伦理原则是指一个伦理体系中最核心、最抽象的准则。在伦理学发展中,不同的学者提出了迥异的伦理原则,如快乐主义的伦理原则是"快乐是最高的善",康德的义务论伦理原则是"绝对命令",功利主义的伦理原则是"最大多数人的最大幸福"。

伦理体系是由多个部分组成的,可以把伦理体系分为三个层次:(1)原则,即最基本的价值,例如:爱、正义、责任等;(2)理论,提供了当遇到伦理原则相冲突时,如何做决定的依据;(3)行为准则,提供最具体的道德行为,并用来解决道德两难问题。[①] 这一分类中,我们可以体会到,伦理原则在伦理体系中,是最基本的价值,对于解决伦理问题是根本性的出发点。

王本陆教授在《教育崇善论》中提出了现代教育伦理原则系统。他认为:"提出教育伦理原则是人们处理教育善恶矛盾的有效策略。也就是说,人们通常通过制定一定的教育伦理原则,向人们提出处理、解决这种教育善恶矛盾的基本要求,从而促进问题解决或使矛盾朝主观愿望的方向发展变化。"[②] 他首先界定了现代伦理原则,认为教育伦理原则,乃是以有关理性认识和实践经验为基础、反映着人们的主观目的和价值观念的处理教育善恶矛盾、规范教育活动的概括化和普遍化的教育指令。[③] 现代教育伦理原则内涵包括:首先,教育伦理原则是一些处理教育善恶矛盾的要求或指令。其次,教育伦理原则是主观与客观的统一。制定教育伦理原则是一个主观和客观统一的过程。教育伦理原则的提出,客观条件的影响和制约作用是不可忽视的。不考虑这些客观的制约因素,教育伦理原则就会缺乏现实感、针对性和有效性,甚至成为臆想、空洞、无理的要求。再次,教育伦理原则具有普遍性和概括性。原则不是处理个别具体现象或问题的方略,而是处理某种类型问题的纲领,是具有概括性和普遍性的行为指令。最后,教育伦理原则是理论和实践的统

---

① Fried, J. Ethical Standards and Principles [M]//Komives, S. R., Woodard, Jr. D. B., Associates. Student Services: A Handbook for the Profession, San Francisco: Jossey-Bass, 2003: 107—127.
② 王本陆:《教育崇善论》,广东高等教育出版社 2001 年版,第 110 页。
③ 王本陆:《教育崇善论》,广东高等教育出版社 2001 年版,第 114 页。

一。人们提出教育伦理原则，都要以一定的教育伦理学说为理论前提。同时，教育伦理原则也总结和体现着教育善恶斗争的丰富实践经验。[1]

综合学者的研究，我们认为教学伦理的核心理念和根本原则有："不伤害原则""行善原则""公正原则""尊重自主原则""忠诚原则""效益原则"等，并通过平等协商以及允许纠错等程序，确保伦理冲突的妥善解决。下面我们选择最为重要和有代表性的几个原则加以分析。

1. 不伤害原则

不伤害就是不能给他人带来身体或心理上的痛苦或其他不适。不伤害原则在实质上就是尊重生命原则，这是教学伦理原则中的第一伦理原则。这是道德的最基本、最必需的原则，因为从经验上说，没有活着的人便没有任何道德。[2] 大多数的道德体系都有某种禁止杀戮，保护生命的规定，如康德的"绝不杀人"，佛教的"不杀生"，等等。不伤害原则相对于其他教学伦理原则具有优先性，因为人的身心受到伤害，便不可能有什么善或恶，公正或不公正，诚实或不诚实，自由或不自由。正如康德所言，个人绝不应被仅仅当作手段，相反地，个人本身就应该被作为独一无二的、独特的目的。当代著名的女性主义者，关怀伦理学的代表内尔·诺丁斯认为："保全我孩子们的生命是我的第一兴趣。我希望他们拥有一个健康并且优雅的身体。我这里用'优雅'一词来强调身体、精神和思想各部分的整体和谐。"[3] 因此，生命价值原则有理由成为近似绝对的及准绝对的原则，因为所有人都共同而独特地拥有生命，它必须成为任何道德或人性的基于经验的起点。[4]

2. 行善原则

行善原则是指促进学生以及其他教学伦理主体的发展、健康和幸福，即对他人施善，促进他人正确地成长和发展。这条原则有时候呈现为两条独立

---

[1] 王本陆：《教育崇善论》，广东高等教育出版社 2001 年版，第 109—113 页。

[2] ［美］雅克·蒂洛、基思·克拉斯曼著，程立显、刘建等译：《伦理学与生活》（第 9 版），世界图书出版公司 2008 年版，第 148 页。

[3] ［美］内尔·诺丁斯著，于天龙译：《学会关心——教育的另一种模式》，教育科学出版社 2003 年版，第 64—65 页。

[4] ［美］雅克·蒂洛、基思·克拉斯曼著，程立显、刘建等译：《伦理学与生活》（第 9 版），世界图书出版公司 2008 年版，第 149 页。

原则：①善行原则。人应当永远行善。②防恶原则。人应当永远努力地防止和避免作恶为害。[1] 如果说道德意味着什么是"善良"，那么，每一个道德体系显然必须蕴含善良原则。这就是说，所有道德体系都建立在这一思想基础上，即我们应该努力做个"善良"的人。反过来说，我们应当努力不做"邪恶"的人。

台湾教育伦理学研究者贾馥茗认为，从事教育工作，就要秉持合乎"理性善"的价值良心，这良心的作用，一在控制自己和自己的行为，二在判断自己和自己的作为。因此，理性与良知是否能在伦理两难情境决策的历程中发挥作用，将是教学伦理冲突解决成败最关键的要素。教师的作用就是在各种原则之中选择，考虑到选择可能带来的问题，平衡选择可能带来的善和恶，尽量避免伤害。我们可以把关怀伦理纳入到行善原则中来，关怀伦理的道德思考则是希望化解人与人之间的对立和冲突，而最有意义的关怀行动是帮助对方成长与自我实现。所以基于关怀伦理，学校领导者应有的伦理原则即真心关怀与倾听学校成员的声音，建立良好人际关系并协助对方成长与自我实现。

我们认为，在今天这个充斥着物欲、追求经济理性、功利主义至上的时代，教学伦理冲突主体解决教学伦理冲突缺乏的不是经济理性，不是自主原则，而是从人的角度，把学生作为人来对待，从个人内心深处那份人类先天具有的同情心、关怀心出发，来解决冲突困境。因此，我们确立的这些原则除了第一原则——"不伤害原则"，排在第二位的就是"行善原则"。这一原则更强调教学伦理冲突主体，尤其是教师的德性型教学伦理，因为，这是康德所言的使其畏惧的两件东西之一。

善良原则在逻辑上优先于所有其他原则，不伤害原则具有经验上的优先性。[2] 所谓逻辑优先性是指由逻辑性决定原则之先后次序的方法，或者是逻辑思维促使我们为原则排序的方法。道德就其本质来说，就是善良。所以善良

---

[1] ［美］雅克·蒂洛、基思·克拉斯曼著，程立显、刘建等译：《伦理学与生活》（第9版），世界图书出版公司2008年版，第149页。
[2] ［美］雅克·蒂洛、基思·克拉斯曼著，程立显、刘建等译：《伦理学与生活》（第9版），世界图书出版公司2008年版，第150页。

原则在逻辑上就优先于其他的道德原则。而所谓经验优先性是指得自于由观察到的感觉的证据所确立的优先性次序。根据感觉经验，一个人只有首先拥有了生命，才能谈得上道德，无生命就无道德。因此，在经验上，生命原则优先于道德的其他原则。

3. 公正原则

公正或公平原则的实质就是如何在公平合理的基础上分配权益。也就是在分配权益时，每个人应该享受同等的待遇。这一原则要求人们既要做公正的事，又要参与分配由此获得的权益。其含义是指，任何人要受到公平的对待。

我们每个人都生活在群体之中，处在各种社会关系之中。那么，个体的自我利益行为必然会涉及或关联到他者。因此，我们不禁要问，由道德带来的好处如何分配呢？首先，好处的分配不能任其自然。其次，根据理性进行分配。理性是人的根本特征，是人区别于其他生物的根本标志，因此，作为类存在的人在分配好处时要听从理性的指挥。一般情况下，我们不应该由于性别、肤色、年龄、民族等而歧视一些人，只把机会留给一部分优势地位的人。这一思想就是要求我们在分配好处时，要坚持公正原则。当然，这是一般的情境下，而在特殊的情境中，我们会坚持差异性公正原则。举例来说，轮船失事，船上有多类人，如老人、小孩、女性、青壮年等，这时就要考虑多种因素，有差别地选择，而不是通过抽签等公正的方式选择逃生者。

4. 自由原则

个人自由原则也称为自主原则。当代哲学家 M. 斯克里芬认为这是一条根本的道德原则。人作为独立的个体，在道德上是平等的、自由的。所谓在道德上是平等的是指，在道德认同、使用、评价等方面，每一个个体具有平等的权利，不论你的民族、性别和长相，也就是说，道德伦理可以平等地照顾到每一个人。而所谓在道德上是自由的是指，个体"必须拥有选择自己道德修养的方式方法的自由"。① 但是，个人自由原则要受到其他几条原则的制约。即这里的自由是有限度的自由，是在前面几项伦理原则的框架内的自由，

---

① ［美］雅克·蒂洛、基思·克拉斯曼著，程立显、刘建等译：《伦理学与生活》（第 9 版），世界图书出版公司 2008 年版，第 153 页。

也就是不能损害他人权利和利益的自由。比如，一个人想买汽车，这是他的自由，但是，他没有足够的金钱购买汽车，于是要去抢银行，这时，去银行"拿钱"买汽车就不再是他的自由。

个人自由原则作为伦理原则的根据是：一个人在试图确立人类道德时要考虑到许许多多的人，尽管他们有着共同特性，如身体、精神、情感等，但每个人都是独特的个体。人们处于不同的发展阶段，有不同的天资禀赋，有不同的情感、欲望和需求。倘若我们不想完全抹杀这些区别，那就必须承认它们并加以考虑。而考虑到这些区别的唯一方式，就是让个人以其自选的各种独特方式度过自己的一生。① 显然，个人自由原则增加了道德体系的灵活性，实现了人的多样性存在。

教学伦理自由原则，包括教学伦理主体的行动自由、自主选择等方面。教学自由，并不意味着没有限制的自由，并且它是建立在这一假设基础上的：教学伦理主体有能力进行胜任的和理性的决策。如果一个教师不能进行完全的理性决策，或者实施，说明教师的教学是不自由的。

最后，我们再看伦理原则的选择问题。对于教学中日益复杂的伦理困境，的确没有所谓的标准模式可作为解决问题的最佳指引，但是在进行伦理原则选择时，我们仍有些原则可遵循。首先，选择明确的伦理准则来行动。伦理原则是否明确，直接影响到后面的伦理判断，模糊的伦理原则或不恰当的伦理原则会使伦理决策失去道德性。其次，有针对性地选择。冲突解决者要从不同观点审视困境，考虑道德伦理冲突所涉及的具体的伦理问题，并运用相关的理论和经验，实现伦理问题与伦理原则的关联。最后，避免直线思维。对于伦理原则的选择应避免只是二选一的思维方式，因为伦理议题有时甚至是三个以上的因素交互影响的，因此，所需要的伦理原则也要根据伦理议题的具体情况来决定，即可以有两个或者多个。

（二）策略和方法是教学伦理冲突解决的工具

如果说伦理原则是教学伦理冲突解决的基础，那么一定的策略和方法就

---

① ［美］雅克·蒂洛、基思·克拉斯曼著，程立显、刘建等译：《伦理学与生活》（第9版），世界图书出版公司2008年版，第154页。

是教学伦理冲突解决的工具。要实现"教学至善"的目标，教师要运用理性策略、情感推动策略、合作策略以及发挥专业化的作用。

1. 理性策略是基础

所谓理性策略是指在教学伦理冲突解决的过程中，善于运用理性，对主体面临的伦理困境进行理性的分析和逻辑的推理，通过道德的思维，进行冲突解决的策略和方法。

我们这个时代，价值理性在丢失。在价值多元化的时代，知识分子从"立法者"开始向"阐释者"转变，逐渐失去了价值理性的守护者和辩护者的作用和自信，只能在各种理解和沟通中充当调解人。他们对社会价值理性避而不谈。这就出现了一个价值理性的日渐黯淡的时代。[①] 然而，教学伦理冲突的解决，离不开价值理性，并且，唯有在理性的限度内，才能解决教学中的这些伦理问题。

黑尔认为，人们之所以在面对伦理困境做出选择时感到"懊悔"，这种道德情感是由于人们是在道德直觉的层面上来思考伦理困境问题的，所以伦理困境是一个解不开的结，因为人们在不能同时尽到两种不可能同时完成的义务时必会产生这种道德情感。他认为如果从直觉思维上升到批判思维，我们就可能找到解决伦理困境的方法。所以黑尔认为解决伦理困境最关键的是区分道德思维的层次。他认为："那些说只可能有不可能解决的道德冲突的人，无例外地是那些把其道德思维局限于直觉层面的人。"[②] 或者用另外一句话来表达就是"如果我们说，'我应当做 A，并且我应当做 B，但我又不能二者都做；那么在此就有一种义务之间的冲突'，我们就不是在批判地思维"[③]。按照黑尔的观点，有些伦理困境在道德直觉的层次难以解决，但是如果上升到道德思维的层次就能够得到解决。因为在道德直觉层面，我们所采取的绝对主义的道德原则，其本身就存在着冲突，如此，就会陷入迷宫，不知所措。

---

① [美]安迪·哈格里夫斯著，熊建辉等译：《知识社会中的教学》，华东师范大学出版社 2007 年版，前言。

② [英]黑尔著，黄慧英、方子华译：《道德思维》，远流出版公司 1991 年版，第 34 页。

③ [英]黑尔著，黄慧英、方子华译：《道德思维》，远流出版公司 1991 年版，第 35 页。

因此，只有利用我们的理性，采取普遍规定主义的道德思维方法。即如果我对这个情境做出的任何道德判断，就必须准备对任何其他相似的情境做同样的判断，除非该判断总的来说对所有人都是好的，否则我就不会接受。① 这样，就会使人从双重义务中脱离出来，可能会有"遗憾"，但不会感到"懊悔"。

因此，根据黑尔对思维层次的分类，我们可以理出两种解决伦理困境的方法。一是"绝对主义的"方法；二是"偏好功利主义的"方法。② 绝对主义的方法是指，任何行为在道德上的性质是确定的、绝对的，如杀害无辜是错误的，没有什么能改变这一行为的性质。绝对主义之所以坚持伦理原则和规范的绝对性，主要是基于一种"滑坡"论的主张。即如果允许伦理原则在某些"特殊情境"下可以违背，那么，这些原则和规范就失去其神圣性，而导致人们以更多的借口来违反，最终导致伦理原则的崩溃。而偏好功利主义的方法就是指，没有什么义务是绝对的，应该在给定的情境下做出最佳后果的决定。也就是说，偏好功利主义的方法认为没有什么原则是绝对的，只能看其在具体的情境中所能带来的效果；能够带来好的效果或大的效果的行为就是合道德的，即是我们要采取的行为。

教学伦理冲突决策是一种有限理性决策。从一定意义上说，柏拉图可以说是发现和梳理人类理性的始祖，他第一次明确提出并系统阐述了人类的知识来源于理性的观点。后来，亚里士多德区分了理智理性与实践理性，把人类的理智与道德相区别。近代笛卡尔、斯宾诺莎和莱布尼茨更是鲜明地宣称自己是理性主义者，德国古典哲学时期出现了康德、费希特、谢林、黑格尔等诸多的理性大师。18 世纪也被人们称为"理性的世纪"，完全宣告了人类理性对自然的胜利，所有一切的合理性都要经过理性这一法庭的裁判被明证。人们把理性视为"万能的武器"，意味着运用理性就可以解决人类所面临的所有问题。这实质上是一种"完美理性"主义的追求，是一种理想主义的理性

---

① ［英］黑尔著，黄慧英、方子华译：《道德思维》，远流出版公司 1991 年版，第 54 页。

② 杨志华著：《元伦理学的终结——黑尔伦理学思想研究》，中央编译出版社 2009 年版，第 189 页。

观。随着人类反思由理性所带来的物质文明的进步，而人却成为了理性的奴役，人在理性面前被"异化"了，于是各种非理性主义思潮兴起，如存在主义、生命哲学、人本主义、实用主义等，这些思潮不再认为理性是各种研究的核心或根本工具，而认为，经验、生命等才是人所以存在的本原。许多理论家另辟蹊径，从另一理路来批判理性在认识中的不足和缺陷，如"不完备理论""有限理性""演进理性主义"等。

理性的有限性使得人们在处理问题时，把复杂的问题简单化，以达到足够理解的程度；在选择决策时，只去选取能够达到满意程度高的。也就是发现那些既能解决面临的问题，还可以让人满意的决策。"有限理性"的理论转变了我们在处理教学伦理冲突过程中对完美理性的神话式崇拜，让我们脚踏实地地去选择适合于教学伦理冲突主体的策略，并承认教学伦理冲突负向功能的不可避免性。

2. 情感推动策略是动力

对于道德的起源，有多种观点，我们认为，人类的最原始的情感是人类道德的原始根源，如同情心、关怀等。后来诸如正义、公平、平等、权利等伦理道德范畴，是随着人类社会的发展，人类与自然、人与人之间关系的复杂性、多元化，也就是人类面临的新的困境后，才逐步形成的伦理道德。身为有感情的人类，我们必须提升道德敏感性和同情与关心他人之能力。道德直觉来源于我们感觉、同情的能力，我们需要情绪与理性来推动我们，使我们的行为能合乎伦理原则。因此，在进行伦理决策时，教学主体的情感具有巨大的动力性作用。下面我们以情感对道德推理的作用来说明。

情感以多种重要的方式与道德推理进行互动。首先，情感有助于我们把自己放在他人的位置上，进行换位思考，帮助我们认同他们，去了解什么会对他们造成伤害，而什么会对他们有所帮助。如果我们不能从他人的观点去体验生活，而只是简单地承诺对他人的价值和尊严表示尊重，这不会有任何实际的意义。只有真实的情感体验，才能在移情中把握他人的道德真实。第二，情感提供了做出正确行为的动机。[①] 假如人们设计出了真正的具有道德推

[①] [美]肯尼斯·A. 斯特赖克、乔纳斯·F. 索尔蒂斯著，洪成文等译：《教学伦理》，教育科学出版社 2007 年版，第 118 页。

理能力的机器,这种机器最大的不足就是它对道德问题的忽视,也就是根本不可能进行道德推理,因为拥有了关于什么是正确的知识,并不意味着真心渴望做正确的事情。当我们观察到他人遭遇不幸时,就会自然地感到伤痛,看到他人幸福时,我们也油然而生快乐感,这种移情的能力正是我们强烈行善欲望的重要组成部分。康德曾说过,善良的意志对于伦理是重要的。

3. 专业支持是核心

教学伦理冲突的现实解决中,教师是冲突解决的主导力量,也是决定性力量。那么,我们不禁要问,教师何以能够进行教学伦理冲突的决策呢?或者说教师伦理决策的合法性在哪里呢?

在决策的合法性问题上,有两种主张。一是认为合法决定是那些通过合法程序所做出的决定。比如,我们可以认为,通过投票所做出的决定是合法的,一项决定在获得了大多数的选票时就可以予以认可了。这种合法的程序并不一定是大多数人的意志。二是由专业化人员做出决定。我们要坚持一种主张:谁最能够判断什么是正确的,就应该把决定权给予谁。① 一般而言,我们把这种由于出自专家的意见而具有合法性的观点称为专业化(professionalism),也就是丹尼斯所称的"合格性权威"。专业化表明,权威应该授予那些最有能力做出最佳决策的人。这是因为,在借助深奥的知识才能更好地做出决策的时候,民主制度就可能成为一种不太有效的手段,这是因为公民或者他选举出来的代表缺乏足够的对这些决策进行评估的能力。② 因此,在这种情境中,我们就应该把决策权力赋予那些具备相关知识的专业人士,比如法律问题授权于律师,教学问题授权于教师。

那么教师要做到专业化决策,应该具备一定的基本要求和素质,这包括以下几方面。首先,必须有充分的知识作为教学专业性的基础。每一位教师在专业训练的过程中,经过了专业伦理的教育,比如在我国是教师职业道德。教师只有拥有伦理学知识,在自己的领域中具有丰富的相关经验,才有可能

---

① [美]肯尼斯·A. 斯特赖克、乔纳斯·F. 索尔蒂斯著,洪成文等译:《教学伦理》,教育科学出版社 2007 年版,第 123 页。

② [美]肯尼斯·A. 斯特赖克、乔纳斯·F. 索尔蒂斯著,洪成文等译:《教学伦理》,教育科学出版社 2007 年版,第 124 页。

在面对教学伦理冲突时，做出令人满意的选择和决策，使他们的各种决策具有合法性。其次，教师所接受的教育必须足以建立起一套道德规范，这种道德规范能够确保专业职责的行使和委托人利益的实现，还必须保证专业自主权能够服务于公众的利益。[1] 这是从教师的外在规范的角度来看的，一个能成功地进行伦理决策的教师既是一个个体伦理知识丰富的教师，又是一个在制度规定的合法性规范内行为的教师。外在制约和内在制约两个方面的结合，才能保证教师做出合法性同时是合道德性的伦理决策。

4. 合作策略是关键

表 5-1 "囚徒困境"游戏

你朋友的选择	你的选择 X	你的选择 Y
X	你赢得 3 元 / 你的朋友赢 3 元	你赢得 6 元 / 你的朋友输 6 元
Y	你输 6 元 / 你的朋友赢 6 元	你输 1 元 / 你的朋友输 1 元

上表是有名的"囚徒困境"游戏。游戏的规则：游戏的每个回合，你和你的朋友都可以选择选项 X 或者选项 Y，但你们互相并不知道对方的选择。上表中的数字表示你和你的朋友在每个回合中损失或者赢得的假想的金额数。比如，如果在第一回合中，你选择了选项 X 而你的朋友选择了选项 Y，你就将损失假想的 6 美元，而你的朋友则赢得了假想的 6 美元。如果你们同时选择了选项 Y，那么你们就会同时损失 1 美元。[2] 你的损益结果——你会赢得或输掉的金额——同时取决于你和你朋友的选择。许多人一开始就选择了选项 Y。最坏的情况，你会损失 1 美元，而最好的情况，你将得到最高可能的金额 6 美元。选择选项 X 能够提高双方都获益的可能性，但是这是一个充满风险

---

[1] ［美］肯尼斯·A. 斯特赖克、乔纳斯·F. 索尔蒂斯著，洪成文等译：《教学伦理》，教育科学出版社 2007 年版，第 125 页。

[2] Elliot Aronson, Timothy D. Wilson, Robin M. Akert 著，侯玉波等译：《社会心理学》，中国轻工业出版社 2007 年版，第 261 页。

的选择。如果你的朋友选择了选项 Y，而你选择了选项 X，你将要承担很大一笔损失。因为人们常常无法确定是否能信任自己的搭档，选项 Y 就成了最安全的选项。问题就在于两位参加者常常都会这么想，所以双方就必输无疑。①

通过分析这个困境，我们会发现，在这一困境中，双方只有合作、信任，都选择 X，才是双赢的局面，能够保证双方都得到对自己最有利的结果。如果打算与对方继续交往，那么只能选择合作性的策略，同时最大化同伴和自己的收益。

另外，在解决教学伦理冲突的过程中，尤其是个体与群体之间的冲突时，可以由群体中的个体来代表群体进行合作解决冲突。因为人们更愿意相信个体是真诚的、合作的，而不愿意相信群体的行为。

5. 杜绝伦理冲突决策的干扰因素

在解决教学伦理冲突的过程中，我们要避免一些错误的或失败的倾向，要防止多种心理效应。在进行伦理冲突决策，教师对学生进行判断时，要防范下列心理现象。第一，选择性认知。人们不可能发现和看到他所需要的所有信息，因此，他必然会注意和了解到与自己密切相关的特征或事物，从而进行选择性的认知。选择认知可以使我们迅速地解读他人，但是存在着产生错误的风险。如在案例 1-3 的讨论中，有学生说道"识时务者为俊杰，我觉得不要增加不必要的牺牲，那样做不但救不了小麻雀，还多搭上一条性命"。如果教师仅从学生的这句话就判定他为"没有爱心"，这就是一种选择性认知，而没有真实全面地认识该学生。第二，晕轮效应。晕轮效应又称光环效应，是由美国心理学家凯利最早提出的。它是指人们看待一个事物或人时，如同日晕，从一个中心点逐步扩开，形成一个圆圈。在说明人际关系中，对于一个人的判断是从这个人身上的一点或一个方面的特征开始的，并且，这一个特征掩盖了其他所有的特征，由一个特征对人做出了全面的概括和评价。这也就是我们日常所说的以偏概全、以点带面的现象。这用在评价一个人的时候，会把一个人的某种优点或者缺点放大，仅从这一个优点或缺点就判断这

---

① Elliot Aronson, Timothy D. Wilson, Robin M. Akert 著，侯玉波等译：《社会心理学》，中国轻工业出版社 2007 年版，第 261 页。

人是什么类型的人。这一效应的产生主要是基于人的一种情感效应。教师在面临教学伦理冲突时,切不可仅仅从学生当时的道德观念,来判断这个学生是什么道德类型的学生,或者不能从学生的某一个行为或观点来认识学生和判别学生。如学生在伦理冲突中偶尔冲撞了教师,违背了教师的意志,挑战了教师的教学权威,教师就把这个学生判定为不遵守纪律、爱与老师作对的学生;在以后的教学过程中,看到他就产生了"与自己作对"这个念头,这就是一种晕轮效应。再有,教师在处理教学伦理冲突时,要具体问题具体分析,不能把学生原来犯过的错误带入这次冲突中,影响对这次冲突的判定。第三,刻板印象。刻板印象是指人们在长期的发展过程中,对某类人的特征形成的概括而固定的印象。刻板印象是人们在与一类人的交往过程中逐步形成的,由部分推及群体的现象。刻板印象有助于我们快速地对某类人有大体的了解,但是却有着出现偏差的危险。教师在处理教学伦理冲突中,也会遇到这种情况。如一个学生是体育社团的成员,当他与其他同学出现伦理冲突时,教师可能会受到刻板印象的影响,不经过调查,就直接判定该学生是运用暴力的。

第三节　提升教学伦理冲突解决能力的策略

人类社会发展中存在着义务的悖论。卢梭曾说过,"文明越进步,道德越堕落",人类现在面临着越来越多的问题需要法律和道德进行规范,法律的文本越来越厚实,道德的条文越来越繁杂,但是为什么文明人类所目睹的违法、犯罪、行不道德之事等的现象和事件也越来越多呢?从天性上说,人有自私自利、残忍等恶的一面,"这一面"会不会随着人类社会的发展,随着各种法律制度和道德规范的完善而减少呢?目前,每一个个体无论在世界的任何地方,都会感受到制度性规范的约束。与此相对,人类心中那份自然义务却在逐步减少,心中那种做到最好、追求最好的美德正在逐步丧失。也就是说,当外部的制度性义务越来越多时，内心的那种自然的义务和美德却随之减少。我们随时随处都可以听到，"我是按照规章办事的"，"道德价值的唯一标准就是个体自我"，"下课铃一响，我就下班了"。现在加班的人越来越少，加班也是为了挣得几倍的加班费。而农村原有的那种没有酬劳的相互帮助没有了，孩子们之间那份纯真的感情没有了，剩下的只是用金钱和权力换来的互相利用。原来时时刻刻被金钱融化的制度性道德现在变得越来越"道德"，如正义、公平、责任等。而与此相反，原来金钱和权力无法买来的友谊、情感、良心、关怀、宽容等人类的美德，现在却只有金钱才能实现和维持。社会制度是在完善，行为规范是在增多，但是人类心中的那份以情感为动力的德性在经济发展和制度建设中逐步地金钱化、权力化。人类面临的这些问题，如何才能解决呢？麦金太尔认为，只有美德才能完成这一伟大的任务。

因此，要避免教学伦理冲突和"更好"地解决教学伦理冲突，教师首先要具备底线型教学伦理，能够从自身的义务，考虑学生的利益最大化来进行教学伦理冲突的解决。在此基础上，通过修养，提高认识，践行道德要求，成为一个德行论者，从而具备德性教学伦理，成为卓越型教学伦理教师。教学伦理困境和冲突的解决既需要外在的制度性规范的建设，又强调加强教学主体负责任的教学伦理自主性；提高教师伦理选择和决策的能力，提高教师的伦理智慧，使教师形成伦理关怀，具备伦理情怀。

一、完善道德体系，打好伦理根基

当代随着后现代等思潮的兴起，全球进入了一个多元主义的时代，在道德领域出现了道德相对主义。道德相对主义认为不存在永恒的道德范畴和规范，道德不具有普遍性、客观性和绝对性，道德是相对的、境遇性的、易变的。对于一个事件、活动和行为，不存在"对"与"错"，"善"与"恶"，这些只是基于不同的人的不同价值观和道德观的差异而出现，也就是对于同一事件或行为，没有善与恶之分，不同的人对其有不同的看法和观点。当道德相对主义在教学领域泛滥时，有的教师以道德没有定论，而放弃道德的规范和要求，对学生施以随意的教学活动。对于自己的教学活动，教师不再考虑目标、内容、手段等方面的伦理依据和道德要求，只是按照自己所谓的主观道德观来对待教学活动，并以各种借口托词，出现"不作为"的现象。道德相对主义，既影响到教师对自己面对的教学伦理冲突的认识和解决，又会使教师和学生对各种现象和事件达不成道德的共识，影响教学的正向效果。

因此，为克服文化多元主义和道德相对主义的负面影响，我们要对社会文化氛围进行营造和建设，建设完满的伦理道德体系，为教学伦理冲突的解决创设良好的外部环境。

在这里我们说要建立一个道德体系，并不是说我们要独立地建立一个新的道德伦理体系，我们无意也无能力建立一个无所不包的道德伦理体系，而是针对教学伦理冲突的解决，从理论分析的角度，谈如何构建适合于冲突解决策略的道德伦理的基本设想，或者说，以什么性质的原则和规范构成的道德伦理体系更有利于教学伦理冲突的解决。

建立一套理论上完善，而又现实可行的道德伦理系统，必须明确预设道德伦理系统背后的基本价值取向。

首先，要坚持理性与情感的统一。其中，理性是建设道德伦理系统的基础。道德伦理从其根本特征来说，是客观性和主观性的统一。从起源上看，伦理主要是调节人们之间关系和互动的方式，这种方式的选择首先是基于客观存在的关系和互动。我们会发现，每一次人类的关系和互动面临新的客观现实问题时，人类就会制定出相应的伦理规范来进行调整，这种新的伦理规范是对客观现实的一种反映。同时，人类又会对这些客观的现象和问题产生"实践的焦虑"[①]，客观现实要体现在伦理规范之中，必须经过人类的主观判断和思考，进行抽象加工，这又是一种主观化的过程。比如针对同一道德问题，不同的群体、民族会有不同的伦理规范，在"君臣关系"上，古希腊是民主关系，而在我国是"君君臣臣"关系。道德伦理具有客观性，是主观对客观的一种把握，而主观对客观的把握最有效的、最科学的方式是理性的运用。

其次，灵活的逻辑一贯性。任何道德体系都要有逻辑一贯性，以保证我们的道德决定具有某种稳定性。那种认为在一种情况下我们应该杀死某人，而在另一种类似情况下又不该杀死某人的道德体系，既不能为我们提供指南，

---

① 何怀宏：《伦理学是什么》，北京大学出版社 2001 年版，第 5 页。

又不能带来稳定，不过是变幻莫测的狂想而已。另一方面，倘若某个道德体系提出，我们可以在任何情况下都决不杀死任何人而仍然是合乎道德的，那么，构成人类社会的一切复杂性和多样性就被强硬地抹杀了，也不可能靠低估我们常常面临的复杂处境而证明我们的正当性。相反，我们必须尽可能在道德上保持逻辑一贯性而又允许足够的灵活性①，以此使我们所设立的道德体系真正地适用于我们生活的多样性和复杂性。

再次，广泛的普遍性。任何道德体系意欲有助于所有人建立起有意义的相互关系，就必须尽力具有普遍适用性。一个道德体系如果像唯我型或个人型伦理利己主义那样只适用于某一个人，那么，会导致其他所有人在实质上都被排除于该道德体系之外。再有，假如道德体系依存于对某个超自然存在物的信仰，依存于没有任何决定性证据或理性基础的一套教义"真理"，那么，对它们完全不信仰或仅仅部分信仰的人也就被排除了。因此，任何道德体系普遍地适用于一切人，这是十分重要的。这意味着道德的基础必须十分宽泛，不排除任何努力向善的人。② 只有对所有人有意义的道德体系，才会是切实可行的，才能够对我们教学伦理冲突的解决具有贡献。

最后，一个切实可行的道德体系必须能够解决各项责任和义务之间乃至道德参与者之间的冲突。③ 如果一个道德理论或体系提出了一系列人们应尽的责任或义务，但是没有给人们展示在这些义务或责任之间发生冲突时如何行为，这样的道德体系也是难以支持实践的。因为实践中的伦理选择和决策，需要人们懂得，当道德戒律之间相抵触时如何选择最为道德的行为。任何道德体系，如果不规定解决此类冲突的办法，那么，它可能具有抽象意义或理论意义，但在具体的道德境遇中，对于努力做好事的人来说，它是没有什么

---

① ［美］雅克·蒂洛、基思·克拉斯曼著，程立显、刘建等译：《伦理学与生活》（第9版），世界图书出版公司2008年版，第144页。
② ［美］雅克·蒂洛、基思·克拉斯曼著，程立显、刘建等译：《伦理学与生活》（第9版），世界图书出版公司2008年版，第144页。
③ ［美］雅克·蒂洛、基思·克拉斯曼著，程立显、刘建等译：《伦理学与生活》（第9版），世界图书出版公司2008年版，第145页。

用处的。① 像罗尔斯的正义论作为公平的正义理论，尽管存在着诸多的难题和责难，但作为解决冲突的指南，也许是有益的。

通过上面对理想道德体系的分析，我们可以发现，能够有效解决教学伦理冲突的道德体系的建立要符合下列特点：以理性为基础而不冷漠无情；既具有逻辑一贯性，又非僵化不变；既具有普遍性，又能实际运用于特定的个人和境遇；利于讲授与传播；还能有效地解决人们之间、责任之间和义务之间的冲突。② 只有具备了上述的特征，或以这些要求建立的道德体系，才能对教学伦理冲突的解决起到现实有效的作用。

2011年，中国共产党第十七届中央委员会第六次全体会议通过了《中共中央关于深化文化体制改革推动、社会主义文化大发展大繁荣若干重大问题的决定》，"决定"提出了推进社会主义核心价值体系建设的要求，其中关于社会主义荣辱观的规定，体现了现阶段我国社会主义道德的根本要求，如责任心、道德规范、和谐人际关系等。③ 社会主义核心价值体系，可以说是我国当前理想的伦理价值观体系。社会主义核心价值观对于克服社会生活和教育教学活动中的道德相对主义具有重要的意义，使我们的教学活动有了根本性的伦理道德的依据，可以在很大程度上避免一些教学伦理的冲突。

二、建立和开设教学伦理学学科

当前，我国教师教育中关于教师职业道德和教师专业伦理的课程比重相对较低，一般承担教师教育的师范院校开设的教师专业伦理的课程只有教师职业道德，而教师职业道德这门课程存在的主要问题是，对教师个人道德和教师专业伦理没有进行区分，把教师的个体私德、教师的公德及教师的专业伦理混为一谈。这样会导致两种现象：一是原本只是属于个人作为一个人所

---

① ［美］雅克·蒂洛、基思·克拉斯曼著，程立显、刘建等译：《伦理学与生活》（第9版），世界图书出版公司2008年版，第146页。
② ［美］雅克·蒂洛、基思·克拉斯曼著，程立显、刘建等译：《伦理学与生活》（第9版），世界图书出版公司2008年版，第146页。
③ 《中共中央关于深化文化体制改革、推动社会主义文化大发展大繁荣若干重大问题的决定》，人民出版社2011年版，第11—16页。

应该遵守的道德伦理泛化为教师在教育教学活动中要遵守的伦理规则，也就是把所有的人类的道德伦理要求都加给了教师。如同情、怜悯、无私奉献等，这原本是个体的道德，但是，教师相关问题的出现，人们在期望上和心理上对教师提出了"圣人"的道德要求。这样的教师职业道德会导致教师的"言行不一"。教师也是生活中的人，在课堂上对学生所讲授的内容，自己在生活中可能无法遵守。无限地拔高教师的道德形象，使教师原本压力较大的教学活动变得更加沉重，致使教师把更多的精力放在防止道德失范的准备上；同时，可能使教师在处理各种道德事件和活动时，对于如此之多的教师道德要求并不知如何进行道德的选择和决策，增加了处理教学伦理冲突的难度。二是把原本属于教师专业伦理的要求私化为个体的道德要求，从而出现在道德上对学生的伤害。如有些教师在惩罚学生过重后，会解释说"我是为了他好"，"使他能考取高一级学校"。这就是把教师个人对学生的关心凌驾于程序正义的原则之上，从而使学生受到不应该的伤害。

解决方法之一就是要开设教学伦理学学科。我们应该改革我国教师教育中有关教师职业道德课程的设置，在制定教师专业伦理的基础上，开设教育伦理学、教学伦理学等专业型伦理学，区分底线型教学伦理和卓越型教学伦理，使教师能够更加清晰地进行教学伦理的选择和决策，更好地解决各类教学伦理冲突。

教学伦理学的建设是一项系统工程，我们认为主要包括下面的工作：首先，确立现阶段我国教学伦理学的价值观基础；其次，确立基本的教学伦理原则；再次，建设完善且明确的范畴和概念体系；最后，形成稳定的教学伦理研究队伍。理论型的教学伦理学主要包括三个主要部分，即教学伦理本体、教学伦理规范和教学伦理策略。教学伦理本体包括教学伦理的矛盾类型和教学伦理冲突过程等内容，教学伦理规范涵盖了教学伦理的价值基础、基本内容和应用原则，教学伦理策略的组成主要有教学伦理主体的道德成长。下面我们分别给予说明。

第一是教学伦理本体。教学本身是一个充满伦理矛盾斗争的活动，也具有内在的伦理追求和系列规范。教学伦理本体的主要议题有：教学的伦理规定性问题，教学伦理矛盾问题，教学伦理过程问题等。教学伦理规定性关注的是教学活动的人文-价值特性，即从伦理角度认识教学蕴含的内在教育精神和价值追求。教学伦理矛盾关注的是教学中究竟存在哪些伦理矛盾，各种矛盾产生的根源是什么，如何对各种教学伦理矛盾进行合理的类型学归纳等。教学伦理过程关注的是教学伦理矛盾是如何动态发展的，其解决的条件、机制是什么。这一部分，我们可以称为教学伦理冲突论。

第二是教学伦理规范。教学体系内在包含了各种教学伦理规范。但是，各种具体的教学伦理规范，其价值基础未必是清晰的，更不是内在统一的，这正是教学伦理冲突的根源。那么，在当前价值多元的大背景下，如何整体寻求教学伦理规范的价值基础呢？这是教学伦理规范要解决的一个问题。此外，面对当前种种教学伦理矛盾，应该提出哪些基本的教学伦理规范？如何具体丰富现有伦理规范的内涵？如何使各种规范构成有机体系？如教学公平、教学自由、教学民主等。再者，伦理规范的应用是有范围、有条件的，如何提高伦理规范的针对性，避免无的放矢？也就是说，教学伦理规范关注的是如何提高教学伦理规范的价值一致性、体系完整性和实践针对性问题，从而为解决教学伦理矛盾提供真正有用的价值导引。这一部分，我们可以称为教学伦理规范论。

第三是教学伦理策略。这主要是探讨如何提高教师解决教学伦理矛盾的能力和水平问题。具体说，一是教师自身的道德修养对于解决教学伦理矛盾的基础作用问题；二是教学伦理矛盾解决中他律与自律的关系问题，尤其是如何加强制度建设，并促进他律转化为自律的问题；三是如何通过经验反思和能力建设来帮助教师处理好种种教学伦理矛盾的问题。这一部分，我们可以称为教学伦理主体论。

三、创设教学氛围，构建伦理型教学结构

教学需要一个公正、尊重、体贴的环境，而教学结构是形成道德伦理型教学环境和氛围的基本要素。伦理型的教学结构包括完善教学伦理规范，改善教学条件和建立完善的教学沟通机制。

（一）构建教师专业伦理，加强教学伦理规范建设

教学伦理规范对教学活动来说是必要的。人们的行为必须在一定的范围内按照一定的规则展开，如果在一个人的行为中全无准则、规律可循，只是一系列碎片、断片、转折，我们完全无法判断他的人格、德性，也无法预期他可能的行为而相应地与之交往。所以，即便只是从个人人格的完整性和统一性来说，个人也必须有某些自己的生活准则、道德准则，在个人的行为中需要有某种前后一贯性存在。[①] 同时，每一个体在每一次伦理行为中，对自己所面临的处境都要进行伦理思考和做出伦理判断，这是不现实的，也是没有必要的。一个人在自我的活动中会经常重复着类似的行为模式，不同的人的行为模式也会存在着类似性，因此，面对这些类似的行为模式，人们就可以制定与这些类似行为相关的普遍性的规范，以用这些规范来调节我们的类似行为。

在《教育崇善论》中，王本陆教授提出，确立现代教育的道德规范体系是促进现代教育成为善的事业的重要前提。处理教育伦理矛盾，需要有一些具有约束、规范作用的共同要求、指令、规则。这种要求、指令、规则，就是教育道德规范。如果说教育道德规范的内容主要是对教育活动具有约束、指导作用的指令和规则的话，那么，它的主要形式则是教育伦理原则。[②] 现代教学要成为善的活动、善的事业，就需要确立现代教学的伦理规范系统。教学伦理规范系统反映了人们在教学道德上的基本价值主张，是教学伦理观的具体体现，这些规范系统包括了各种共同的要求、指令、规则等，以此约束和处理各种教学中的伦理矛盾。

王本陆教授认为教学伦理学主要由三部分组成，即教学伦理本体研究、教学伦理规范研究和教学伦理策略研究。其中，教学伦理规范研究中，主要的构成部分是教学伦理原则和教育伦理规范。所谓规范、原则，都是近现代才开始经常使用的话语，用我国古代规范的常用术语就是条目、纲领。所谓条目是指具体的规范，纲领是指较高的原则。原则与规范的区别是相对的。

[①] 何怀宏：《伦理学是什么》，北京大学出版社2001年版，第80页。
[②] 王本陆：《教育崇善论》，广东教育出版社2001年版，第108页。

原则是较高层次的规范，规范是较低层次的原则。[1]

教学作为人类的一种活动，是各种教学要素构成的一个系统整体，教学过程是各种教学要素之间的互动，因此，一定的价值基础、原则和规范是这一系统和互动得以有序和高效、顺利展开的"联结性组件"。王策三先生在《教学论稿》中提出了一系列的教学原则，如"系统性原则""直观性原则""因材施教原则"等，那么从伦理和道德的角度来说，这些原则更多的是体现了教学规律的教学技术性原则，或者称为"教学认识原则"。在今天的教学现场，我们还应该要加强教学伦理原则，或称为教学道德原则。如：教学公正、教学民主、教学权威、教学良心、教学宽容，等等。

教学原则 { 教学技术性原则（或者称为教学认识原则） / 教学伦理性原则（或者称为教学道德原则）

与教学伦理规范密切相关的概念是教育善恶标准。所谓教育善恶标准，就是人们对教育进行道德评价的尺度、工具，是反映教育的道德属性并对教育道德生活具有规范化作用的衡量教育的道德价值准则。教育善恶标准是一种规则、规定；教育善恶标准是一种教育标准；教育善恶标准是一种道德标准。[2] 教育的善恶标准其实就是教育活动要遵循的伦理规范。这些伦理规范是对教育善恶标准的具体化、丰富化、实践化，或者说教育善恶标准分为不同的层次，如教育伦理理想（教育伦理价值观）、教育伦理原则、教育伦理规范。那么，对教育善恶标准来说，最终对教育活动起直接作用的是教育伦理规范。

从其特性上，教育善恶标准既有主观性，又有客观性，既有相对性，又有绝对性，既有阶级性和历史性，又有共同性和继承性。这些不同的特征反映着教育善恶标准中所存在的复杂多样的联系。社会发展的状况和水平、阶级利益及各种复杂的利益矛盾、教育基本规定性、教育传统和道德传统的历史继承性、个人的主观能动性和人生经验等，都对教育善恶标准的形成具有重要的影响作用。因此，对教育善恶标准的认识，不能简单化、片面化，而

---

[1] 张岱年：《中国伦理思想研究》，江苏教育出版社2009年版，第22页。
[2] 王本陆：《教育崇善论》，广东教育出版社2001年版，第17页。

要辩证地、全面地理解和把握。① 由教育善恶标准我们可以演绎出教学伦理规范的相关特征。教学伦理规范也具有客观性和主观性、绝对性和相对性、历史性和继承性。而这些特征反映了教学伦理规范所处时代社会发展的状况和水平、教学的基本规定性、教学传统和道德传统的历史继承性、个人的主观能动性和人生经验等。

教学伦理规范是建立在基本的教学规范基础上的，是教学规范整体伦理性的反映。美国教学伦理学者斯蒂瑞克认为教学有其内在的伦理内涵，这些内涵也许会构成教学伦理的核心。他认为至少有三个普遍的规范是内在于教学的实践的，是教学伦理的中心。它们是：（1）教师必须完整地讲授其教授科目；（2）教师必须成为所谓的公民道德的模范，对课堂的管理必须与民主的原则一致；（3）教师必须创造一种促进成长的氛围。这几个方面构成了一个统一的核心，否则教学伦理这个领域将一片混乱。②

根据上面的分析，我们认为基本的教学伦理规范是教学活动得以展开，体现教学活动善的特征的根本伦理性保障。教学伦理规范的建设，既要立足于我国教学发展的现状，征询一线教师对教学伦理规范的体会和建议，以及学生对教师职业的评价和期望，又要结合伦理原则，制定出具有可行性、科学性的教学伦理规范。

（二）改善教学资源和条件

教学实践中，有一部分教学伦理冲突的起因是教学资源的相对短缺以及教学时间紧张等。因此，为了避免教学伦理冲突的发生，或更好地解决教学伦理冲突，改善教学资源和条件是一个重要的努力方向。教学活动的顺利开展，需要一定的教学资源和条件，如教科书、教学实验设备和实验室、教学用具、教学时间等。当这些教学资源和条件不充裕时，教学伦理冲突发生的概率会大大地增加，并且教师解决教学伦理冲突的效果也会大打折扣。如课堂上发生的许多教学伦理冲突需要教师及时地认知和解决，滞后性的解决会

---

① 王本陆：《教育崇善论》，广东教育出版社2001年版，第79页。
② ［英］Randall Curren主编，彭正梅等译：《教育哲学指南》，华东师范大学出版社2011年版，第655页。

给学生带来负面的影响，但是，中小学教学时间非常紧张，教学进度的要求会阻滞教师停下脚步去及时地解决诸多的教学伦理冲突。类似于这样的教学伦理冲突的解决就有赖于教学资源和条件的改善。

（三）建立完善的教学沟通机制

教学伦理冲突的产生，其中一个重要的因素是沟通不顺畅。如教师与学生，教师与同事，教师与家长等之间的沟通等。因此，解决教学伦理冲突的一个重要的途径是建立完善的教学相关主体的沟通机制。

我们认为，这一沟通机制可以包括几个措施，如定期的"面对面交流会"，由班主任或学校出面，以班级为单位，或以学校为单位，邀请相关的教学伦理主体，如教师、家长、学生等，针对教学活动中存在的或预见的教学伦理的冲突进行提前探讨和协商，在充分发表意见的基础上，消除隔阂和歧见，澄清矛盾和价值分歧，最大限度地达成伦理的共识。再如，以发放征求意见书的方式，由教师把教学活动中的教学伦理冲突，以问题或建议的形式，通过征求意见信、电子邮件等方式，及时互通信息。当然，像广泛使用的QQ、班级论坛、班级微博等方式，也可以进行单独或群体性的交流和沟通。

通过"交往理性"加强教学沟通。哈贝马斯认为，人类得以生存、延续的基本前提和条件要通过交往来实现，用协商、对话的方式可以有效解决社会冲突、化解社会危机。[1] 他在《交往行为理论》等著作中提出，要实现人际关系的合理化，应该从意识哲学的实践理性转向交往理性，[2] 即从主客二分二元世界，强调个体主体中心向社会互动和关联的世界过渡。这里哈贝马斯提出交往理性的目的在于，通过人们的互相沟通和对话，使人们之间的关系更加合理化。从一定意义看，哈贝马斯的交往理性强调的是一种教学伦理中的程序伦理，根据这一思想的要求，我们要从多角度、多方面促进相关教学伦理主体的沟通和交流。学生与老师之间或家长与老师之间，可以透过理性的

---

[1] 杨小艳、檀传宝：《论哈贝马斯的交往理性对人际互动的效用》，《江西师范大学学报（哲学社会科学版）》2022年第6期。

[2] 张成岗：《从意识形态批判到"交往理性"构建——深度解释学视域中的哈贝马斯技术批判理论》，《清华大学学报（哲学社会科学版）》2012年第1期。

话语与沟通，让彼此理解对方的想法，进一步使得教学伦理议题能够被恰当地处理，同时让教师对于自身教学更成熟地负责。

另外，教师与同事的沟通与经验分享，有助于教学伦理冲突的处理。教师应该把伦理困境与能够信任者进行分享，或者告诉有经验的同事。[①] 在处理教学伦理冲突时，教师同事的经验或意见是很重要的，然而，当前教师大多是进行独白式的教学，彼此之间缺乏专业的交流。教师若能敞开心胸，与其他教师分享或交流一些经验与看法，必定有助于教学伦理冲突的处理。还有，教学活动中存在的教学伦理冲突是有关于同事的，这些教学伦理冲突的真正有效的解决，必然要基于与同事的真诚沟通和交换意见的基础上。

四、抓住核心，提高教学主体道德伦理水平

我国自改革开放以来，社会政治、经济、文化等领域发生巨大的变化，这些变化也成为学校教育教学改革和发展的外在的环境和动力，同时，这些巨变也给我们的教学提出了巨大的挑战，如传统上对教师角色的期待已经不再适应现代社会和现代教育发展的要求。再有，外在价值观等的变化，直接影响到了教师的教学观念和教学行为，社会对教师的教学能力和教学道德等方面提出了许多的质疑，当代教师的专业形象需要重建。国家在大力改革教师教育，同时，各种"国培计划"等教师培训项目也在着力提升在职教师的教学能力。但是，值得我们注意的是，这些改革的措施和项目，主要关注的是教师的教学技术性能力，而很少关注到教师的专业道德能力的提升。

（一）提升教师美德，形成德性教学伦理

德性课堂教学是立于科学，达于艺术之道德性实践活动，它以求真为基

---

① Ehrich, L. C., Kimber, M., Millwater, J., et al. Ethical Dilemmas: A Model to Understand Teacher Practice [J]. Teachers and Teaching: Theory and Practice, 2011, 17 (2): 173—185.

础，以崇善为根本方向，以尚美为最高尺度。① 提升教师的德性教学伦理，就是在保证底线型教学伦理的基础上，逐步走向卓越型的教学伦理。教学伦理冲突的解决既需要教师的基本的底线型教学伦理，又需要教师对教学和学生的理想性的卓越型教学伦理。教学伦理冲突的解决，对教师的要求是坚持底线伦理与追求超越伦理的统一。

我们可以用普遍主义"底线伦理"来描述现代教学伦理的基本性。"底线"是一个比喻，一是说这里所讲的"伦理"并非人生的全部，也不是人生的最高理想，而只是底层的基础，但这种基础又极其重要，拥有一种相对于价值理想的优先性；二是说它还是人们行为的最起码、最低限度的界线，人不能够完全为所欲为，而是总要有所不为。② 每个人都有自己的人生目标和价值追求，但人必须先满足一种道德底线，然后才能去追求自己的生活理想。③ 教师只有在实现和践行底线型教学伦理的基础上，才能够去追求更高境界的卓越型教学伦理。因此，我们所建设的教学伦理学对教学伦理规范的规定首先要对底线型教学伦理进行基本的规划，这些教学伦理规范，不能包括太多的内容，而应当主要由那些对教学伦理主体最重要、最为生死攸关的规范构成。这些底线型的教学伦理规范主要包括了教师的义务型教学伦理和功利型教学伦理。下面，我们将以义务型教学伦理和德性教学伦理为例进行说明。

教师个体健全的德性伦理是义务型教学伦理实现的伦理前提。一般来说，义务型教学伦理对于教师而言可以保证其教学活动的正常进行，但是它往往具有很强的消极性，毕竟这是外在于教师的、对教师行为的一种限制。而德性教学伦理具有较强的积极性，或者说，德性教学伦理更多的是教师的一种自我的选择，只有教师具有这种情感性的倾向时，德性教学伦理才会起作用。因此，从德性教学伦理的使用来说，其具有很强的"自我发动性"。德性教学伦理是一种对于学生来说具有理想性的价值承诺，这种价值承诺更有利于教师合格性权威的树立。义务型教学伦理具有很强的时代性，会随着教学专业

---

① 陈君：《德性课堂教学的内涵、表征及构建》，《课程·教材·教法》2020 年第 8 期。
② 何怀宏：《伦理学是什么》，北京大学出版社 2002 年版，第 90 页。
③ 何怀宏：《伦理学是什么》，北京大学出版社 2002 年版，第 90 页。

知识等的变化而逐渐演进，它类似于哈贝马斯所提出的"交往伦理"。而德性教学伦理对于不同时代的教师而言有着共通性。如教学需要良心，古代社会的教学需要，现代教学需要，未来的教学还是需要。

教师们经常提到，把学生的基本需要作为解决其工作中的伦理冲突的指导价值观。学生的最大利益是教师理想和基础性的职业伦理。大多数的教学伦理冲突要求教师保护学生远离伤害。伤害包括来自学生家长和教师同事的对学生心理和生理上的对待。在道德决策中，教师经常用一些美德来帮助他们。经常提及的一个教师拥有的美德包括勇敢、诚实和正义。勇敢被认为是一个教师打算做正确事情的必备美德。在一个棘手的环境中，勇敢在一个教师有勇气面对价值和同事之间得以显现。在困难的冲突中，教师能够信任他们自己的理想和伦理学理论，并寻求真理。在包括同事和家长的伦理冲突中，教师要坦率并认识到他们的不道德行为。真理的价值在于使教师正直面对这类负面问题。在包含整个群体的伦理冲突中，教师重视了正义的道德品质、平等和公平的实施规则，呼唤道德对话。①

（二）加强伦理知识学习，提升伦理思考的层次

教师在进行教学伦理冲突解决的过程中，需要进行伦理思考，做出伦理判断和选择。其中，教师伦理思考的深刻程度和境界，很大程度上决定了教师在教学伦理冲突解决中的策略，从而决定了其所采取行为的"善"与"恶"的程度。因此，我们要提高教学伦理冲突解决的水平，使学生和教师获得最大的"善"，提高教师的伦理思维和思考的层次是重要的一环。

教师的伦理思考可以划分为下列几个层次。首先，前伦理层次。在一般的教学中，教师在谈论一些问题和事件时，经常流露和表达自己的情绪和情感。这些情绪和情感代表了价值和道德最原始的形式。其次，伦理规范层次。这是教师从伦理道德的层次进行思考的真正开始，对问题的这些道德和伦理的思考，使教师从众多的伦理原则中选择道德和伦理规范来指导他们的行为和行为的过程。再次，伦理推理层次。在解决实际的具体问题时，许多道德

---

① Kirsi Tirri. Ethical Conflicts in Early Childhood Education [R]. A Paper Presented at the EECERA Conference in Helsinki, Finland, September 1999.

规范是无效的，尤其是它们之间相互冲突时，它们对于教师们的问题没有什么帮助，更可能影响我们的道德判断。这就需要教师们运用伦理思维，对各种相互冲突和对立的伦理规范进行再认识和排序。最后，后伦理层次。后伦理层次是教学伦理冲突主体对所选择的伦理原则进行再追问的层次。如"我遵循正义伦理原则的原因何在""正义原则的合理性所在"等问题。这个层次是属于道德哲学的思考层次，只有当人们对自己习以为常的价值观和惯习化的行为方式进行质疑时，才出现了伦理思考层次。我为什么要对同事忠诚？为什么要给予学生关怀？为什么不伤害原则是教学伦理的第一序列伦理原则？后伦理层次是教学主体在教学伦理冲突解决过程中，遇到了前所未有的困难、困惑甚至是重大的挫折过程中产生的，是对行为的本源思考的层次。在这个层次中，教师会把自己所采取的策略和行为，或者即将采取的策略和行为进行根源性的理性思考和价值的判断，从而使自己的行为成为真正善的行为。当教师发现了让自己"遵守道德游戏规则"的充足的理由时，后伦理层次的任务就完成了。

在访谈中，我们发现，一般教师的伦理思考大多处在伦理规范的阶段，能够根据其面临的伦理冲突选择伦理规范。少数教师在说明和分析他们的解决策略和行为时，不但清晰地说出自己每一步骤所依据的伦理规范，而且都能够从其依据的伦理原则进行解释，并能够根据自己面对的问题，进行伦理推理，思考选择这些伦理原则和行为的原因。他们往往善于解决教学伦理冲突，能够取得更好的效果。我们还发现，处在教学伦理思考较低阶段的教师，之所以没有对教学伦理冲突进行更深层次的思维，主要的原因在于其"不知道是什么伦理问题"，或"想不清楚应该遵循哪些伦理原则"等，也就是缺乏基本的伦理知识。

这里的伦理知识是指在教学活动中，教师作为教学的主导，所应该具备的有关道德和伦理方面的知识，这一知识包括对于教学的伦理意识、态度、行为方式、评价手段等。教学中的伦理知识，可以帮助教师对他们的行为、决策等的道德性，以及对学生和教学专业义务的态度等方面进行道德的审查，它是教学专业伦理的知识性基础。

今天的教学活动，强调伦理知识具有重要的价值和意义。首先，伦理知识意识的清晰,可以为更新教学专业素养的认识提供基础,这不仅仅是为了提高专业地位,甚至责任感,而是为了用伦理的术语界定这个集体性的专业。另外,这可能通过指导他们对于工作的总体定位来支持个体教师,并在必要的时候,帮助他们克服困境、紧张状态和解决复杂的问题,这会给伦理型专业素养这一清晰的概念带来挑战。其次,作为个人和集体教学实践的伦理基础,伦理知识还能够提供更新学校文化的基础,在这种新文化氛围中,教师所涉及的全部工作的伦理性将会得到讨论、协商和交流,而且,活动用来斟酌教学行为、政策和策略,也成为解决疑难和分歧的根据。再次,伦理知识的概念能够丰富教师教育和专业进修的实践和理论的框架。最后,教师能够为自己的教学行为进行伦理的辩护。当教师运用伦理规范和技能的知识时,能够使困难的选择不再棘手,教师将发现经过周密思考的伦理解决方式,最终更加被认可和具有辩护性。

访谈中,有些教师希望能够借助伦理知识而获得远见,能够采取措施转移教学中的紧张关系,这种紧张关系出现于当他们没有看到教师每天所做的重复性工作潜在地存在道德责难时。拿坎普贝尔的话来说就是:"他们的伦理知识有限,或者已经枯萎,因而在正确应对情境中的问题时陷入道德困惑。这种困惑也会遮蔽教师的能力,即首先将其作为存在道德问题的情境来加以认识和预计,直至直面清晰的困境。"[①] 她认为,一旦缺少伦理知识,教师就会丧失辨识这些情境的能力,较多关注课程和教法,或从个人或从集体角度决定教学中道德宽容的限度。这将在某些方面可能导致课堂上极端自由、没有根据和无法确证的观点得以传播,并得到某种程度的尊重和严肃对待,就好像学生正参与电台或电视谈话节目。

(三)发挥道德情感在教学伦理冲突解决中的动力作用

"道德情感是伦理学研究的重要范畴,它与道德认知、道德意志、道德记忆、道德语言、道德行为等紧密交织、相互影响,共同构成人类道德生活的

[①] [加]伊丽莎白·坎普贝尔著,王凯、杜芳芳译:《伦理型教师》,华东师范大学出版社2011年版,第76—77页。

基本内容。"① 道德情感有利于教师把外在的教学伦理规范转化为内在的自觉动力。一定的道德认识要转化为个人道德意识中的稳定成分，从而为形成良知奠定基础，必须经过道德情感这种非逻辑力量的感染和催化。情感最鲜明和生动有力地表现着人的主观世界，是人在生活中发挥主体积极性的心理驱动器。在道德生活中，外在的命令如果不转化为个人的主观态度，即成为履行它的情感需要，个人即使遵从道德规范，也只是处在守法的水平，只有情感才能把人引向道德上的自律而成为有道德和高尚的人。而情感若离开道德认识的指导就会变成盲目的，往往可能爆发出带有破坏性的热情，难以形成作为人的高级情感之一的道德感。②

道德情感有利于提高教师的沟通效果。一个人对工作的道德符号意识能够提高对工作的理解。教师的道德伦理价值和原则被他们自己的行为、语言、选择和意识所展现和强调。伦理敏感度，尤其是阅读和表达情感的能力是学校中重要的一种能力。在许多的场合，教师理解和表达情感的能力是教师与他们的学生和学生的家庭建立关怀关系所必需的。

道德情感有利于使学生在教学伦理冲突中免受伤害。情感控制可以使教师在处理和解决教学伦理冲突时，保持清醒的头脑，维持高理性的状态，抓住问题和现象的伦理实质，把握准确的时机。而失控的情绪和情感情形中，教师容易凭借感觉，依据情感的倾向性去认识问题，选择伦理原则和教学伦理规范，采取直觉的行为，这时，往往会出现亚里士多德所言的"过度或者不足"，而达不到真正的美德——中道。因此，在发挥情感对解决教学伦理冲突的动力作用的同时，也要防止感情用事。教师身为道德的代理人固然重要，但当教师对于学生的表现期许过高，每当发现学生产生偏差行为时，一股对教育之热忱油然而生，有时情绪反应过于冲动，在处理的过程中，可能造成对学生的身心伤害，因此，教师对自身的情绪反应宜妥善掌控。

只有综合的道德理论是不够的，身为有感情的我们，必须对道德规范具备敏感性，并具有同情和关怀他人的能力。因为我们在教学伦理冲突解决中

---

① 向玉乔、关朝：《儒家伦理思想的道德情感维度》，《井冈山大学学报（社会科学版）》2022年第6期。

② 何怀宏：《伦理学是什么》，北京大学出版社2002年版，第136页。

所大量用到的道德直觉的方法,就是以我们的道德感觉、同情和思考的能力为基础的,我们要利用理性和情绪来促使行为合乎道德原则和关怀伦理。如前所述,"情感"与"道德推论"在许多方面会产生互动。首先,情感帮助我们换位思考,在充分体验他人生活基础上,尊重他人的价值与尊严。其次,情感能提供正确行为的动机,帮助我们清晰地区分动机和行为的善与恶,并在体验他人生活的基础上,改进自己的道德认知和行为。

(四)剖析教学伦理冲突案例,提高教师的道德推理能力

透过个案探讨的方法让教师学习教学伦理的实际应用是可行的方式,因为提供真实的教育情境,透过反省的历程,增加教师对于教学伦理层面的了解,能让他们对可行的抉择方式有事先准备,进而使他们学会如何顺利地处理教学两难的情境。透过个案的探讨,学习重点在于:首先,要学生了解教师面临的两难的伦理情境;其次,借由所有可能的解决方法分析这些两难情境;再次,从伦理学的原理来探讨每一个作为可能会造成的正面与负面的影响,让学生透过思辨的过程进行教学伦理概念的深度分析。[①] 有道德的教师能够理解教师角色的道德与伦理的复杂性,具有诠释他们行为的专门知识,且能够察觉他们的行为对学生所产生的影响,因此能注意自身行为,使其能合乎伦理规范并重视专业的责任。透过个案探讨的教学方式,使教师了解教育情境,并使教师能成为反省的实务工作者。因此,案例探讨是教师认识和掌握教学伦理的一项重要方式。

利用教学伦理冲突的案例,可以增加教师对教学伦理冲突的敏感度,可以让教师较能具体地体验并思考自身的作为。教学伦理冲突的情境是千变万化的,只靠教师专业伦理准则或从处理经验中摸索是明显不够的,透过案例研讨的方式,可以呈现不同的层面或立场,让教师从中学习一些处理的技巧与考虑重点,避免在面临教学伦理冲突时手足无措,甚至伤害了学生的权益而不自觉。因此,在师资培育或教师在职进修中,可以邀请资深教师参与案例的讨论,积累教师或师范生在处理类似议题时的经验。更为重要的是,通

---

① Campbell, E. Connecting the Ethics of Teaching and Moral Education [J]. Journal of Teacher Education, 1997, 48 (4): 255—263.

过对教学伦理冲突案例的分析，教师可以提高道德推理能力，以合道德的方式，更好地解决实践中的教学伦理冲突。因为，在一定意义上，"能力即德性"，亚里士多德认为："由于最大的能力只能在具有某种最好德性的地方找到，所以能力就意味着德性。"[①]

对道德推理能力研究较为深入的是美国学者柯尔伯格。他提出了三个时期和六个阶段的道德推理发展模式，即道德成规前期、道德成规期及道德成规后期，每一时期又包含了两个独立的阶段。此模式主要说明人们如何思考与其所处的社会环境互动，他强调人们会将自己现阶段所拥有的道德推理结合前阶段所学习的问题解决策略，进而发展出下个阶段的道德推理。也就是说，个体的道德推理能力是在不断认识、思考和解决问题的过程中逐步提高的。

一般来说，高道德推理的人较低道德推理的人更常使用"助人式"的冲突处理倾向，亦即当个体的道德推理能力愈高，则其越倾向使用"助人式"冲突处理方式。高道德推理者会倾向公平与正义主义，而胜于利己主义。高道德推理的人较低道德推理的人更少使用"支配式"的冲突处理方式，因为这违背了公平与正义主义；亦即当个体的道德推理愈高，则其越倾向使用"支配式"冲突处理方式。诺沃格罗斯基（Novogrodsky）的研究结果证明，教师的道德推理程度与其教育观有正向关系——与低道德推理教师相较，高道德推理教师在师生关系看法上，更倾向人本主义观点。换言之，高道德推理教师在班级中较会营造和谐的人际关系，愿意考虑学生的感受与动机；而低道德推理教师则较关切师生关系中的教师主控与学生顺服的关系。[②] 因此，教师的道德推理能力既能够提高教学伦理冲突解决的效率，又能够提高教学伦理冲突解决的道德性。

教学伦理冲突案例可以提高教师的道德推理能力，我们还可以采取相关的其他一些方法。如网络交流的方式、公开辩论的方式等，鼓励师范生提出

[①] ［古希腊］亚里士多德著，颜一、秦典华译：《政治学》，中国人民大学出版社2003年版，第11页。

[②] Novogrodsky, J. Teachers' Moral Development and Their Expressed Attitudes toward Students [J]. Dissertation Abstracts International，1997，38：2006.

自己的经验、在课堂上所学所读或其他信息加以讨论。让教师去思考他们的实际作为，想一想为何采用这种方法，以及在怎样的情况下导致他选择特定的作为去解决冲突。

（五）加强伦理反思和反省，提高伦理智慧和伦理决策能力

在《现代汉语词典》中，反思是指通过思考过去的行为和事情，从中吸收经验教训。在哲学中，反思是指一种高级的内省认识活动。

教学伦理反思包括：教学前的伦理反思，教学过程中的伦理反思和教学结束后的伦理反思。即从教学活动的起始阶段就对教学活动的目标、手段、结果都进行伦理的反思。教学活动开展前，要进行质疑反思，即对教学的各种预设进行再追问，如"这种教学方法对于全部学生是公平的吗"等。教学活动结束后，教师要针对教学中出现的各种问题和现象，对取得的效益和不足进行伦理的反思。

教学伦理反思能够克服伦理相对主义。在柏拉图的《申辩篇》中，苏格拉底提出了一个重要的理性主义伦理学命题："未经反省的人生不值得过。"这一命题又可翻译为"不经考察的生活是没有价值的"。[①] 其含义是人的存在的最高价值是人所具有的理性，以及对自由的追求，知晓真理是人活着的意义所在，因此，我们要随时保持自我反思人生的真正幸福问题。由此，我们根据苏格拉底的这一命题，演绎到教师的教学活动，认为"未经反思的教学是不成功的"。对于教学伦理冲突的解决，是需要伦理反思的，只有对冲突过程中所采取的措施和取得的效果进行不断思考和对比，才能为今后的教学伦理冲突的解决积淀深厚的基础，防止许多不该有的伦理失误。同时，教学伦理冲突的反思也有时代的背景。当年苏格拉底提出要反省，主要是针对当时的社会现实。苏格拉底生活的年代，古希腊人的思想逐步地陷入了相对主义的迷茫中，并且逐步走向了虚无主义，苏格拉底的命题反映着对当时的相对主义和虚无主义的认识，并体现着他对确定性和绝对性真理的追求和探索。现在，我们正处在多元化的时代，人类的认识、道德、审美等都在后现代主

---

① ［古希腊］柏拉图著，王晓朝译：《柏拉图全集·第一卷》，人民出版社2002年版，第27页。

义的影响下，出现了相对主义、境遇主义，甚至是虚无主义的现象。我们的教学也在多元主义的时代潮流中，向着这种相对主义和个体主义快步前进，个体在这种飞速的进步中，无暇再回顾自己的当下和过去，有的只是一味地保持着相对主义的特色。

在这种快速的教学节奏中，教师们无暇进行"多余"的反思和反省。当然，许多的"不反省"有时是思想上的惰性所致，毕竟思考和反省要求反思者努力，需要其付出一定的代价，至少在反思的过程中和其后的一段时间内是苦恼的，因此，人们总是意欲努力回避着反思。或者许多的时候人是故意地回避反思，因为反思会发现真相，而真相有时是与反思者的起初意图相矛盾的，回避就成为他们的一个选择。

然而，加强教学伦理反思，增强对教学伦理冲突后的伦理反思，对于教学活动的进行，对于教师的专业成长，对于学生的全面发展等都具有重要的价值和意义。对于教学活动的伦理反思是提升该教师教学道德性的重要手段，只有反思，才能更加深刻地认识和理解自己的教学活动，判断自己对于教学伦理冲突解决的行为和策略，才能更全面、深刻理解教学伦理原则的内涵和实践取向。反思还能够提升教师的教学伦理的水准，提高教师进行伦理推理和伦理判断、伦理抉择的能力，加速教师由一般教师成长为教学伦理智能型教师，从而成为名师。斯特赖克认为，培养教师对这些伦理上两难议题的判断能力，并进行广泛的论述可以达成反省的均衡。当涉及与选择、行为有关的道德决定时，需要具有道德敏感性、理性与有关的道德理论。这些主要是用来证明我们的"道德直觉"，所谓道德直觉是指人们对于什么是对、什么是错的感觉，并且是建构道德推论、道德理论的基本资料。在建构道德理论时，要能够说明道德直觉的原则，并且寻求直觉的依据，对于这些依据加以描述、分析，并且尽可能去试验。换言之，道德理论能改变我们对于道德现象的直觉，我们不需形成道德的理论，却能借由我们的道德直觉看得更清楚；但是若能深入了解道德理论的内涵，会使我们察觉一些原本我们看似清楚但却含糊之处。总而言之，在进行伦理的反省时，道德理论与道德直觉之间有所互动，并且相互影响，诀窍在于如何达到二者间反省的均衡。

那么，该如何进行教学伦理的反思呢？柏拉图认为该如何才能反省人生、考察生活呢？"当灵魂能够摆脱一切烦扰，比如听觉、视觉、痛苦、各种快乐，亦即漠视身体，尽可能独立……避免一切与身体的接触和联系。"[①] 其实，苏格拉底是想告诉人们：一个人有理性才是最重要的，要用理性去思考问题，去回归内心，这样才能发现内心善良的火花。而要获得理性，就需要不断地学习，接受教育。因此，要在理性基础上，进行各种伦理推理和判断，针对教学活动的特性，进行行之有效的教学伦理的反思。

教师可以透过不同方式反省自身的教学作为。教师对于教学的伦理层面进行省思是教师反省过程中很重要的一部分。我们认为，教师对于自己处理的经验进行反省，可以透过撰写反省札记、阅览相关书籍，或倾听学生与家长的意见，进一步了解自身的教学作为。在省思的过程中，便可厘清一些可能的偏差概念，使教师在处理伦理议题时能更成熟。

---

① ［古希腊］柏拉图著，王晓朝译：《柏拉图全集·第一卷》，人民出版社2002年版，第62页。

结语 达致『教学至善』

本研究是从实践层面和理论层面展开的。在实践层面的研究中，我们试图把分析和结论建立在坚实的事实基础之上，我们分析了大量的案例材料，从材料中体现出的教学论思想出发，逐步地展开，再运用伦理原则和伦理规范，结合各种研究方法，对材料进行全方位的剖析，使教学伦理冲突的实质呈现出来。在教学伦理冲突理论的研究中，我们运用伦理学、社会学等学科知识，经过道德思维抽象、推理、概括出了相关的结论。在研究中我们认识到，教学活动不仅是一种教学认识冲突的过程，还是教学伦理冲突的过程，二者相互渗透，统一在教学活动的实践之中。

本研究对教学伦理冲突实质的界定是建立在对道德本质的追问基础上的。日常的学校教育教学中，很难把道德与利益联系起来，往往把二者作为对立的双方来认识。虽然道德所指的是个体品质的表现，但是从道德评价来看，我们所最终依循的标准在于道德所带给人类利益总和的数量。所谓"天下熙熙，皆为利来；天下攘攘，皆为利往"。即使是强调"绝对道德律令"的康德先验伦理学也给"幸福"留有一席之地，康德认为道德原则与幸福并不是相对立的，人作为"有限的理性存在者"，必然追求满足自然需要的幸福，又追求满足理性需要的德性。在亚里士多德的视野中，"幸福是灵魂的一种合于完满德性的实现活动"。[①] 康德不赞同亚里士多德的为幸福而要德性的主张，他认为德性是幸福的前提和条件，主张人应该追求与德性"配享的幸福"。[②] 由之，道德最终是为了实现某种不同的利益，不论是幸福还是德性。因此，教学伦理冲突的实质就是一种利益的冲突和价值的冲突。教师在冲突解决过程中，做出预定决策后，必须考虑教学伦理冲突相关利益主体的权益，权衡各种利益的性质和"数量"，教学伦理冲突也是教师在两种内含利益事件或行为中进行选择和决定。

在教学伦理冲突的分类中，我们首先借鉴了伦理学中的相关概念和范畴，根据各种教学伦理对教师控制性的强弱和层次，构建了一个分层次、具有一

---

① ［古希腊］亚里士多德著，廖申白译注：《尼各马可伦理学》，商务印书馆 2003 年版，第 1102 页。

② 李秋零主编：《康德著作全集·第 4 卷》，中国人民大学出版社 2005 年版，第 400 页。

定内在逻辑结构的教学伦理体系；提出了底线型教学伦理和卓越型教学伦理，把德性教学伦理拆分为义务教学伦理和功利教学伦理，卓越型教学伦理等同于德性教学伦理，又把两个教学伦理细分为具体的教学伦理规范。当几种教学伦理同时围困教师时，教师就会陷入伦理困境，产生不同类型的教学伦理冲突。这种划分教学伦理冲突的视角，能够区分教师教学伦理的层次，使教师形成完整的教学伦理冲突的体系；使教师能够正确区分自己的个体权益和教师专业义务，哪些是教师必须具备的，哪些是教师应该追求的，从而克服实践中教师在处理教学伦理冲突中的思维矛盾和纠结。

教学伦理冲突的过程机制是动态的、复杂的、多维的，它的发生过程受到各种因素的影响，是外在情境因素与伦理原则、伦理力量共同作用的结果。教师对教学伦理冲突的解决，不能单一地依赖道德直觉，还要发挥人的道德理性思维能力，通过道德推理和伦理判断，做出"至善"的决策。同时，教师解决教学伦理冲突的决策是一种"有限理性"的决策，这就需要教师随着方案实施的情况，不断地调整和修正策略。

教学是一个冲突的过程，是各种具体的教学冲突的集合体，教学伦理冲突与其他教学冲突的相互影响和促进的作用机制如何，还有待进一步研究。同时，要加强实证性的、验证性的甚至数据分析型的教学伦理冲突的研究。教学伦理冲突的一般理论和模式，只是对其现实的一种抽象、概括、推理性的阶段划分。教师要结合自身的个体特质和资源，把学生的基本情况和教学伦理冲突的表征结合起来，进行数据统计和分析，增强结论的理论说服力和实践解释力。

伦理世界是一个需要永无止境解释的世界，对于一个伦理的困境，没有一个最标准的或者明确的回答。因此，教学伦理冲突的研究是一种"伦理冒险"，毕竟作为学术论文要有结论性、定义性的观点和主张，而这些"观点"和"主张"又是在持不同"观点"和"主张"的人们之间进行言说。在研究过程中，我们体会到了各种伦理力量的竞争、博弈和冲突，但是我们要坚持在德性教学伦理的指引下，通过各种理论的争鸣、研究和碰撞，经过充分的道德思考和伦理的判断，达致"教学至善"的目标。

参考文献

一、中文著作

1. ［德］马克斯·韦伯著，胡景北译：《社会学的基本概念》，上海人民出版社 2000 年版。

2. ［古希腊］亚里士多德著，颜一、秦典华译：《政治学》，中国人民大学出版社 2003 年版。

3. ［美］L. 科塞著，孙立平等译：《社会冲突的功能》，华夏出版社 1989 年版。

4. ［美］安迪·哈格里夫斯著，熊建辉等译：《知识社会中的教学》，华东师范大学出版社 2007 年版。

5. ［美］丹尼斯·朗著，陆震纶、郑明哲译：《权力论》，中国社会科学出版社 2001 年版。

6. ［美］富勒著，郑戈译：《法律的道德性》，商务印书馆 2005 年版。

7. ［美］肯尼斯·A. 斯特赖克、乔纳斯·F. 索尔蒂斯著，洪成文等译：《教学伦理》，教育科学出版社 2007 年版。

8. ［美］特里·L. 库珀著，张秀琴译：《行政伦理学：实现行政责任的途径》（第四版），中国人民大学出版社 2001 年版。

9. ［美］理查德·格里格、菲利普·津巴多著，王垒等译：《心理学与生活》，人民邮电出版社 2003 年版。

10. ［美］约翰·罗尔斯著，姚大志译：《作为公平的正义——正义新论》，上海三联书店 2002 年版。

11. ［美］休·拉福莱特著，龚群等译：《伦理学理论》，中国人民大学出版社 2008 年版。

12. 瞿葆奎：《教育基本理论之研究》，福建教育出版社 1998 年版。

13. ［英］黑尔著，黄慧英、方子华译：《道德思维》，远流出版公司 1991 年版。

14. ［美］雅克·蒂洛、基思·克拉斯曼著，程立显、刘建等译：《伦理学与生活》（第 9 版），世界图书出版公司 2008 年版。

15. ［德］阿·科辛编，郭官义等译：《马克思列宁主义哲学词典》，东方出版社 1991 年版。

16. ［美］Elliot Aronson，Timothy D. Wilson，Robin M. Akert 著，侯玉波等译：《社会心理学》，中国轻工业出版社 2007 年版。

17. ［英］琼斯、费边主编，冯丽译：《冲突》，华夏出版社 2009 年版。

18. ［英］Randall Curren 主编，彭正梅等译：《教育哲学指南》，华东师范大学出版社 2011 年版。

19. ［法］亨利·柏格森著，王作虹、成穷译：《道德与宗教的两个来源》，译林出版社 2011 年版。

20. ［古希腊］柏拉图著，王晓朝译：《柏拉图全集·第一卷》，人民出版社 2002 年版。

21. 费穗宇、张潘仕编：《社会心理学辞典》，河北人民出版社 1988 年版。

22. 胡曲园主编：《哲学大辞典·马克思主义哲学卷》，上海辞书出版社 1990 年版。

23. 谷衍奎编：《汉字源流字典》，华夏出版社 2003 年版。

24. 倪梁康：《心的秩序》，江苏人民出版社 2010 年版。

25. 何怀宏：《伦理学是什么》，北京大学出版社 2001 年版。

26. 何怀宏：《底线伦理》，辽宁人民出版社 1998 年版。

27. 黄藿：《教育专业伦理》，五南图书出版公司 2004 年版。

28. ［德］康德著，邓晓芒译：《实践理性批判》，人民出版社 2003 年版。

29. ［法］卢梭著，李平沤译：《爱弥儿》，人民教育出版社 1985 年版。

30. ［美］罗伯特·G. 欧文斯著，窦卫霖、温建平译：《教育组织行为学》，中国人民大学出版社 2007 年版。

31. ［德］费希特著，梁志学、李理译：《伦理学体系》，商务印书馆 2007 年版。

32. ［美］罗伯特·K. 默顿著，唐少杰、齐心等译：《社会理论和社会结构》，译林出版社 2006 年版。

33. 苏君阳：《公正与教育》，北京师范大学出版社 2008 年版。

34. 孙非、金榜主编：《社会心理学辞典》，农村读物出版社 1988 年版。

35. 唐凯麟：《西方伦理学名著提要》，江西人民出版社 2000 年版。

36. 王策三：《教学论稿》，人民教育出版社 2005 年版。

37. 王策三：《教学认识论》，北京师范大学出版社 2002 年版。

38. 王敬华：《道德选择研究》，中国社会科学出版社 2008 年版。

39. 王海明、孙英：《美德伦理学》，北京大学出版社 2011 年版。

40. ［英］亚当·斯密著，蒋自强、钦北愚、朱钟棣、沈凯璋译：《亚当·斯密全集第 1 卷：道德情操论》，商务印书馆 2014 年版。

41. 杨志华：《元伦理学的终结——黑尔伦理学思想研究》，中央编译出版社 2009 年版。

42. 张光博主编：《社会学词典》，人民出版社 1989 年版。

43. ［美］路易斯·拉思斯著，谭松贤译：《价值与教学》，浙江教育出版社 2003 年版。

44. ［美］乔纳森·H. 特纳著，邱泽奇、张茂译：《社会学理论的结构》，浙江人民出版社 1987 年版。

45. ［德］盖奥尔格·西美尔著，林荣远译：《社会学：关于社会化形式的研究》，华夏出版社 2002 年版。

46. ［加］伊丽莎白·坎普贝尔著，王凯、杜芳芳译：《伦理型教师》，华东师范大学出版社 2011 年版。

47. ［英］约翰·怀特著，李永宏等译：《再论教育目的》，教育科学出版社 1992 年版。

48. 洪汉鼎主编：《理解与解释：诠释学经典文选》，东方出版社 2001 年版。

49. ［德］卡尔·曼海姆著，黎鸣、李书崇译：《意识形态与乌托邦》，商务印书馆 2000 年版。

50. 廖申白：《伦理学概论》，北京师范大学出版社 2009 年版。

51. 黄建中：《比较伦理学》，山东人民出版社 1998 年版。

52. 高兆明：《伦理学理论与方法》，人民出版社 2005 年版。

53. 朱贻庭主编：《伦理学大辞典》，上海辞书出版社 2002 年版。

54. 郭华：《教学社会性之研究》，教育科学出版社 2002 年版。

55. 赵汀阳：《论可能生活》，中国人民大学出版社 2010 年版。

56. 徐向东：《道德哲学与实践理性》，商务印书馆 2006 年版。

57. ［德］利奥·拜克著，傅永军、于健译：《犹太教的本质》，山东大学出版社 2002 年版。

58. ［德］马克斯·韦伯著，于晓、陈维纲等译：《新教伦理与资本主义精神》，生活·读书·新知三联书店 1987 年版。

59. 陈旭光：《教育伦理学》，天津教育出版社 1990 年版。

60. 钱焕琦、刘云林：《中国教育伦理学》，中国矿业大学出版社 2000 年版。

61. 欧阳超：《教学伦理学》，四川大学出版社 2008 年版。

62. 吴明隆：《教学伦理：如何成为一位成功教师？》，五南图书出版公司 2009 年版。

63. 王正平主编：《教育伦理学》，上海人民出版社 1988 年版。

64. 王正平、郑百伟：《教育伦理学——理论与实践》，上海教育出版社 1998 年版。

65. 钱焕琦：《学校教育伦理》，南京师范大学出版社 2005 年版。

66. 胡斌武：《教学伦理探究》，四川教育出版社 2005 年版。

67. 周建平：《追寻教学道德》，教育科学出版社 2006 年版。

68. 黄济、王策三主编：《现代教育论》，人民教育出版社 2004 年版。

69. 王策三：《教育论集》，人民教育出版社 2002 年版。

70. 王本陆主编：《中国教育改革 30 年·课程与教学卷》，北京师范大学出版社 2009 年版。

71. 王本陆主编：《课程与教学论》，高等教育出版社 2009 年版。

72. 王本陆：《教育崇善论》，广东高等教育出版社 2001 年版。

73. 朱小蔓：《教育职场：教师的道德成长》，教育科学出版社 2004 年版。

74. 檀传宝：《教师伦理学专题——教育伦理范畴研究》，北京师范大学出版社 2010 年版。

75. ［法］埃米尔·涂尔干著，渠东译：《社会分工论》，生活·读书·新知三联书店 2000 年版。

76. ［美］古德莱德著，沈剑平译：《学校的职能》，桂冠图书出版有限公司 1999 年版。

77. 袁锐锷、张季娟编著：《外国教育史纲》，广东高等教育出版社 2002 年版。

78. ［加］巴里·艾伦著，刘梁剑译：《知识与文明》，浙江大学出版社 2010 年版。

79. 黄希庭：《心理学导论》，人民教育出版社 2007 年版。

80. ［英］哈耶克著，冯克利译：《科学的反革命：理性滥用之研究》，译林出版社 2003 年版。

81. ［英］弗里德利希·冯·哈耶克著，邓正来译：《自由秩序原理》，生活·读书·新知三联书店 1997 年版。

82. ［美］约翰·罗尔斯著，何怀宏等译：《正义论》，中国社会科学出版社 2009 年版。

83. ［德］哈贝马斯著，郭官义、李黎译：《认识与兴趣》，学林出版社 1999 年版。

84. ［德］尤尔根·哈贝马斯著，刘北成、曹卫东译：《合法化危机》，上海人民出版社 2009 年版。

85. ［德］伊曼努尔·康德著，苗力田译：《道德形而上学原理》，上海人民出版社 2005 年版。

86. ［美］A. 麦金太尔著，龚群等译：《德性之后》，中国社会科学出版社 1995 年版。

87. ［美］阿拉斯戴尔·麦金太尔著，万俊人等译：《谁之正义？何种合

219

理性?》，当代中国出版社 1996 年版。

88．［美］杜赞奇著，王宪明译：《从民族国家拯救历史：民族主义话语与中国现代史研究》，社会科学文献出版社 2003 年版。

89．［美］罗伯特·吉本斯著，高峰译：《博弈论基础》，中国社会科学出版社 1999 年版。

90．李春秋主编：《教育伦理学概论》，北京师范大学出版社 1993 年版。

91．孙培青主编：《中国教育史》，华东师范大学出版社 2000 年版。

92．鲁鹏：《制度与发展关系研究》，人民出版社 2002 年版。

93．商务印书馆辞书研究中心编：《应用汉语词典》，商务印书馆 2000 年版。

94．施修华、严缘华主编：《教育伦理》，上海科学普及出版社 1989 年版。

95．宋希仁主编：《西方伦理思想史》，中国人民大学出版社 2004 年版。

96．［古希腊］亚里士多德著，廖申白译注：《尼各马可伦理学》，商务印书馆 2003 年版。

97．石中英：《教育哲学导论》，北京师范大学出版社 2004 年版。

98．李森：《课堂教学创新策略研究》，西南师范大学出版社 2008 年版。

99．李森、张家军、王天平：《有效教学新论》，广东教育出版社 2010 年版。

100．许淑玫：《你可以成为最优秀的老师：教师教学伦理》，冠学文化出版事业有限公司 2010 年版。

101．叶澜：《教师角色与教师发展新探》，教育科学出版社 2001 年版。

102．张岱年：《中国伦理思想研究》，江苏教育出版社 2009 年版。

103．罗国杰：《伦理学探索之路：罗国杰自选集》，首都师范大学出版社 2011 年版。

104．周晓虹：《西方社会学历史与体系》，上海人民出版社 2006 年版。

105．郭华：《静悄悄的革命：日常教学生活的社会建构》，北京师范大学出版社 2003 年版。

106．联合国教科文组织，国际教育发展委员会编：《学会生存——教育世界的今天和明天》，教育科学出版社 1996 年版。

107. 雷通群：《西洋教育通史》，东方出版社 2007 年版。

108. 林玉体：《美国教育思想史》，九州出版社 2006 年版。

109. 贾馥茗：《教育伦理学》，江苏教育出版社 2008 年版。

110. [捷] 夸美纽斯著，傅任敢译：《大教学论》，教育科学出版社 1999 年版。

111. [英] 斯宾塞著，胡毅译：《教育论》，人民教育出版社 1962 年版。

112. 王浦劬等：《政治学基础》，华中科技大学出版社 2004 年版。

113. [美] A. 麦金太尔著，宋继杰译：《追寻美德》，译林出版社 2008 年版。

114. [苏联] 巴班斯基著，张定璋等译：《教学过程最优化——一般教学论方面》，人民教育出版社 2007 年版。

115. 陈根法：《德性论》，上海人民出版社 2004 年版。

116. [美] Sam M. Intrator 主编，方彤、陈峥、郭婧译：《我的教学勇气》，华东师范大学出版社 2008 年版。

117. 于建福：《孔子的中庸教育哲学》，中央编译出版社 2004 年版。

118. 赵孟营：《跨入现代之门：当代中国的社会价值观报告》，北京师范大学出版社 2008 年版。

119. [德] 马克斯·舍勒著，倪梁康译：《伦理学中的形式主义与质料的价值伦理学》，商务印书馆 2011 年版。

120. [美] 詹姆斯·雷切尔斯著，杨宗元译：《道德的理由》，中国人民大学出版社 2009 年版。

121. [德] 石里克著，张国珍、赵又春译：《伦理学问题》，商务印书馆 1997 年版。

122. [美] 约翰·罗尔斯著，张国清译：《道德哲学史讲义》，上海三联书店 2003 年版。

123. 李建华：《道德秩序》，湖南人民出版社 2008 年版。

124. [美] 内尔·诺丁斯著，于天龙译：《学会关心——教育的另一种模式》，教育科学出版社 2003 年版。

二、中文论文

1. 张成岗：《从意识形态批判到"交往理性"构建——深度解释学视域中的哈贝马斯技术批判理论》，《清华大学学报（哲学社会科学版）》2012年第1期。

2. 胡中宜：《作为与不作为：社会工作实务中的伦理问题与伦理两难》，《玄奘社会科学学报》2005年第3期。

3. 姚轩鸽：《全球化背景中的伦理冲突与重建策略》，《陕西理工学院学报（社会科学版）》2009年第3期。

4. 欧用生：《后现代的教育改革与校长专业成长》，《国民教育》1999年第2期。

5. 曾洁珍：《我国现行师德规范的缺失与重构》，《华南师范大学学报（社会科学版）》2003年第6期。

6. 王家通：《论教育机会的均等与公平——以概念分析为中心》，《教育政策论坛》1998年第2期。

7. 杜振吉：《近三十年来关于道德本质问题的研究综述》，《道德与文明》2010年第2期。

8. 王策三：《我国十年来教学理论的进展》，《教师教育研究》1990年第2期。

9. 王策三：《教学论学科发展三题》，《北京师范大学学报》1992年第5期。

10. 王本陆：《现代教育应重视自身的道德规范》，《江西教育科研》1996年第4期。

11. 王本陆：《教育伦理建设：教育现代化的跨世纪课题》，《中国教育学刊》1999年第2期。

12. 王本陆：《论教育的伦理特性》，《教育研究》2003年第1期。

13. 王本陆：《教育伦理哲学刍议》，《高教探索》2002年第4期。

14. 王本陆：《关于教育伦理学研究对象的再探讨》，《华南师范大学学报（社会科学版）》1999年第1期。

15. 王本陆：《教育善恶标准：概念与特征》，《华南师范大学学报（社会科学版）》1998年第2期。

16. 王本陆：《教育腐败与教育德性》，《现代教育论丛》2004年第5期。

17. 徐闻：《哈贝马斯论实践理性与交往理性》，《东岳论丛》2011年第4期。

18. 丛立新：《教研员角色需要彻底改变吗》，《人民教育》2009年第2期。

19. 丛立新、曾琦：《国内概念教学的研究现状及意义》，《教育科学研究》2006年第4期。

20. 丛立新：《讲授法的合理与合法》，《教育研究》2008年第7期。

21. 丛立新：《教学概念的形成及意义》，《北京师范大学学报（社会科学版）》2007年第5期。

22. 丛立新：《平等与主导：师生关系的两个视角》，《教育学报》2005年第1期。

23. 丛立新：《知识、经验、活动与课程的本质》，《北京师范大学学报（社会科学版）》1998年第4期。

24. 郭华：《研究教学认识的社会性是当前教学论的重要任务》，《教育研究》2000年第6期。

25. 郭华：《教学交往研究的教学论意义》，《教育科学》2001年第2期。

26. 郭华：《评教学"回归生活世界"》，《教育学报》2005年第1期。

27. 郭华：《合作学习的理论与实践操作模式》，《中国教育学刊》1998年第5期。

28. 郭华：《改革时代话改革：基础教育如何保证它的实践合理性》，《全球教育展望》2003年第4期。

29. 刘万海：《教学即德性生活：走向新的教学理解》，《全球教育展望》2005年第7期。

30. 杨嵘均：《构建社会主义和谐社会的行政伦理规范体系——对我国行政伦理规范建设的思考》，《行政论坛》2005年第6期。

31. 李鹏飞：《实现行政伦理规范的道德评价机制》，《中共浙江省委党校学报》2006 年第 5 期。

32. 王本陆：《教育公正：教育制度伦理的核心原则》，《华南师范大学学报（社会科学版）》2005 年第 4 期。

33. 周建平：《论教育伦理规范的两个向度》，《当代教育论坛》2006 年第 1 期。

34. 吴巨培、余华：《试论技术建构中的理性与非理性》，《求索》2006 年第 11 期。

35. 曲炜：《道德本质再探》，《福建论坛（人文社会科学版）》1988 年第 3 期。

36. 刘云林：《教育善的维度与实现路径》，《教育理论与实践》2004 年第 8 期。

37. 刘云林：《教育伦理价值取向的两个维度》，《现代教育论丛》2004 年第 5 期。

38. 夏伟东：《略论道德的本质——兼与肖雪慧同志商榷》，《哲学研究》1986 年第 8 期。

39. 徐永生：《课堂教学话"冲突"》，《教学月刊（中学版）》2005 年第 9 期。

40. 陈振中：《论教育冲突的功能》，《教育评论》2001 年第 1 期。

41. 董礼芬：《高校课堂教学中伦理冲突对思想政治教育的影响》，《黄冈师范学院学报》2010 年第 2 期。

42. 张夏青：《当前我国学校教育中价值冲突问题研究》，北京师范大学博士学位论文，2010 年。

43. 王爱菊：《走向主体间性的生存——教学冲突研究》，山东师范大学博士学位论文，2010 年。

44. 简光燦：《国民小学校长面对伦理两难情境决定历程之研究》，台湾暨南国际大学学位论文，2009 年。

45. 符太胜：《多元价值观下课堂价值观冲突研究》，南京师范大学硕士学位论文，2006 年。

46. 高华俊：《元代戏剧中的伦理冲突初探》，《贵州大学学报》1989 年第

2 期。

47. 张全民、郭丽英：《论公共服务伦理规范与党风廉政建设的关系》，《河北工程大学学报（社会科学版）》2009 年第 2 期。

48. 金玲：《从范美忠看伦理规范的重要性》，《特区实践与理论》2008 年第 4 期。

49. 余文森：《新课程教学改革的成绩与问题反思》，《课程·教材·教法》2005 年第 5 期。

50. 唐广君：《教学伦理：促进师生之间的民主、平等和对话》，《江苏教育》2010 年第 10 期。

51. 梁纯生：《论道德选择》，东北师范大学硕士学位论文，2004 年。

52. 朱宁波、朱刚琴：《中小学教师职业道德规范新论》，《教育科学》2001 年第 1 期。

53. 何怀宏：《底线伦理的概念、含义与方法》，《道德与文明》2010 年第 1 期。

54. 王凯、周欣茹：《教师道德自我的遮蔽与澄明》，《教育发展研究》2023 年第 18 期。

55. 李森、高静：《论教学道德性的内涵及层次》，《教育研究》2019 年第 4 期。

56. 王凯：《困境与决策：教师专业伦理研究的新取向》，《现代基础教育研究》2017 年第 4 期。

57. 周坤亮：《教育实践中的教师伦理困境与伦理决策》，《教师教育学报》2024 年第 2 期。

58. 陈君：《德性课堂教学的内涵、表征及构建》，《课程·教材·教法》2020 年第 8 期。

59. 向玉乔、关朝：《儒家伦理思想的道德情感维度》，《井冈山大学学报（社会科学版）》2022 年第 6 期。

60. 李树培：《教学道德性：学科德育的重要视角》，《教育发展研究》2019 年第 18 期。

61. 李菲：《学科德育的困境反思与路径转换——基于教学伦理视角的思

考》,《中国教育学刊》2023 年第 4 期。

62. 张世贵、张云胜:《道德冲突视野中的思想政治教育转型》,《思想政治教育研究》2022 年第 38 期。

63. 杨小艳、檀传宝:《论哈贝马斯的交往理性对人际互动的效用》,《江西师范大学学报（哲学社会科学版）》2022 年第 6 期。

64. 曹永国:《教育中隐匿的惩罚及其审思》,《教育研究与实验》2023 年第 5 期。

三、外文文献

1. Amitai Etzioni. The Active Society [M]. New York: The Free Press, 1968.

2. Callahan, S. When Portfolios Become A Site of Ethical Conflict: Using Student Portfolios for Teacher Accountability [J]. Educational Assessment, 2001, 7 (3).

3. Campbell, E. Connecting the Ethics of Teaching and Moral Education [J]. Journal of Teacher Education, 1997, 48 (4).

4. Carr, D. Educating the Virtues: An Essay on the Philosophical Psychology of Moral Development and Education [M]. London: Routledge, 1991.

5. Cary Buzzelli, Bill Johnston. Authority, Power, and Morality in Classroom Discourse [J]. Teaching and Teacher Education, 2001 (17).

6. Colnerud, G. Ethical Conflicts in Teaching [J]. Teaching and Teacher Education, 1997, 13 (6).

7. Cranston, N., Ehrich, L., Kimber, M. Towards an Understanding of Ethical Dilemmas Faced by School Leaders [J]. Principia Journal of the Queensland Secondary Principals Association, 2004.

8. Young, D. Understanding Ethical Dilemmas in Education [J]. Educational Horizns, 1995, 74 (1).

9. Dempster, N., Berry, V. Blindfolded in a Minefield: Principals' Ethi-

cal Decision-Making [J]. Cambridge Journal of Education, 2003, 33 (3).

10. Evers, C. Ethics and Ethical Theory in Educative Leadership—A Pragmatic and Holistic Approach [M]//Duignan, P. A., Macpherson, R. J. S. Educative Leadership: A Practical Theory for New Administrators and Managers, London: Falmer, 1992.

11. George Simmel. Conflict [M]. Trans. Kurt H. Wolff, Glencoe: The Free Press, 1955.

12. Hansen, D. T. From Role to Person: The Moral Layeredness of Classroom Teaching [J]. American Educational Research Journal, 1993, 30 (4).

13. Hargreave, D. The Emotional Geographies of Teachers' Relations with Colleagues [J]. International Journal of Educational Research, 2001, 35 (5).

14. John Stuart Mill. On Liberty [M]. Indianailis: Bobbs-Merrill, 1956.

15. Jukka Husua, Kirsi Tirri. A Case Study Approach to Study One Teacher's Moral Reflection [J]. Teaching and Teacher Education, 2003 (19).

16. Karl Marx, Friedrich Engels. The German Ideology [M]. New York: International Publishers, 1936.

17. Kenneth Boulding. Toward a Pure Theory of Threat Systems [M]//Roderick Bell, David V. Edwards, Robert Harrison Wagner. Political Power: A Reader in Theory and Research, New York: The Free Press, 1969.

18. Fried, J. Ethical Standards and Principles [M]//Komives, S. R. Woodard, Jr. D. B., Associates. Student Services: A Handbook for the Profession, San Francisco: Jossey-Bass, 2003.

19. Kierstead, F. D., Wagner, P. A. The Ethical, Legal, and Multicultural Foundations of Teaching [M]. Madison: Brown & Benchmark, 1993.

20. Kirsi Tirri. Ethical Conflicts in Early Childhood Education [R]. A Paper Presented at the EECERA Conference in Helsinki, Finland, September 1999.

21. Kirsi Tirri. Teacher Values Underlying Professional Ethics [M] // Lovatetal, T. International Research Handbook on Values Education and Student Wellbeing, Springer Netherlands, 2010.

22. Saha, L. J., Dworkin, A. G. International Handbook of Research on Teachers and Teaching [J]. Philosophy and Science Teaching, 1992: 663—673.

23. L. S. Wiley. Comprehensive Character-building Classroom: A Handbook for Teachers [M]. DeBary, F L: Longwood Communications, 1998.

24. Lewis A. Coser. The Functions of Social Conflict [M]. London: Free Press, 1956.

25. Melo, P. Ethical Conflicts in Teaching: The Novice Teacher's Experience [J]. Connections, 2003 (3).

26. Neil Cranston. Ethical Dilemmas for School Leaders: What Are They? What Challenges Do They Raise? How Can They Be "Managed"? [R]. PDN Leadership Conference, August 2011.

27. Noddings, N. Caring: A Feminist Perspective [M] //Sockett, H. The Moral Base for Teacher Professionalism, New York: Teachers College Press, 2003.

28. Novogrodsky, J. Teachers' Moral Development and Their Expressed Attitudes toward Students [J]. Dissertation Abstracts International, 1977, 38.

29. Preston, N., Samford, C., Connors, C. Encouraging Ethics and Challenging Corruption [M]. Sydney, New South Wales: The Federation Press, 2002.

30. Nash, R. J. Real World Ethics: Frameworks for Educators and Human Service Professionals [M]. New York: Teachers College Press, 1996.

31. Freud, S. Group Psychology and the Analysis of the Ego [M]. London: The Hogarth Press, 1948.

32. Sharma, P., Bhal, K. T. Managerial Ethics: Dilemmas and Decision Making [M]. New Delhi: Sage, 2004.

33. Darling-Hammond, L. Valuing Teachers: The Making of A Profession [J]. Teachers College Record, 1985 (87).

34. Jo Cairns, Denis Lawton, Roy Gardner. Values, Culture and Education [M]. London: Kogan Page Limited, 2001: 35.

35. Ehrich, L. C., Kimber, M. Millwater, J., et al. Ethical Dilemmas: A Model to Understand Teacher Practice [J]. Teachers and Teaching: Theory and Practice, 2011, 17 (2).

36. Fenstermacher, G. D. Some Moral Considerations on Teaching as A Profession [M] //Goodlad, J. I., Soder, R., Sirotnik, K. A. The Moral Dimensions of Teaching, San Francisco: Jossey-Bass, 1990.

37. Jackson, P. W., Boostrom, R., Hansen, D. The Moral Life of Schools [M]. San Francisco: Jossey-Bass, 1993.

38. Kidder, R. M. Moral Courage [M]. New York: Harper Collins, 2005.

附录

附录一

教学伦理冲突教师访谈提纲

1. 请您谈谈，教学中您最关心学生哪些方面的发展？为什么？
2. 您能举几个在教学过程中您和学生冲突的例子吗？请您谈谈您的解决经验。
3. 您在教学上曾遇到有关管理学生的问题吗？当面临管理学生的问题时，什么因素影响您做决定？您觉得您的处理方式如何？假如有机会的话，您会如何重新处理这个问题？
4. 您选择教学方法时有没有思考过选择依据？您认为选择教学方法等最主要的依据是什么呢？
5. 您在教学过程中有没有遇到过您的自我知识和价值观与教材内容相冲突的情况呢？您是怎么解决的呢？
6. 如果您明显意识到同事对学生的所言所行是不正确的，您会怎么处理呢？为什么？
7. 当一个学生犯了错误，按照规定您必须告知家长，但是，如果告诉了学生的家长，家长可能会过度惩罚学生，您会如何选择？为什么？
8. 您认为什么是"公平"？在教学上您曾遇到有关公平性的问题吗？您是否以找同事或咨询专家等方式来解决呢？

附录二

教学伦理冲突学生访谈提纲

1. 请你谈谈你们的老师。
2. 你最喜欢老师的哪一方面呢？老师做的哪件事情令你最为感动？
3. 你遇到过与老师意见不同、争执或顶撞的事情吗？老师是怎么处理那件事情的？你觉得老师对那件事情的处理方式合适吗？你觉得应该怎么处理会更好呢？

附录三

中小学教师职业道德规范

（2008年修订）

一、爱国守法。热爱祖国，热爱人民，拥护中国共产党领导，拥护社会主义。全面贯彻国家教育方针，自觉遵守教育法律法规，依法履行教师职责权利。不得有违背党和国家方针政策的言行。

二、爱岗敬业。忠诚于人民教育事业，志存高远，勤恳敬业，甘为人梯，乐于奉献。对工作高度负责，认真备课上课，认真批改作业，认真辅导学生。不得敷衍塞责。

三、关爱学生。关心爱护全体学生，尊重学生人格，平等公正对待学生。对学生严慈相济，做学生良师益友。保护学生安全，关心学生健康，维护学生权益。不讽刺、挖苦、歧视学生，不体罚或变相体罚学生。

四、教书育人。遵循教育规律，实施素质教育。循循善诱，诲人不倦，因材施教。培养学生良好品行，激发学生创新精神，促进学生全面发展。不以分数作为评价学生的唯一标准。

五、为人师表。坚守高尚情操，知荣明耻，严于律己，以身作则。衣着得体，语言规范，举止文明。关心集体，团结协作，尊重同事，尊重家长。作风正派，廉洁奉公。自觉抵制有偿家教，不利用职务之便谋取私利。

六、终身学习。崇尚科学精神，树立终身学习理念，拓宽知识视野，更新知识结构。潜心钻研业务，勇于探索创新，不断提高专业素养和教育教学水平。

附录四

美国全国教育协会《教育专业伦理规范》

导 言

教育工作者坚信并维护每一个人的价值与尊严,认同追求真理、力争卓越、培养学生民主精神的极端重要性。要达到这些目标,根本在于保护学习与教学的自由,确保所有人的平等受教育机会。教育工作者承担着遵守最高道德准则的责任。

教育工作者认识到内在于教学过程中的责任之重大。渴望获得同事、学生、家长以及社会成员的尊重与信任,是教育工作者保持最高水准的道德行为的内在动力。《教育专业伦理规范》既是所有教育工作者的理想,也为其行为提供了评判的标准。

原则一
对学生的责任

教育工作者努力帮助每一个学生实现其潜能,使之成为一名有价值、有能力的社会成员。因此,教育工作者致力于激发学生的探究精神、求知与理解欲望,以及成熟的价值目标的形成。

为了履行对学生的职责,教育工作者:

- 在学生的求学过程中不应无理限制学生的独立行动。
- 不应该无理阻止学生接触各种不同的观点。
- 不应故意隐瞒或歪曲有关学生进步的主题内容。

- 当学生的学习、健康及安全受到危害时，应为保护学生做出恰当努力。
- 不应故意使学生处于尴尬或受贬低的处境中。
- 不应基于种族、肤色、宗派、性别、原国籍、婚姻状况、政治或宗教信仰、家庭状况、社会或文化背景、性倾向不公正地——

a. 不让学生参加某活动

b. 剥夺学生获得某项好处

c. 让学生获得优待

- 不应利用与学生的职业关系谋取私人利益。
- 不应透露在职业服务过程中获得的有关学生的信息，除非完全用于职业目的，或法律要求。

原则二
对本职业的责任

公众赋予教育职业以信任与责任，对其职业服务提出了至高要求。

教育职业服务的质量对国家及其公民有着直接的影响，在此信念下，教育工作者应该不遗余力地提高职业水准，努力营造一个鼓励运用专业判断能力的氛围，创造条件吸引值得信赖的人从教，避免不合格人员从事教育。

为了履行对职业的职责，教育工作者——

- 不应在求职的申请资料中故意作出错误陈述，或未能透露有关其能力与资格的事实材料。
- 不应瞒报或歪曲自己的职业资格。
- 不应帮助在道德、教育背景以及其他有关特征方面不够格的人进入教育职业。
- 不应有意对某职业岗位申请者的资格作出错误陈述。
- 不应帮助一个非教育工作者实施未经授权的教学实践。
- 不应透露在职业服务过程中获得的有关同事的信息，除非完全用于职业目的，或法律要求。
- 不应故意对同事作出不实或恶意的陈述。

- 不应接受任何可能损害或影响职业决定或行为的酬金、礼品或好处。

（本规范于1975年由该组织代表大会通过。资料来源：美国全国教育协会官方网站）